ThéoTEX
Site internet : theotex.org
Courriel : theotex@gmail.com

© ThéoTEX
Édition : BoD — Books on Demand
12/14 rond-point des Champs-Élysées, 75008 Paris
Impression : BoD, Norderstedt, Allemagne
ISBN : 978-2-322-38709-0
Dépôt légal : novembre 2021

MÉMOIRES

D'UN PROTESTANT

CONDAMNÉ AUX GALÈRES

Jean Marteilhe

1757

ThéoTeX

— 2021 —

Préface de 1864

Il y a déjà plusieurs années que l'un de nos amis découvrit à Lyon, au fond d'une vieille bibliothèque de famille, le livre nous réimprimons aujourd'hui. Attiré par le titre, il le lut, le fit lire à quelques-uns de ses parents, et l'intérêt fut si vif, si unanime, que chacun réclama l'impression de ces Mémoires. Mais il fallait résoudre une première question. Qu'était-ce que ce livre ? Ce tableau si navrant des suites odieuses de la persécution religieuse était-il authentique ? Pouvait-il être accepté comme une peinture tristement fidèle de la vérité ? Ou bien n'était-ce qu'un roman destiné à exciter la pitié du lecteur en faveur d'un héros imaginaire ?

Des recherches furent faites ; l'on réussit à se procurer en Hollande deux autres exemplaires d'une édition moins ancienne que celle de 1757 qu'on avait sous les yeux. L'on y trouva la clef de tous les noms désignés dans la première édition par de simples initiales. L'on put, enfin, s'assurer que ces Mémoires, parfaitement authentiques et revus par *Daniel de Superville,* l'un des pasteurs qui avaient accueilli le pauvre fugitif, renfermaient l'histoire trop réelle des souffrances d'un pauvre jeune homme, *Jean Marteilhe,* de *Bergerac.*

Cependant, au milieu d'autres travaux plus pressants, ces projets de réimpression avaient dû être ajournés ; peut-être même auraient-ils été oubliés, si la publication du bel ouvrage de M. Michelet sur la *Révocation de l'édit de Nantes,* en confirmant pleinement les recherches déjà faites, n'avait rendu plus vif le désir de voir paraître ces *Mémoires,* inconnus de la plupart des descendants de ceux-là même qui avaient tant souffert pour leur foi.

Dans un des chapitres les plus émouvants de son livre, M. Michelet, après avoir analysé rapidement ces Mémoires, ajoutait : « *C'est un livre du premier ordre par la charmante naïveté du récit, l'angélique douceur, écrit comme entre terre et ciel. Comment ne le réimprime-t-on pas ?* »

C'est ce vœu de l'éminent historien que nous sommes heureux de réaliser enfin. Nous devons avant tout nos plus vifs remerciements à M. Félix Vernes, qui a bien voulu nous remettre son précieux volume et confier à notre Société le soin de l'ajouter à sa *Bibliothèque populaire*, comme le premier volume d'une nouvelle série : *Les Archives de la Réforme*. Si nous essayons de remettre en lumière ces glorieux souvenirs du passé de notre Église, ce n'est pas, avons-nous besoin de le dire, pour exciter de nouveau ces luttes religieuses, qui passionnaient nos pères. Nous savons, et nous en bénissons Dieu, combien les temps sont changés. Enfants de la même patrie, libres désormais de professer publiquement notre foi, nous sommes heureux de pratiquer ce conseil d'un prophète au peuple israélite : « Priez pour la paix du pays où vous êtes ; car, dans sa paix, vous aurez la paix. »

Mais ce qu'il est bon de rappeler dans tous les temps, ce sont ces leçons d'obéissance inébranlable à la conscience, de fidélité au devoir, d'esprit de sacrifice que, dans des jours d'épreuve, nos pères surent donner, avec tant de courage, à leurs descendants comme à ceux qui les persécutaient. Tout notre désir serait de contribuer, pour notre part, à faire revivre l'esprit des pères dans les enfants, en leur rappelant, par ces salutaires exemples, que « l'homme ne vit pas de pain seulement, mais de toute parole qui sort de la bouche de Dieu. »

Paris, octobre 1864.

Henry PAUMIER

Préface de 1880

En publiant aujourd'hui une nouvelle édition de ces Mémoires, nous pouvons nous féliciter de l'accueil que le public leur à fait. Quatre mille exemplaires ont été vendus ; une traduction anglaise a été publiée par la Société des Traités religieux de Londres, et des lettres, nombreuses, sont venues nous prouver l'intérêt avec lequel on avait lu ces souvenirs émouvants des souffrances de nos pères. Une de ces lettres, en particulier, nous fut adressée peu de temps après l'apparition des *Mémoires d'un protestant*. Nous tenons à la citer en entier, parce qu'elle confirme la réalité historique du récit de Jean Marteilhe et fournit d'intéressants détails, sur quelques-uns de ses descendants.

« Monsieur,

« Je viens un peu tard vous fournir quelques renseignements sur Jean Marteilhe, dont vous venez de publier, les Mémoires.

J'ai connu très particulièrement l'un de ses neveux, ancien négociant, place du Palais, à Bordeaux, mort en 1817, à l'âge de quatre-vingt-huit ans. Il avait pris chez lui, après qu'elle eût perdu son père, sa mère et deux vieilles tantes Marteilhe, sa petite nièce, arrière-petite nièce de Jean Marteilhe.

M. Marteilhe m'honorait de son amitié et, en 1812, il m'accorda la main de sa petite nièce. Après sa mort, sa fille unique Anne Marteilhe, épouse René, vint se fixer auprès de nous à Sainte-Foy et y acheta une campagne sur laquelle habite son fils, marié à la sœur de Mme Henriquet. Sa fille épousa mon parent et ami, M. Pauvert. Leur fils est aujourd'hui pasteur à Sainte-Foy.

Il existe plusieurs familles Dupuy, soit à Bergerac, soit à Sainte-Foy, mais j'ignore quelle est celle à laquelle appartenait la compagne de Jean Marteilhe. J'ai marié ma plus jeune fille à l'un de ces Dupuy, et un exemplaire de la première édition des *Mémoires* se trouvait dans la bibliothèque de son père.

Je pensais les faire réimprimer, et j'avais remis dans ce but cet exemplaire à M. de Pressensé, afin qu'il l'examinât et qu'il m'éclairât de ses conseils, mais ayant appris par M. Vidal, pasteur à Bergerac, que vous en prépariez une nouvelle édition, je crus devoir suspendre toute démarche. Je pensais d'ailleurs que M. Vidal vous fournirait les renseignements nécessaires pour assurer leur authenticité.

Jean Marteilhe ne se fixa pas à Amsterdam. Il revint à Londres, où il établit une maison de commerce. Il a souvent exprimé son désir de revoir son pays et ses parents, mais il n'y est jamais revenu. J'ignore s'il a laissé après lui des enfants et même s'il était marié. J'ai vu autrefois à Sainte-Foy une famille Legras ; je la crois éteinte depuis longtemps. Ma femme avait été élevée sous les yeux des deux tantes, sœurs aînées de M. Marteilhe, de Bordeaux, dans leur vieille maison paternelle, rue Neuve, à Bergerac.

Le nom de Marteilhe n'existe plus dans nos contrées. Je dois cependant vous exprimer la vive reconnaissance de tous ceux qui restent attachés par les liens du sang ou par leurs souvenirs à cette famille, pour les soins que vous avez donnés à la réimpression de ces *Mémoires*.

Veuillez agréer mes remerciements particuliers.

Mestre

A Bréjon, près Sainte-Foy (Gironde), le 16 janvier avez 1865. »

Nous sommes heureux de compléter ces détails sur la famille Marteilhe par quelques renseignements empruntés à une note de l'édition anglaise des *Mémoires*. Dès l'année 1758, peu de temps après la première publication des *Mémoires d'un protestant* en Hollande, une traduction parut en Angleterre. Le traducteur, qui avait pris le pseudonyme de *James Willington*, disait dans sa préface : « L'auteur de ces Mémoires, qui est encore vivant et connu de bon nombre de personnes, non seulement en Hollande mais à Londres même, s'est abstenu, par des raisons de prudence, de révéler son nom ; c'est par des raisons analogues que nous croyons devoir aussi cacher le nom du traducteur. »

Ce qui donne plus d'intérêt à ce passage, c'est que sous ce nom de Willington, se cachait en effet le nom d'un auteur, qui depuis devint justement, célèbre : Olivier Goldsmith. Il venait à peine de rentrer en Angleterre, après avoir longtemps parcouru le continent ; il en était encore à ses débuts et s'efforçait péniblement d'augmenter son maigre salaire de maître d'études dans une école publique en faisant des travaux de toute sorte pour un libraire. Sans doute, on le voit par son langage même, il avait fait la connaissance de Jean Marteilhe pendant son séjour en Hollande et il ajoutait, dans sa préface, cette phrase caractéristique :

« Quand cet ouvrage n'aurait d'autre résultat que d'apprendre, fût-ce à un seul individu, le prix de la religion évangélique par son contraste avec l'esprit d'intolérance de la religion du Pape ; quand il n'aurait d'autre effet que de lui faire chérir doublement la liberté dont il jouit en lui montrant la situation déplorable de ceux qui dépendent des caprices d'un tyran ; quand, il ne servirait qu'à lui inspirer le désir d'imiter les vertus des martyrs ou d'obtenir justice pour les opprimés, ce livre aurait rempli sa mission et l'auteur n'aurait pas perdu son temps. »

Terminons par quelques détails sur la fin de Jean Marteilhe et le sort de sa famille. Nous les empruntons à un article de la *Quarterly Review*, nº 239, juillet 1866.

« C'est à Cuylenberg [a], en 1777, que Jean Marteilhe mourut à l'âge de quatre-vingt-treize ans. Il laissait, une veuve déjà âgée elle-même et

---

a. Aujourd'hui *Culemborg*, aux Pays-Bas. (ThéoTEX)

une fille qui épousa, à Amsterdam, un officier distingué de la marine anglaise, le vice-amiral Douglas. En 1785, leur fils, M. Douglas et sa femme vinrent en France pour visiter leurs parents du Périgord. »

N'est-il pas intéressant de suivre ainsi, dans l'histoire d'une seule famille, la destinée de beaucoup de familles de réfugiés protestants ? Si Dieu a permis leurs souffrances pour purifier son Église et la relever par l'exemple de leurs vertus, que de fois n'a-t-il pas réalisé, à la lettre, la promesse du Sauveur : « Je vous dis, en vérité, qu'il n'y a personne qui ait quitté maison, ou frères, ou sœurs, ou père, ou mère, ou femme, ou enfants, ou des terres à cause de moi et à cause de l'Évangile, qui ne reçoive dès à présent, cent fois autant, et, dans le siècle avenir, la vie éternelle. » (Marc.10.29-30)

Paris, Décembre 1880.

Henry PAUMIER

Il y a peu de mes compatriotes, anciens réfugiés dans ces heureuses provinces, qui ne pussent rendre témoignage aux calamités que la persécution dans toutes les provinces de France leur a fait souffrir. Si chacun d'eux en particulier avait écrit des mémoires de ce qui lui est arrivé, tant dans leur commune patrie, que lorsqu'ils furent obligés d'en sortir, et qu'on en eût fait un recueil, il serait non seulement très curieux à cause des différents événements que l'on y aurait rapportés, mais en même temps très instructif pour un grand nombre de bons protestants, qui ignorent la plus grande partie de ce qui s'est passé depuis l'année 1684 dans cette cruelle et sanglante persécution. Divers auteurs en ont écrit en général : mais pas un (du moins qui soit venu à ma connaissance) n'a particularisé les différents genres de tourments, que chacun de mes chers compagnons de souffrance a expérimentés.

Il est fort au-dessus de ma portée d'entreprendre un pareil ouvrage, ne sachant qu'imparfaitement et par tradition un nombre presque infini de faits, que plusieurs de mes chers compatriotes racontent journellement à leurs enfants. Aussi ferai-je seulement part au public, par ces mémoires, de ce qui m'est arrivé à moi-même depuis l'année 1700, jusqu'à 1713, que je fus heureusement délivré des galères de France par l'intercession de la Reine Anne d'Angleterre de glorieuse mémoire.

Je suis né à Bergerac, petite ville de la province du Périgord, en l'année 1684, de parents bourgeois et marchands, qui, par la grâce de

Dieu, ont toujours vécu et constamment persisté jusqu'à la mort, dans les sentiments de la véritable religion réformée, s'étant conduits de façon à ne s'attirer aucun reproche, élevant leurs enfants dans la crainte de Dieu, et les instruisant continuellement dans les principes de la vraie religion, et dans l'éloignement des erreurs du papisme.

Je n'ennuierai pas mon lecteur en rapportant ce qui m'est arrivé pendant mon enfance et jusqu'en l'année 1700, que la persécution m'arracha du sein de ma famille, me força de fuir hors de ma patrie, et de m'exposer, malgré la faiblesse de mon âge, aux périls d'une route de deux cents lieues, que je fis pour chercher un refuge dans les Provinces-Unies des Pays-Bas. Je raconterai seulement avec brièveté, et dans la pure vérité, ce qui m'est arrivé depuis ma douloureuse séparation d'avec mes parents, que je laissai livrés aux fureurs et aux vexations les plus cruelles.

Avant d'en venir au détail de ma fuite hors de ma chère patrie, il est nécessaire de rapporter ce qui l'occasionna, et alluma en 1700 le feu de la persécution la plus inhumaine dans la province où je naquis.

Pendant la guerre qui fut terminée par la paix de Ryswick, les jésuites et les prêtres, qui n'avaient pu avoir le plaisir de faire dragonner les réformés de France, par le besoin que le Roi avait de ses troupes sur les frontières de son royaume, ne virent pas plutôt la paix conclue, qu'ils voulurent se dédommager du repos qu'ils avaient été contraints de nous donner pendant la guerre. Ces impitoyables et acharnés persécuteurs firent donc sentir toute leur rage dans les provinces de France où il y avait des réformés. Je me bornerai à faire le détail le mieux circonstancié qu'il me sera possible de ce qui se passa particulièrement dans celle du Périgord.

En l'année 1699, le Duc de la Force, qui témoignait, du moins extérieurement, n'être aucunement dans les sentiments de ses illustres ancêtres par rapport à la religion réformée, sollicita, à l'instigation des jésuites, la permission d'aller dans ses terres du Périgord, qui sont grandes et considérables, *pour* (comme il s'exprimait) *convertir les huguenots*. Il flattait trop en cela les vues et les principes de la cour, pour ne pas obtenir un si honorable et si digne emploi. Il partit en effet de Paris, accompagné de quatre jésuites, de quelques gardes et de ses domestiques. Arrivé à son château de la Force, distant d'une lieue de Bergerac, il commença, pour donner une idée de la douceur de sa mission et de l'esprit de ses conseillers, à exercer des cruautés inouïes contre ses vassaux de la religion réformée, envoyant chaque jour enlever les paysans de tout sexe et de tout âge, et leur faisant souffrir, en sa présence et sans autre forme de procès, les tourments les plus affreux, portés contre quelques-uns jusqu'à la mort, pour les obliger, sans autre connaissance de cause que sa volonté, d'abjurer sur-le-champ leur religion. Il contraignit donc, par des moyens aussi diaboliques, tous ces pauvres malheureux à faire les serments les plus affreux de rester inviolablement attachés à la religion romaine. Pour témoigner sa joie et la satisfaction qu'il ressentait de ses heureux succès, et terminer son entreprise d'une façon qui fut digne du motif et des conseils qui le faisaient agir, il fit faire des réjouissances publiques au bourg de la Force où est situé son château, et allumer un feu de joie d'une magnifique bibliothèque, composée de livres pieux de la religion réformée, que ses ancêtres avaient soigneusement recueillis. Il en usa de la même manière à Tonneins en Gascogne, fort fâché sans doute que ses ordres eussent resserré son zèle dans les terres de sa domination. La ville de Bergerac pour cette fois fut exemple de la persécution, ainsi que plusieurs villes des environs ; mais ce repos n'était qu'une bonace, qui devait être suivie de la plus terrible tempête. Avant d'en venir au détail de ce que les réformés de cette province eurent à souffrir, le lecteur ne sera pas fâché que je le régale d'un fait assez divertissant, arrivé au château de la Force, tandis que le Duc s'y reposait de ses fatigues, et pour fruit de son heureuse expédition, recevait l'encens et les éloges, que lui venaient prodiguer les prêtres et les moines de ces cantons. Un avocat de Bergerac, nommé Grenier, qui avait beaucoup d'esprit, mais à la vérité un peu timbré, n'ayant pas même beaucoup de religion, quoiqu'il fût né réformé ; cet avocat, dis-je, voulut aussi faire briller son esprit et se mettre sur les rangs des flatteurs, en haranguant le Duc. Il lui en fit demander la permission, qui lui fut aisément accordée. Le Duc, assis sur son siège de cérémonie, ayant à ses côtés ses quatre jésuites, admit à son audience Grenier, qui commença sa harangue en ces termes : « Monseigneur, votre grand-père était un grand guerrier ; votre père un grand dévot, et vous, Monseigneur, vous êtes un grand chasseur. » Le Duc l'interrompit pour lui demander comment il savait qu'il était un grand chasseur, puisqu'en effet ce n'était pas là sa passion dominante. « J'en juge, repartit Grenier, par vos quatre limiers qui ne vous quittent pas, en lui montrant les quatre jésuites. » Ces pères, en bons chrétiens, commençaient à demander qu'on punît Grenier de son insolence ; mais on représenta au Duc que Grenier était aliéné de son esprit, et le Duc se contenta de le chasser de sa présence.

Je reprends le fil de mon histoire, et vais expliquer ce qui donna lieu à ma fuite, pour tâcher de sortir du royaume.

Le Duc de la Force, fier des belles conversions qu'il avait faites, en fut rendre compte à la cour. On peut juger si lui et ses jésuites exagérèrent l'effet que leur mission avait produit. Quoi qu'il en soit, le Duc obtint de revenir en Périgord en l'année 1700, pour convertir par une dragonnade impitoyable les Huguenots des villes royales de cette province. Il vint donc à Bergerac, où il établit son domicile, accompagné de ses quatre mêmes jésuites et d'un régiment de dragons, dont la mission cruelle, chez les bourgeois, où ils furent mis à discrétion, fit bien plus de nouveaux convertis que les exhortations des jésuites. Car, en effet, il n'y eut cruautés inouïes que ces missionnaires bottés n'exerçassent pour contraindre ces pauvres bourgeois d'aller à la messe et faire leur abjuration, avec des serments horribles, de ne jamais plus abandonner l'exercice de la religion romaine. Le Duc avait un formulaire de ce serment, rempli d'imprécations contre la religion réformée, qu'il faisait signer et jurer, de gré ou de force, à ces pauvres bourgeois martyrisés. On mit chez mon père à discrétion vingt-deux de ces exécrables dragons. Mais je ne sais par quelle politique le Duc fit conduire mon père en prison à Périgueux. On se saisit de deux de mes frères et de ma sœur, qui n'étaient que des enfants, et on les mit dans un couvent. J'eus le bonheur de me sauver de la maison, si bien que ma pauvre mère se vit seule de sa famille au milieu de ces vingt-deux scélérats, qui lui firent souffrir des tourments horribles. Et après avoir consumé et détruit tout ce qu'il y avait dans la maison, ne laissant que les quatre murailles, ils traînèrent ma désolée mère chez le Duc, qui la contraignit, par les traitements indignes qu'il lui fit, accompagnés d'horribles menaces, de signer son formulaire. Cette pauvre femme, pleurant abondamment et protestant contre, ce qu'on lui faisait faire, voulut encore que sa main accompagnât les lamentables protestations de sa bouche ; car le Duc lui ayant présenté le formulaire d'abjuration pour le signer, elle y écrivit son nom, au bas duquel elle ajouta ces mots : *la Force me le fait faire,* faisant sans doute allusion au nom du Duc. On la voulut contraindre d'effacer ces mots, mais elle n'en voulut constamment rien faire ; et un des jésuites prit la peine de les effacer.

Cependant (octobre 1700) je m'étais échappé de la maison, avant que les dragons y entrassent ; j'avais seize ans accomplis pour lors. Ce n'est pas un âge à avoir beaucoup d'expérience, pour se tirer d'affaire, surtout d'un si mauvais pas. Comment échapper à la vigilance des dragons, dont la ville et les avenues étaient remplies pour empêcher qu'on ne s'enfuît ? J'eus néanmoins le bonheur, par la grâce de Dieu, de sortir de nuit sans être aperçu, avec un de mes amis, et, ayant marché toute la nuit dans les bois, nous nous trouvâmes le lendemain matin à Mussidan, petite ville à quatre lieues de Bergerac. Là nous résolûmes, quelques périls qu'il y eût, de poursuivre notre voyage jusqu'en Hollande, nous résignant à la volonté de Dieu pour tous les périls qui se présentaient à notre esprit, et nous prîmes, en implorant la protection divine, une ferme résolution de n'imiter pas la femme de Lot, en regardant en arrière, et que, quel que fut l'événement de notre périlleuse entreprise, nous resterions fermes et constants à confesser la véritable religion réformée, même au péril du supplice des galères ou de la mort. Après cette résolution, nous implorâmes le secours et la miséricorde de Dieu, et nous nous mîmes gaiement en chemin sur la route de Paris. Nous consultâmes notre bourse, qui n'était pas trop bien fournie. Environ dix pistoles en faisaient le capital. Nous formâmes un plan d'économie pour ménager notre peu d'argent, en ne logeant tous les jours que dans les médiocres auberges, pour y faire moins de dépense. Nous n'eûmes, Dieu merci, aucune mauvaise rencontre jusqu'à Paris, où nous arrivâmes le dix novembre 1700. Notre plan, en partant du pays, était, qu'étant à Paris, nous verrions quelques personnes de notre connaissance qui nous indiqueraient le passage le plus facile et le moins périlleux aux frontières. En effet, un bon ami et bon protestant nous donna une petite route par écrit, jusqu'à Mézières, ville de guerre sur la Meuse, qui pour lors était frontière du Pays-Bas espagnol, et au bord de la formidable forêt des Ardennes. Cet ami nous instruisit que nous n'aurions d'autres périls à éviter que celui d'entrer dans cette dernière ville ; car pour en sortir on n'arrêtait personne, et que la forêt des Ardennes nous favoriserait pour nous rendre à Charleroi, distante de six à sept lieues de Mézières ; et qu'étant à Charleroi nous serions sauvés, puisqu'alors nous serions absolument hors des terres de France. Il ajouta qu'il y avait aussi à Charleroi commandant et garnison hollandaise, ce qui nous mettait à l'abri de tout danger. Cependant cet ami nous avertit d'être prudents et de prendre de grandes précautions pour entrer dans la ville de Mézières, parce qu'on y était extrêmement exact à arrêter à la porte tous ceux qu'on soupçonnait d'être étrangers ; qu'on les menait au gouverneur et de la en prison, s'ils se trouvaient sans passe-port. Enfin nous partîmes de Paris pour Mézières. Nous n'eûmes aucune fâcheuse rencontre pendant cette route ; car dans le royaume de France on n'arrêtait personne. Toute l'attention n'était qu'à bien garder tous les passages sur la frontière. Nous arrivâmes donc une après-midi, sur les quatre heures, sur une petite montagne à un quart de lieue de Mézières, d'où nous pouvions voir entièrement cette ville et la porte par où nous devions entrer. On peut facilement juger de notre saisissement, en considérant le prochain péril qui se présentait à nos yeux. Nous nous assîmes un moment sur cette montagne pour tenir conseil sur notre entrée dans la ville. Et en considérant la porte, nous vîmes qu'un long pont sur la Meuse y aboutissait, et comme il faisait assez beau temps, un nombre de bourgeois se promenaient sur ce pont. Nous jugeâmes qu'en nous mêlant avec ces bourgeois, et nous promenant avec eux sur ce pont, nous pourrions entrer pêle-mêle avec eux dans la ville sans être connus pour étrangers par la sentinelle de la porte. Nous étant arrêtés à cette entreprise, nous vidâmes nos havre-sacs de quelques chemises que nous y avions, les mettant toutes sur notre corps, et les havresacs dans nos poches. Nous décrottâmes ensuite nos souliers, peignâmes nos cheveux, et enfin prîmes toutes les précautions requises pour ne paraître pas voyageurs. Notez que nous n'avions pas d'épées, étant défendu en France d'en porter. Ainsi appropriés, nous descendîmes la montagne et nous nous rendîmes sur le pont, nous y promenant avec les bourgeois jusqu'à ce que le tambour rappelât pour la fermeture des portes. Alors tous les bourgeois s'empressèrent pour rentrer dans la ville, et nous avec eux, la sentinelle ne s'apercevant pas que nous fussions étrangers. Nous étions ravis de joie d'avoir évité ce grand péril, croyant que c'était là le seul que nous avions à craindre ;

mais nous comptions, comme on dit, sans notre hôte. Nous ne pouvions sortir sur-le-champ de Mézières, la porte à l'opposite de celle par où nous étions entrés étant fermée. Il nous fallut donc loger dans la ville. Nous entrâmes dans la première auberge qui se présenta. L'hôte n'y était pas ; sa femme nous reçut. Nous ordonnâmes le souper, et pendant que nous étions à table, sur les neuf heures, le maître du logis arrive. Sa femme lui dit qu'elle avait reçu deux jeunes étrangers. Nous entendîmes de notre chambre que son mari lui demanda si nous avions un billet de permission du gouverneur. La femme lui ayant répondu qu'elle ne s'en était pas informée : « Carogne, lui dit-il, veux-tu que nous soyons ruinés de fond en comble ? Tu sais les défenses rigoureuses de loger les étrangers sans permission. Il faut que j'aille tout à l'heure avec eux chez le gouverneur. » Ce dialogue, que nous entendions, nous mit la puce à l'oreille. Enfin l'hôte entre dans notre chambre et nous demande fort civilement si nous avions parlé au gouverneur. Nous lui dîmes que nous n'avions pas cru que cela fût nécessaire pour loger une nuit seulement dans la ville. « Il m'en coûterait mille écus, nous dit-il, si le gouverneur savait que je vous eusse logé sans sa permission. Mais avez-vous un passe-port pour pouvoir entrer dans les villes frontières ? nous demanda-t-il. Nous lui répondîmes fort hardiment que nous en étions bien munis. « Cela change l'affaire, dit-il, pour empêcher que j'encoure le blâme de vous avoir logés sans permission ; mais cependant il faut que vous veniez avec moi chez le gouverneur pour lui montrer vos passeports. » Nous lui répondîmes que nous étions las et fatigués, mais que le lendemain au matin nous l'y suivrions très volontiers. Il en fut content. Nous achevâmes de souper et nous nous couchâmes tous deux dans un lit qui était fort bon, mais qui ne fut pourtant pas capable de nous inciter à dormir, tant l'inquiétude du prochain péril s'était saisie de nous. Combien de conseils ne tînmes-nous pas toute cette longue nuit ! Combien d'expédients ne nous proposions-nous pas sur la réponse que nous ferions aux demandes du gouverneur ! Mais, hélas ! c'étaient tous conseils et expédients sans conclusion. N'en voyant aucun qui nous garantît d'aller de chez le gouverneur dans la prison, nous passâmes le reste de la nuit en prières pour implorer le secours de Dieu dans un si pressant besoin, et pour lui demander, à quelque épreuve que sa divine volonté nous exposât, la fermeté et la constance nécessaires pour confesser dignement la vérité de l'Évangile. La pointe du jour nous trouva dans ce pieux exercice. Nous nous levâmes promptement et descendîmes dans la cuisine, où l'hôte et sa femme couchaient. En nous habillant, il nous vint un expédient dans la pensée, pour n'être pas obligés à comparaître devant le gouverneur, lequel expédient nous mîmes en pratique et qui nous réussit admirablement bien. Le voici :

Nous formâmes le dessein de sortir clandestinement de ce logis avant que l'hôte fût levé et en état de nous observer. Lorsqu'il nous vit de si grand matin dans sa cuisine, il nous demanda la raison de cette diligence. Nous lui dîmes qu'avant d'aller chez le gouverneur avec lui, nous voulions déjeuner, afin qu'en sortant de chez le gouverneur, nous pussions poursuivre notre route. Il approuva notre dessein, et ordonna à sa servante de mettre des saucisses sur le gril pendant qu'il se lèverait. Cette cuisine était à plain-pied de la porte de la rue, qui en était tout près. Ayant aperçu que la servante avait ouvert la porte de la rue, nous prétextâmes un besoin. L'hôte ne se méfiant de rien, nous sortîmes de ce fatal cabaret, sans dire adieu, ni payer notre écot ; car il nous était absolument nécessaire de faire cette petite friponnerie. Étant dans la rue, nous trouvâmes un petit garçon, à qui nous demandâmes le chemin de la porte de Charleville, qui était celle par où nous devions sortir. Nous en étions fort près, et comme on ouvrait cette porte, nous en sortîmes sans aucun obstacle. Nous entrâmes dans Charleville, petite ville sans garnison ni porte, qui n'est éloignée de Mézières que d'une portée de fusil. Nous y déjeunâmes promptement, et en ressortîmes pour entrer dans la forêt des Ardennes. Il avait gelé cette nuit-là, et la forêt nous parut épouvantable, les arbres étant chargés de verglas : outre qu'à mesure que nous avancions dans cette spacieuse forêt, il se présentait un grand nombre de chemins, et nous ne savions lequel tenir pour nous rendre à Charleroi. Étant dans cet embarras, un paysan vint à notre rencontre, à qui nous demandâmes le chemin de Charleroi. Ce paysan nous répondit en haussant les épaules, qu'il voyait bien que nous étions étrangers, et que l'entreprise que nous faisions d'aller à Charleroi par les Ardennes était très dangereuse, attendu qu'il voyait bien que nous ne savions pas les chemins, et qu'il était presque impossible que nous suivissions le véritable, puisque, plus nous avancerions, plus il s'en présenterait ; et que n'y ayant ni village dans ce bois, ni maison, nous courions risque de nous y égarer tellement, que nous y errerions pendant douze ou quinze jours ; qu'outre les animaux voraces dont cette forêt était remplie, si la gelée continuait, nous y péririons de froid et de faim. Ce discours nous alarma, ce qui fit que nous offrîmes un louis d'or à ce paysan, s'il voulait nous servir de guide jusqu'à Charleroi. « Non pas, quand vous m'en donneriez cent, nous dit-il ; je vois bien que vous êtes huguenots, et que vous vous sauvez de France ; et je me mettrais la corde au cou, si je vous rendais ce service. Mais, nous dit-il, je vous donnerai un bon conseil : laissez les Ardennes ; prenez le chemin que vous voyez sur votre gauche ; vous arriverez dans un village (qu'il nous nomma) ; vous y coucherez, et demain matin, continuez votre route en tenant la droite de ce village. Vous verrez ensuite la ville de Rocroy, que vous laisserez sur votre gauche ; et en poursuivant votre chemin, toujours sur la droite, vous arriverez à Couvé, petite ville. Vous la traverserez, et en sortant vous trouverez un chemin sur votre gauche ; suivez-le, il vous mènera à Charleroi sans péril. La roule que je vous indique, continua ce paysan, est plus longue que celle par les Ardennes, mais elle est sans aucun danger. » Nous remerciâmes ce bon homme, et suivîmes son conseil. Nous arrivâmes le soir au village dont il nous avait parlé; nous y couchâmes, et le lendemain matin, nous trouvâmes le chemin sur la droite, qu'il nous avait indiqué. Nous le prîmes, et laissâmes Rocroy sur notre gauche. Mais le bon paysan ne nous avait pas dit, peut-être par ignorance, que ce chemin nous conduisait droit à une gorge entre deux montagnes, qui était fort étroite, et où il y avait un corps de garde de Français, qui arrêtaient tous les étrangers qui y passaient sans passe-port, et les menaient en prison à Rocroy. Nous, comme de pauvres brebis égarées, nous marchions à grands pas vers la gueule du loup. Cependant, sans voir ni savoir l'inévitable danger que nous courions, nous l'évitâmes par le plus favorable hasard du monde; car en entrant dans cette gorge nommée le Guet du Sud, la pluie tomba si abondamment, que la sentinelle qui se tenait sur le chemin, devant le corps de garde, y rentra pour se mettre à couvert, et nous passâmes fort innocemment sans en être aperçus, et poursuivant notre chemin nous arrivâmes à Couvé. Pour le coup, nous étions sauvés, si nous avions su que cette petite ville était hors des terres de France. Elle appartenait au prince de Liège, et il y avait un château muni d'une garnison hollandaise. Mais, hélas! nous n'en savions rien pour notre malheur, car si nous l'avions su, nous nous serions rendus à ce château, dont le gouverneur donnait des escortes à tous les réfugiés qui en demandaient pour être conduits jusqu'à Charleroi. Enfin Dieu permit que nous restassions dans cette ignorance pour mettre notre constance et notre foi à l'épreuve pendant treize années de la plus affreuse misère, dans les cachots et sur les galères, comme on le verra dans la suite de ces mémoires.

Nous arrivâmes donc, comme j'ai dit, à Couvé. Nous étions mouillés jusqu'à la peau. Nous entrâmes dans un cabaret pour nous y sécher et y manger. Nous étant mis à table, on nous apporta un pot de bière à deux anses sans nous donner des verres. En ayant demandé, l'hôte nous dit qu'il voyait bien que nous étions Français, et que la coutume du pays était qu'on buvait au pot. Nous nous y conformâmes, mais cette demande de verres, qui ne paraît en elle-même qu'une vétille et sans conséquence, fut, humainement parlant, la cause de notre malheur ; car il se trouva dans la chambre où nous étions, deux hommes, l'un bourgeois de la ville, l'autre un garde-chasse du prince de Liège, Ce dernier ayant remarqué que l'hôte nous avait dit qu'il voyait bien que nous étions Français, porta toute son attention à nous examiner, et s'émancipa jusqu'à nous accoster ; et son compliment fut, qu'il gagerait bien que nous n'avions pas de chapelets dans nos poches. Mon compagnon, qui râpait une prise de tabac, lui montrant sa râpe, lui dit fort imprudemment, que c'était là son chapelet. Cette réponse acheva de confirmer ce garde-chasse dans la pensée que nous étions protestants, et que nous sortions de France. Et comme la dépouille de ceux qu'on arrêtait appartenait au dénonciateur, il forma le dessein de nous faire arrêter, si, étant sortis de Couvé, nous passions par Mariembourg, terre de France, à une lieue de là. Ce n'était pas notre dessein ; car, suivant l'instruction du bon paysan, en sortant de Couvé, nous devions prendre un chemin sur la gauche qui nous aurait fait éviter de passer sur aucune terre de France. Mais qui peut éviter son destin ? En sortant de Couvé, nous enfilâmes bien le chemin qui était sur la gauche ; mais, ayant aperçu de loin une espèce d'officier à cheval, qui venait vers nous, comme la moindre chose augmente la peur, nous craignîmes que cet officier ne nous arrêtât, ce qui nous fit rebrousser et prendre le chemin fatal qui nous conduisait à Mariembourg. Cette ville est petite et n'a qu'une porte, par conséquent elle n'est d'aucun passage. Nous le savions, et nous formâmes la résolution de la laisser sur notre droite, et d'aller à Charleroi en tenant la gauche, suivant que nous nous étions orientés. Mais nous ne savions pas que le perfide garde-chasse nous suivait de loin pour nous faire mettre la main sur le collet. Enfin nous arrivons devant Mariembourg, et comme il était presque nuit, et que nous vîmes un cabaret vis-à-vis de la porte de la ville, nous conclûmes de nous y arrêter pour y passer la nuit. En effet nous y entrâmes : on nous mit dans une chambre, et nous étant fait faire un bon feu pour nous sécher, nous n'y avions pas resté une demi-heure, que nous vîmes entrer un homme que nous crûmes être l'hôte du logis, qui, nous ayant salués fort civilement, nous demanda d'où nous venions et où nous allions.

Nous lui dîmes que nous venions de Paris, et que nous allions à Philippeville. Il nous dit qu'il fallait aller parler au gouverneur de Mariembourg. Nous crûmes l'endormir comme nous avions fait notre hôte de Mézières. Mais nous nous trompions ; car il nous répartit sur-le-champ et assez brusquement, qu'il fallait l'y suivre dans le moment. Nous fîmes contre fortune bon cœur, et sans témoigner aucune crainte, nous nous préparâmes à le suivre. Je dis en patois à mon compagnon, pour que cet homme ne l'entendît pas, que, la nuit étant obscure, nous nous échapperions de notre conducteur dans la distance qu'il y avait du cabaret à la ville. Enfin nous suivîmes notre homme que nous prenions pour le maître de la maison ; mais c'était un sergent de la garde de la porte, avec un détachement de huit soldats, la baïonnette au bout du fusil, que nous trouvâmes dans la cour de ce logis. A leur tête était le perfide garde-chasse de Couvé. Ces soldats se saisirent de nous de manière qu'il nous fut impossible de nous échapper. Nous fûmes conduits chez le gouverneur nommé M. Pallier, qui nous demanda de quel pays nous étions, et où nous allions. Sur la première question, nous lui dîmes la vérité ; mais sur la seconde, nous la palliâmes, lui disant, qu'étant des garçons perruquiers, nous faisions notre tour de France ; que notre dessein était d'aller à Philippeville, de là à Maubeuge, Valenciennes, Cambrai, etc., pour retourner dans notre patrie. Le gouverneur nous fit examiner par son valet de chambre, qui était un peu perruquier, et qui s'attacha par bonheur à mon compagnon qui l'était effectivement. Il fut convaincu que nous étions de cette profession. Le gouverneur nous demanda ensuite, de quelle religion nous étions. Nous lui dîmes franchement que nous étions de la religion réformée, nous faisant un scrupule de conscience de déguiser la vérité sur cet article. Plût à Dieu, que nous eussions dit la pure vérité sur les autres demandes que ce gouverneur nous fit ; car, quand on veut faire profession de la vérité, il ne faut, selon la morale chrétienne, jamais mentir. Enfin telle est la faiblesse de la nature humaine, qui n'exerce jamais parfaitement une bonne œuvre. Le gouverneur nous ayant demandé si nous n'avions pas le dessein de sortir du royaume, nous le niâmes. Après cet examen, qui dura une bonne heure, le gouverneur ordonna au major de la place de nous conduire sûrement en prison ; ce qu'il fit avec l'escorte qui nous avait arrêtés. Dans la distance du gouvernement à la prison, ce major, nommé M. de la Salle, me demanda s'il était vrai que nous fussions de Bergerac, je lui dis que c'était la vérité. « Je suis aussi né à une lieue de Bergerac, me dit-il », et m'ayant demandé mon nom et ma famille : « Bon Dieu ! s'écria-t-il, votre père est le meilleur de mes amis ; consolez-vous, ajouta-t-il, mes enfants ; je vous retirerai de cette mauvaise affaire, et vous en serez quittes pour deux ou trois jours de prison. » En discourant ainsi nous arrivâmes à la prison. Le garde-chasse pria le major de nous faire fouiller pour avoir sa curée, croyant que nous avions beaucoup d'argent. Mais tout notre capital consistait environ dans une pistole, que le major nous dit de lui remettre sans nous faire fouiller. Ce major, qui était touché de compassion de notre malheureux sort, et qui nous voulait rendre service, craignait que nous n'eussions beaucoup plus d'argent, et que cette circonstance nous nuirait, et formerait un indice, que nous voulions sortir du royaume ; car on sait bien que des garçons de métier, qui battent la semelle, comme on dit communément, ne sont pas fort chargés d'argent. D'ailleurs il craignait que ce méchant garde-chasse, pour lequel il avait une parfaite horreur, à cause qu'il nous avait fait arrêter, ne reçût une récompense trop lucrative de sa perfidie par notre dépouille. Le major donc, dans cette crainte, ne nous fit pas fouiller, mais garda le peu d'argent que nous lui avions mis en main pour le remettre au gouverneur. Le garde-chasse, voyant qu'on ne nous fouillait pas, eut l'impudence de dire au major que ce n'était pas de cette façon qu'on visitait les huguenots qui s'enfuyaient en Hollande. « Je saurai bien trouver leur argent », dit-il, en voulant se jeter sur nous pour nous fouiller lui-même. « Coquin, lui dit le major, je ne sais à quoi il tient que je ne te fasse rosser. Crois-tu m'apprendre mon devoir ? » Et en même temps il le chassa de sa présence. Voilà la récompense que ce misérable eut de ses peines pour nous faire arrêter ; outre que peu de jours après le prince de Liège, à la sollicitation du gouverneur hollandais du château de Couvé, le chassa de son service, et le bannit de tout son pays pour l'action qu'il avait faite de nous faire arrêter. Digne salaire d'un si indigne sujet ! Cette visitation étant faite, on nous fit entrer dans un cachot affreux. Alors nous nous récriâmes en disant au major la larme aux yeux : « Quel crime avons-nous fait, Monsieur, pour nous voir traiter comme les scélérats qui ont mérité la potence et la roue ? — Ce sont mes ordres, mes enfants, nous dit le major, tout attendri ; mais vous ne coucherez pas dans ce cachot, ou j'y perdrai mon latin. » En effet, il fut sur-le-champ rendre compte au gouverneur, de son expédition, lui disant qu'il nous avait fait fouiller très exactement, et qu'il n'avait trouvé sur nous qu'environ une pistole ; ce qui prouvait bien que nous n'avions pas le dessein de sortir de France, sans compter les autres indices que nous en avions donnés en sa présence, et qu'il croyait qu'il serait juste de nous élargir. Mais par malheur ce soir-là était jour de courrier pour Paris ; et pendant qu'on nous avait conduits en prison, le gouverneur avait écrit en cour notre détention. Ce contre-temps fit qu'il ne pouvait plus nous délivrer sans ordre de ladite cour. Le major fut mortifié de cet obstacle, et pria le gouverneur de nous faire sortir de cet affreux et infâme cachot, et de nous donner toute la maison du geôlier pour prison ; qu'il poserait une sentinelle à la porte pour nous observer, et qu'il répondait sur sa tête, que nous ne nous évaderions pas. Le gouverneur y acquiesça, et nous n'avions pas resté une heure dans ce cachot, que le major revint à la prison avec un caporal et une sentinelle, à laquelle il nous consigna, et ordonna que nous fussions libres dans toute la maison du geôlier ; nous choisissant lui-même une chambre pour y coucher. De plus il donna le peu d'argent que nous lui avions remis au geôlier, lui ordonnant de nous nourrir, pour autant que cet argent durerait, ne voulant pas, pour notre avantage, et pour que nous parussions n'être pas criminels, qu'on nous donnât le pain du roi, en attendant le tour que notre affaire prendrait. Il nous annonça, en nous témoignant son chagrin, que le gouverneur avait déjà écrit en cour notre détention ; mais qu'il travaillerait de son mieux avec le gouverneur, de qui il en avait parole, à ce que notre procès-verbal nous fût favorable. Ce bon traitement du major nous consola en quelque manière.

Bientôt après, le gouverneur envoya en cour le procès-verbal, qui était fort en notre faveur. Mais la déclaration que nous avions faite, que nous étions de la religion réformée, anima si fort contre nous le marquis de la Vrillière, ministre d'État, qu'il ne voulut faire aucune attention sur les apparences qui étaient contenues dans ce procès-verbal, que nous n'avions aucun dessein de sortir du royaume, et qu'il ordonna au gouverneur de Mariembourg de nous faire notre procès pour nous condamner aux galères, comme nous étant trouvés sur les frontières sans passe-port ; que cependant le curé de Mariembourg ferait tous ses efforts pour nous ramener au giron de l'Église romaine ; que, s'il y réussissait, après qu'on nous aurait instruits et fait faire abjuration, on pourrait, par grâce de la cour, nous élargir et nous faire reconduire à Bergerac. Le major nous fit lire l'original même desdits ordres du marquis de la Vrillière. « Je ne vous conseillerai rien, nous dit-il, sur ce que vous devez faire ; votre foi et votre conscience vous doivent déterminer. Tout ce que je puis. vous dire, c'est que votre abjuration vous ouvrira la porte de votre prison ; sans cela vous irez certainement aux galères. » Nous lui répondîmes que nous mettions toute notre confiance en Dieu et que nous nous résignions à sa sainte volonté ; que nous n'attendions aucun secours humain et que nous ne renierions jamais, moyennant la grâce de Dieu, que nous implorions sans cesse, les principes divins et véritables de notre sainte religion ; qu'il ne fallait pas qu'on crût que c'était par entêtement ou opiniâtreté que nous tenions ferme ; que c'était, Dieu merci, par connaissance de cause, et que nos parents avaient pris tous les soins possibles de nous instruire de la vérité de notre religion et des erreurs de la religion romaine, pour professer l'une et éviter de tomber dans les précipices de l'autre ; nous le remerciâmes très affectueusement des peines qu'il s'était données pour nous rendre ses bons offices, et l'assurâmes que ne pouvant par d'autres moyens lui en témoigner notre gratitude, nous prierions toujours Dieu pour lui. Ce bon major, qui était dans le fond du cœur protestant comme nous, mais avec un extérieur romain, nous embrassa tendrement, nous avouant qu'il se sentait moins heureux que nous, et se retira pleurant à chaudes larmes, et nous priant de ne pas trouver mauvais qu'il ne nous vît plus, n'en ayant pas le courage. Cependant notre pistole, qui avait été remise au geôlier, finit. On nous mit à une livre et demie de pain par jour, qui est le pain du roi. Mais le gouverneur et le major nous envoyaient tous les jours, tour à tour, suffisamment à boire et à manger. Le curé, qui espérait de nous faire prosélytes, et les religieuses d'un couvent qui était dans la ville, nous envoyaient aussi très souvent à manger ; si bien qu'à notre tour nous nourrissions le geôlier et sa famille. Le curé nous venait visiter presque tous les jours, et nous donna d'abord un catéchisme de controverse, pour prouver la vérité de la religion romaine. Nous lui opposâmes le catéchisme de M. Drelincourt, que nous avions. Ce curé n'était pas fort habile, et nous ayant trouvés, comme on dit, ferrés à glace, il désista bientôt de l'entreprise qu'il avait faite de nous convaincre ; car nous ayant donné l'alternative de disputer par la tradition ou par l'Écriture sainte, et ayant choisi l'Écriture sainte, notre homme n'y trouva pas son compte, et après deux ou trois conférences, il quitta la partie. Il se borna dès lors à nous tenter par les avantages temporels. Il avait une nièce jeune et belle, qu'il amena un jour sous prétexte d'une visite charitable. Ensuite il me la promit en mariage avec une grosse dot, si je voulais me rendre à sa religion ; se promettant que, s'il me gagnait, mon compagnon suivrait d'abord mon exemple. Mais j'avais tous les prêtres et leur race en si grande haine, que je rejetai son offre avec mépris, ce qui l'outragea si fort, qu'il s'en fut aussitôt déclarer au gouverneur et au juge, qu'il n'y avait rien à espérer pour notre conversion ; que nous étions des obstinés, qui ne voulaient écouter ni preuve ni raison, et que nous étions des réprouvés dominés par le démon. Sur sa déposition il fut résolu de nous faire notre procès, ce qui s'exécuta bientôt. Le juge du lieu et son greffier nous vinrent juridiquement interroger dans la prison, et deux jours après on nous vint lire notre sentence, laquelle portait en substance : « Que nous étant trouvés sur la frontière sans passe-port de la cour, et qu'étant de la religion prétendue réformée, nous étions atteints et convaincus d'avoir voulu sortir du royaume, contre les ordonnances du Roi qui le défend ; et pour réparation, nous étions condamnés à être conduits sur les galères de Sa Majesté, pour y servir de forçat à perpétuité, avec confiscation de nos biens, etc. »

Notre sentence lue, le juge nous demanda si nous voulions en appeler au Parlement de Tournai, auquel la ville de Mariembourg est ressortissante. Nous lui répondîmes que nous n'appelions de son inique sentence qu'au tribunal de Dieu ; que tous les hommes étaient passionnés contre nous et que nous ne réclamions que Dieu seul, en qui nous établissions notre confiance et qui était juste juge. « Ne m'attribuez pas, dit-il, je vous prie, la rigueur de votre sentence ; ce sont les ordres du Roi qui vous condamnent. Mais, lui dis-je, Monsieur, le Roi ne sait pas si je suis atteint et convaincu de vouloir sortir du royaume, et l'ordonnance ne porte pas que pour être de la religion, on soit mis aux galères ; il n'y a que la conviction de vouloir sortir du royaume qui condamne à ce genre de supplice ; cependant, vous, Monsieur, vous mettez dans la sentence : *atteint et convaincu de vouloir sortir du royaume,* sans non seulement en avoir aucune preuve, mais même sans avoir examiné s'il y en avait. — Que voulez-vous ? nous dit-il, c'est une formalité requise, pour obéir aux ordres du Roi. — Ne vous qualifiez donc plus de juge, lui dis-je, mais de simple exécuteur des ordres du Roi. — Appelez-en au Parlement, dit-il. — Nous n'en ferons rien, lui répondîmes-nous, sachant bien que le Parlement est dévoué aux ordres du Roi, et qu'il n'examinera pas plus les preuves qui sont en notre faveur, que vous. — Eh bien ! nous dit-il, il faut nécessairement que j'en appelle pour vous. » Nous le savions bien ; car aucun juge subalterne ne peut exécuter de sentence où il y a punition corporelle, sans la faire vérifier au Parlement. « Ainsi préparez-vous, nous dit ce juge, à partir pour Tournai. — Nous sommes prêts à tout, » lui dîmes-nous. Le même jour on nous fit resserrer dans le cachot, et nous n'en sortîmes que pour partir pour Tournai, avec quatre archers, qui nous mirent les ceps aux mains et nous lièrent tous les deux l'un à l'autre avec des cordes. Notre route à pied fut fort pénible. Nous la fîmes par Philippeville, Maubeuge, Valenciennes, et de là à Tournai. Tous les soirs on nous mettait dans les plus affreux cachots qu'on pouvait trouver, au pain et à l'eau, sans lit ni paille pour nous reposer, et quand nous aurions mérité la roue, on ne nous aurait pas plus cruellement traités. Enfin, arrivés à Tournai, on nous mit dans les prisons du Parlement. Nous étions sans sou ni maille, et cette prison n'étant abordée d'aucune personne charitable pour assister les prisonniers, contre l'usage des autres prisons, et n'ayant que notre livre et demie de pain chacun par jour, nous fûmes bientôt réduits à mourir presque de faim.

    Pour surcroît, le curé de la paroisse obtint du Parlement qu'on ne travaillerait pas à la révision de notre procès, qu'il ne nous eût fait auparavant sa mission, espérant, comme il disait, de nous convertir. Mais ce curé, soit par paresse, soit pour nous prendre par famine, ne venait nous voir que tous les huit ou quinze jours, et encore nous parlait-il i peu de religion, que nous n'avions pas la peine de nous défendre, et lorsque nous voulions lui dire nos sentiments sur les vérités de la religion réformée, il coupait tout court. « A une autre fois », disait-il, et s'en allait. Cependant nous devînmes si maigres et si exténués, que nous ne pouvions plus nous soutenir ; et bien nous en prenait d'être couchés sur un peu de paille pourrie et remplie de vermine auprès de la porte de notre cachot, par le guichet de laquelle on nous jetait notre pain, comme à des chiens ; car si nous eussions été éloignés de la porte, nous n'aurions pas eu la force de l'aller prendre, tant nous étions faibles. Dans cette extrémité, nous vendîmes au guichetier, pour un peu de pain, nos justaucorps et vestes, de même que quelques chemises que nous avions, ne nous réservant que celle que nous avions sur le corps, qui fut bientôt pourrie et en lambeaux. Dans cet état, le plus misérable qu'on puisse imaginer, nous ne voyions personne que le curé, qui venait quelquefois nous rendre visite, plutôt pour se moquer de nous, que pour en avoir compassion. L'essentiel de sa mission était de nous demander si nous n'étions pas encore las de souffrir, et de nous dire que nous n'étions pas à plaindre, puisque notre délivrance et notre bien-être dépendaient de nous, en renonçant aux erreurs de Calvin. A la fin, ses discours nous parurent si plats, que nous ne daignâmes plus lui répondre.

    Voilà la situation où nous fûmes dans les prisons du Parlement de Tournai pendant près de dix semaines, au bout desquelles, un matin sur les neuf heures, le guichetier nous jeta par le guichet un balai, en nous disant de bien balayer notre cachot, parce que dans le moment on y amènerait deux gentilshommes, qui nous tiendraient compagnie. Nous lui demandâmes de quoi ils étaient accusés. « Ce sont, dit-il, des huguenots comme vous, » et nous quitta. Un quart d'heure après, la porte de notre cachot s'ouvrit, et le geôlier et quelques soldats armés d'épées et de mousquetons y conduisirent deux jeunes messieurs, galonnés de la tête aux pieds. Dès que cette escorte eut fourré ces messieurs dans notre cachot, ils fermèrent la porte et s'en allèrent. Nous reconnûmes d'abord ces deux messieurs, étant deux de nos compatriotes, fils de notables bourgeois de Bergerac, avec lesquels nous étions grands amis, ayant été camarades d'école. Pour eux, ils n'avaient garde de nous reconnaître ; la misère où nous étions nous rendait absolument méconnaissables. Nous fûmes les premiers à les saluer, les nommant par leur nom. L'un s'appelait Sorbier, l'autre Rivasson. Mais ils s'étaient gentilhommisés ; Sorbier se faisait appeler Chevalier, et Rivasson Marquis, titres qu'ils avaient pris pour favoriser leur sortie de France. Je crois que mon lecteur aura du plaisir à lire ici leur histoire ; mais avant de la faire, il faut continuer ce qui nous arriva à leur entrée dans notre cachot.

S'entendant nommer en notre patois, ils nous demandèrent qui nous étions. Nous leur dîmes notre nom et notre patrie. Ils furent fort étonnés, et nous dirent que nos parents et amis, depuis six à sept mois que nous étions partis de Bergerac, n'ayant eu aucune nouvelle de nous, nous croyaient morts ou assassinés en chemin. Il est vrai que depuis notre détention il ne nous avait pas été permis d'écrire. Enfin nous nous embrassâmes tous quatre, en versant des larmes en abondance sur la situation où nous nous trouvions. Ces messieurs nous demandèrent si nous avions quelque chose à manger, car ils avaient faim. Nous leur présentâmes notre pauvre morceau de pain destiné pour la journée, et un seau d'eau pour notre boisson. « Jésus Dieu ! s'écrièrent-ils, serons-nous traités de cette manière ? Et pour de l'argent ne peut-on pas avoir à manger et à boire ? — Oui bien, leur dis-je, pour de l'argent, mais c'est là la difficulté. Nous n'avons vu ni croix ni pile depuis près de trois mois. — Ho, ho, nous dirent-ils, si on peut avoir ce qui est nécessaire pour de l'argent, à la bonne heure. »

En même temps ils décousirent la ceinture de leurs culottes et les semelles de leurs souliers, et en sortirent près de quatre cents louis d'or, qui valaient vingt livres pièce. J'avoue que je n'avais jamais ressenti une si grande joie que celle que la vue de cet or me causa, me persuadant que nous mangerions notre réfection et que nous ne languirions plus de faim. En effet, ces messieurs me mirent un louis d'or en main, en me priant de faire venir quelque chose à manger. Je heurte de toute ma force au guichet. Le guichetier vient et nous demande ce que nous voulions. « A manger, lui dis-je, pour de l'argent, et lui donnai en même temps le louis d'or. — Fort bien, Messieurs, dit-il, que souhaitez-vous avoir ? Voulez-vous la soupe et le bouilli ? — Oui, oui, lui dis-je, une bonne grosse soupe et un pain de dix livres et de la bière. — Vous aurez tout cela dans une heure, dit-il. — Dans une heure ? dis-je, que ce temps est long ! » Ces deux messieurs ne purent s'empêcher de rire de mon empressement à vouloir manger. Enfin l'heure tant désirée arriva. On nous apporta une grosse soupe aux choux, dont six Limousins des plus affamés se seraient rassasiés ; de plus, un plat de viande bouillie et un grand pain de dix livres. Ces deux messieurs mangèrent fort peu : ils avaient, comme on dit, encore les poulets dans le ventre. Pour moi et mon compagnon, nous nous jetâmes sur cette soupe, dont nous mangeâmes tant que nous pensâmes en mourir. Moi surtout, qui peut-être avais mangé plus immodérément que mon compagnon, je fus sur le point d'étouffer. Le mal venait de ce que mes intestins s'étaient resserrés par la diète forcée que j'avais faite. On fit venir l'apothicaire, qui me donna un vomitif ; sans quoi, suivant les apparences, j'étais mort.

Après m'être remis, ces deux messieurs me demandèrent par quel sort nous étions réduits à cette grande misère. Je leur racontai tout ce qui s'était passé depuis notre départ de Bergerac, jusqu'à l'heure que je leur parlais, comme on le peut lire dans ces mémoires. Ils se mirent à pleurer de leur propre faiblesse, nous avouant qu'ils ne pouvaient en être les maîtres et qu'ils étaient résolus à faire abjuration plutôt que de se faire condamner aux galères. « Quel exemple, dis-je, Messieurs, nous apportez-vous ici ? Nous souhaiterions plutôt ne vous avoir jamais vus, que de vous voir dans des sentiments si opposés à l'éducation que vos parents vous ont donnée, et à la connaissance de la vérité dont ils vous ont instruits. Ne frémissez-vous pas de crainte des justes jugements de Dieu, qui déclare *que ceux qui savent la volonté du Maître et ne la font pas, seront battus de plus de coups que ceux qui l'ignorent ?* — Que voulez-vous ? nous répondirent-ils, nous ne pouvons nous résoudre à aller aux galères. Vous êtes heureux de pouvoir le faire et nous vous en louons ; mais ne parlons plus de cela, notre résolution est prise. » Que pouvions-nous faire, que soupirer et gémir de leur faiblesse et prier Dieu qu'il les ramenât de leur égarement. Nous les priâmes de nous conter leur histoire depuis leur départ de Bergerac et de quelle manière ils avaient été arrêtés ; ce que Rivasson fit de la manière suivante.

HISTOIRE

DE MESSIEURS

Sorbier et Rivasson

Mon ami Sorbier, nous dit Monsieur Rivasson, et moi, nous nous étions soustraits à la grande persécution qu'exerça le Duc de la Force à Bergerac, par notre fuite à la campagne où nous étions cachés ; et comme le Duc à son départ laissa des ordres très rigoureux contre nous, nous ne voyions aucun moyen d'éviter de tomber entre les mains de nos ennemis, que par notre fuite en Hollande. Pour cet effet, nous fîmes venir un fameux et expérimenté guide d'Amsterdam, qui faisait métier de ces périlleuses entreprises : car les guides étant pris, sont pendus sans rémission. Il était fin et adroit, fort prudent, et savait sur le bout du doigt la carte de toutes les routes et passages. On l'appelait communément le Gasconnet, car il était effectivement Gascon d'origine. Le Gasconnet étant arrivé à Bergerac, nous nous arrangeâmes pour notre départ. Nos parents, qui donnaient leur consentement à notre fuite, nous munirent d'autant d'argent qu'ils purent, pour n'être pas en disette dans les pays étrangers. Nous nous équipâmes en officiers, qui allaient joindre leur régiment. C'était le régiment de la Marche, qui était aux environs de Valenciennes. Le Gasconnet nous servait de valet. Nous traversâmes ainsi la France sans le moindre obstacle. Le Gasconnet allait à pied, et nous à cheval ; mais par politique, il se tenait rarement en chemin auprès de nous, et nous indiquait seulement les logements à la dînée ou à la couchée, où il ne manquait pas de nous trouver. Nous arrivâmes de cette manière à Paris, où nous nous arrêtâmes quelques jours pour voir les curiosités de cette grande ville, y faisant belle figure. Étant un jour à Versailles, nous fîmes rencontre d'un officier de notre connaissance, qui avait épousé une demoiselle de Bergerac de la religion réformée, quoiqu'il fût papiste.

Cette demoiselle avait deux frères réfugiés dans les pays étrangers ; et comme les gens du Roi avaient confisqué les biens de ses deux frères à cause de leur évasion, ce capitaine nommé De Maison, sollicitait en cour la mainlevée des biens de ses beaux-frères. Nous nous accostâmes de lui, qui nous fit grande chère, et il sut gagner notre confiance au point que nous lui découvrîmes le secret de notre fuite hors du royaume. Il y applaudit pour tirer de nous jusqu'à la moindre circonstance de notre entreprise, que nous lui déclarâmes sincèrement. Nous nous séparâmes de lui à Paris pour partir pour Valenciennes, disions-nous à un chacun. De Maison nous souhaita bon voyage, et nous témoigna beaucoup d'amitié en se séparant de nous. Mais le perfide prit le chemin de Versailles ; et pour se faire un mérite auprès de Mr de la Vrillière, ministre d'État, afin d'obtenir d'autant mieux ce qu'il sollicitait à la cour, il découvrit notre fuite à ce ministre avec la route que nous devions prendre jusqu'à Mons, où nous croyions être en sûreté, étant une ville du Pays-Bas espagnol où il y avait une garnison hollandaise.

Le ministre ne manqua pas de dépêcher un courrier à Quévrin entre Valenciennes et Mons. Quévrin appartenait à la France, et il y avait un pont sur une petite rivière, qui faisait les limites de France et des Pays-Bas espagnols ; et comme dans ce bourg-là il n'y avait point de garnison, le ministre ordonna au Maïeur (Maire) de faire garder par les paysans ledit pont, avec ordre, que, lorsqu'il s'y présenterait deux officiers et un valet, qui se disaient être officiers du régiment de la Marche qui allaient joindre leur garnison, ils les arrêtassent et les conduisissent en prison à Valenciennes. Le Maïeur de Quévrin assembla ses paysans bien armés, et posa un corps de garde de vingt-cinq hommes à la tête du pont du côté de la France. Nous ignorions parfaitement ce qui se passait audit Quévrin pour nous y arrêter. Notre guide nous assurait que nous n'y avions aucun danger à craindre, et il avait raison dans un sens; et sans la trahison du perfide De Maison, nous y aurions passé sans obstacle.

Nous arrivâmes enfin à l'obscurité du soir à ce pont fatal. La sentinelle du corps de garde cria : « Qui va là ? — Officiers du roi, répondîmes-nous. — De quel régiment ? repartit-il. — Du régiment de la Marche. — Halte-là », dit la sentinelle. En même temps tout le corps de garde, le fusil bandé, bouche l'entrée du pont en bon ordre. Notre guide, surpris de cette nouveauté, nous encouragea, nous disant que notre salut dépendait de passer ce pont, parce que, gagnant l'autre côté de la rivière, nous étions absolument sauvés, vu que nous serions sur terre d'Espagne, et que la France ne pouvait en aucune manière nous y insulter. Animés de cette espérance, nous mîmes tous les trois le pistolet à la main. Le guide était sauté en croupe sur mon cheval, et tirant quelques coups de pistolet sur ces paysans, sans pourtant en avoir blessé aucun, l'épouvante se mit parmi eux; et chacun craignant pour sa peau, ils s'enfuirent à vau-de-route, nous abandonnant le pont sur lequel nous passâmes. Pour lors notre guide nous félicita, nous assurant que nous étions en aussi grande sûreté que si nous étions dans Amsterdam. Une partie de ce bourg de Quévrin étant située au côté où nous nous trouvions (car la rivière passe au milieu), nous entrâmes dans une auberge pour y loger cette nuit-là. Nous soupâmes fort gaiement, et nous nous couchâmes de même tous trois dans une chambre haute.

Notre guide le lendemain se leva de grand matin suivant sa coutume, et mettant la tête à la fenêtre pour voir quel temps il faisait, il vit plus de cent paysans armés qui entouraient l'auberge. Surpris de cette apparition, il vint nous éveiller tout alarmé, nous disant qu'il craignait qu'on ne voulût nous arrêter, et que l'auberge était entourée de paysans armés.

A cette effrayante nouvelle, nous sautons du lit, et ayant regardé par la fenêtre, et vu ce que le guide nous avait dit, je voulus casser la tête au pauvre guide, croyant qu'il nous avait trahis et menés à la gueule du loup. Mais ce pauvre garçon se mit à genoux, implorant ma bonté et nous jurant que nous serions convaincus qu'il n'y avait pas de sa faute, et que certainement il y avait eu quelque subit changement dans l'État à son insu ; qu'il fallait s'informer de ce changement. Sur ces entrefaites, l'hôte du logis monta dans notre chambre, et nous annonça que ces paysans qui entouraient sa maison voulaient absolument nous arrêter par ordre du Roi. « Quel Roi ? lui dis-je. — Du Roi de France, nous répondit-il. — Comment, du Roi de France ? lui répliquai-je ; nous ne sommes pas sur ses terres. » Cet hôte vit bien que nous ignorions qu'il y avait quatre ou cinq jours, que les Français, de concert avec le Roi d'Espagne, s'étaient emparés de tout le Pays-Bas espagnol, dans un jour et à la même heure ; qu'ils étaient entrés dans toutes les villes, et en avaient fait sortir les Hollandais. Cet événement arriva en 1701, comme tout le monde le sait. Notre hôte nous en instruisit, et nous reconnûmes que notre guide n'avait pas tort.

Nous tînmes conseil pour voir ce que nous ferions dans un danger si imminent. Nous conclûmes de demander par la fenêtre de notre chambre à celui qui commandait ces paysans, à qui il en voulait. C'était le Maïeur du village. Nous lui demandâmes donc quel était son dessein. « De vous arrêter, Messieurs, nous dit-il, par ordre du Roi de France, et de vous conduire prisonniers à Valenciennes. — Mais nous sommes ici sous la dépendance de Mons, lui dîmes-nous. Oui, dit le Maïeur ; mais depuis peu tout a changé de face, et les Français sont aussi bien dans Mons que dans Valenciennes et il faut que j'obéisse aux ordres du Roi de France, et que je vous conduise à Valenciennes. — Tu n'en feras rien, lui dîmes-nous, et tu ne nous auras que morts, après t'avoir vendu cher notre vie. — Vous mourrez donc de faim, nous répondit-il, Messieurs ; car nous ne vous prendrons pas d'assaut ; mais aucuns vivres ne vous seront donnés que vous ne vous soyez rendus. » Nous tirions cependant quelques coups de pistolet sur ces paysans par nos fenêtres, mais sans aucun effet ; car ces paysans, pour s'en garantir, s'avisèrent d'entrer tous dans le bas du logis, si bien qu'il nous fallut faire suspension d'armes, ne voyant aucun ennemi pour les exercer. Dans cette extrémité, ayant réfléchi qu'il nous faudrait rendre tôt ou tard, nous trouvâmes à propos de savoir ce que contenait cet ordre du Roi pour nous arrêter.

Pour cet effet, nous appelâmes le Maïeur, et l'assurâmes qu'il n'avait rien à craindre ; qu'il pouvait monter seul et sans armes dans notre chambre, pour nous montrer ses ordres, à quoi il acquiesça et monta jusqu'au haut du degré, et nous ouvrit la lettre de cachet qui contenait les ordres du Roi. Mais, lorsqu'il commençait à la lire, mon ami Sorbier, fort imprudemment et contre notre parole d'honneur donnée audit Maïeur de ne lui faire aucun mal, lui lâcha un coup de pistolet, qui ne fit par bonheur que lui percer le chapeau qu'il tenait dans ses mains ; mais le feu et la bourre du pistolet donna dans la lettre de cachet, et la mit en pièces. Le Maïeur descendit, ou plutôt dégringola les degrés plus vite qu'il n'était monté ; et animé par l'action de mon ami, que j'avoue indigne, comme lui-même le reconnaît à présent, ce Maïeur jura de ne nous faire aucun quartier ni honnêteté. Il posta tellement ses gens, qu'il nous était tout à fait impossible de nous faire passage à force ouverte. Après donc avoir chamaillé environ une heure sans fruit, nous commençâmes à réfléchir, que ne voyant aucune voie pour nous sauver, il fallait parlementer pour obtenir une capitulation aussi favorable que nous pourrions. Pour cet effet nous appelâmes de loin le Maïeur, qui vint au bas des degrés à couvert d'une seconde insulte. Nous lui dîmes que nous trouvant sous la dépendance de Mons, il fallait qu'il envoyât un exprès au gouverneur de cette ville (qui était Espagnol, et il n'y avait qu'un commandant Français pour la garnison française), et que si ce gouverneur trouvait bon que nous fussions conduits dans cette ville-là à ses ordres, nous nous rendrions ; sans quoi, nous nous ferions plutôt hacher en pièces ou nous mourrions de faim, plutôt que de nous rendre. Le Maïeur, réfléchissant que, puisque nous étions dans le département de Mons, c'était en quelque manière son devoir d'en donner avis au gouverneur, lui dépêcha un exprès en diligence. Ce gouverneur, piqué que les Français eussent donné de tels ordres dans les terres de sa dépendance, sans lui en demander permission, envoya à Quévrin un détachement de dix cavaliers et un lieutenant qui les commandait, et qui nous faisant civilité, suivant l'ordre qu'il en avait, déchargea le Maïeur de sa commission de nous mener à Valenciennes, et nous conduisit à Mons. Le gouverneur nous fit amitié, et nous assura sur sa parole, qu'il ne nous rendrait à la France que par les ordres du Roi d'Espagne, à qui il allait envoyer un courrier sur-le-champ, en sollicitant Sa Majesté catholique de son mieux en notre faveur. Il nous fit conduire en arrêt civil, cependant bien gardés, en attendant les ordres de la cour d'Espagne. La cour de France ne manqua pas aussi de solliciter celle de Madrid, pour nous avoir en sa puissance. Cependant la sollicitation du gouverneur l'emporta, et fit pencher la balance en notre faveur ; car le Roi d'Espagne consentit bien qu'on nous livrât au Roi de France ; mais sous la condition de ne nous pas traiter à la rigueur de l'ordonnance ; mais qu'on nous punirait par quelques mois de prison ; après quoi on nous renverrait libres dans le lieu de notre naissance ; et il fut conclu que le gouverneur de Mons nous ferait conduire en toute sûreté au château de Ham en Picardie pour y tenir prison quelques mois suivant la convention. Notre guide ne fut point distingué dans cette convention ; mais il devait avoir le même sort que nous. Le gouverneur, ayant reçu cet ordre, nous l'annonça avec la condition dite ci-dessus. Vous pouvez juger de la joie que nous eûmes de cette décision. Le gouverneur nous fit donc conduire avec une escorte de six cavaliers à Ham. On nous mit entre les mains du gouverneur de cette place, qui nous donna le château pour prison, et fut si humain envers nous, qu'il nous donna tous les jours sa table ; et notre guide mangeait avec ses domestiques.

Nous nous attendions à tenir prison dans ce château quelques mois, suivant la convention. Mais nous fûmes grandement trompés, lorsqu'au bout de trois semaines, ce gouverneur reçut ordre de la cour de nous faire conduire sous bonne escorte dans les prisons du Parlement de Tournai, pour nous y faire et parfaire notre procès. Ce bon gouverneur, avec lequel nous avions contracté une grande amitié, fut si sensiblement touché de notre malheur, qu'il ne pouvait assez nous exagérer sa peine. Il nous prit en particulier, et nous dit qu'il se consolait en pensant que nous avions deux portes ouvertes pour sortir de cet embarras : la première, que nous n'avions qu'à nous faire catholiques, que pour la seconde, il était contre son devoir de nous la dire ; mais que nous la connaîtrions par l'occasion qu'il nous donnerait de nous en servir. Nous comprîmes bien qu'il entendait qu'il nous procurerait l'occasion de nous évader en chemin, comme sa manière d'agir nous le confirma ; et il ne tint qu'à nous d'en profiter. Avant de partir de Ham, nous tînmes conseil, mon ami Sorbier et moi, pour nous déterminer sur le parti que nous prendrions, ou de nous évader, ou de changer de religion. Nous nous arrêtâmes à ce dernier, considérant qu'en nous évadant, il nous faudrait tenir errants et cachés dans le royaume de France, ou courir encore le risque de nous réfugier dans les pays étrangers ; péril dont l'expérience, que nous en avions eue, nous faisait frémir. En un mot, le courage et la religion nous abandonnèrent, et nous formâmes la ferme résolution de nous laisser conduire comme des agneaux à Tournai, et d'y faire notre abjuration.

Le lendemain de cette résolution, le gouverneur de Ham choisit parmi sa garnison, qui était composée d'une compagnie d'invalides, l'escorte qu'il nous donna, et qui consistait en un sergent vieux et décrépit, et trois soldats, dont l'un n'avait qu'un bras et les deux autres étaient tout éclopés. Il recommanda sur toute chose au sergent d'avoir soin que le guide ne se sauvât pas. « Pour ces deux Messieurs, ils n'ont garde de le tenter, dit-il ; car ce n'est qu'une pure formalité de les faire conduire par un détachement jusqu'à Tournai. Ils iraient bien eux-mêmes à cette ville sans escorte, étant de leur avantage d'y aller. » Après ces instructions, il nous embrassa, en nous souhaitant toute sorte de bonheur dans notre route. « Profitez, Messieurs, nous dit-il, des occasions qui vous paraîtront avantageuses, et donnez-moi de vos nouvelles si vous le pouvez ; j'en recevrai avec plaisir de bonnes de votre part. » Nous entendîmes fort bien tout ce discours couvert ; mais notre parti était pris de nous faire catholiques romains. Le gouverneur nous fit donner à chacun un bon cheval, tandis que nos gardes éclopés marchèrent avec le guide emmenotté et lié avec des cordes. En un mot, mon ami Sorbier et moi, nous fîmes cette route comme une partie de plaisir. Souvent nous faisions galoper nos chevaux à droite et à gauche, souvent hors de la vue de nos gardes qui ne s'en embarrassaient pas ; car toute leur attention était sur le pauvre guide. Vous voyez bien, Messieurs, continua Rivasson, qu'il nous était très facile de nous échapper sans peine ni risque : mais nous n'en eûmes jamais la pensée.

Notre guide n'était pas de même. Il ne se passait aucune occasion en chemin, ou dans les cabarets où nous logions, lorsqu'il croyait n'être pas entendu par nos gardes, qu'il ne nous suppliât à mains jointes et les larmes aux yeux, d'avoir pitié de nous et de lui, et de profiter des occasions qui se présentaient à toute heure de nous sauver tous les trois. « Je ne puis le faire seul, nous disait-il ; mais pour peu que vous vouliez m'aider, tout lié et emmenotté que je suis, je me fais fort de me rendre maître du sergent : les autres trois soldats s'humilieront d'eux-mêmes devant nous à la moindre menace que vous leur ferez. Considérez, Messieurs, que si je suis mené à Tournai, j'y serai pendu sans rémission. » Nous ne voulûmes rien entendre de ses supplications ; car, n'ayant aucune envie de nous sauver, nous ne voulions pas nous rendre coupables, en faisant évader ce misérable. Enfin il nous tardait d'être à Tournai pour faire notre abjuration. J'avoue qu'en cela nous ferons les hypocrites ; mais nous prierons Dieu dans nos cœurs à la réformée, pour demander pardon de notre faiblesse. Il y en a tant en France qui en agissent ainsi pour se procurer les faveurs de ce monde ; nous ne serons pas plus blâmables qu'eux. Tel était le système de M. Rivasson et de son ami Sorbier, qui nous faisait soupirer et les plaindre de tout notre cœur de leur égarement. Revenons à leur route.

Passant par Valenciennes, continua M. Rivasson, nous fûmes conduits par un soldat du corps de garde de la porte au gouvernement, comme c'est la coutume dans les villes de guerre. M. de Magaloti, qui était le gouverneur, ayant appris notre cas, nous dit : « Cela n'est rien, Messieurs, vous laverez tout avec un peu d'eau bénite, et en allant à la messe. » En jetant ensuite la vue sur le guide, il le reconnut d'abord. « Ah ! c'est toi, Gasconnet, lui dit-il ; il y a longtemps que tu files ta corde ; » et s'adressant à notre sergent : « Mon ami, lui dit-il, toi et ton détachement, vous n'êtes pas capables de conduire ce fin matois à Tournai. L'année dernière, il fut condamné dans cette ville à être pendu ; mais le drôle se sauva de nos fortes prisons la veille de l'exécution. Je trouve à propos de fortifier votre détachement par quelques grenadiers ; car je crains fort qu'il ne vous échappe. » Le sergent, se piquant d'honneur, lui dit qu'il en avait bien conduit d'autres aussi rusés que Gasconnet, et que le gouverneur de Ham l'avait bien connu capable de cette expédition. « A la bonne heure, dit M. de Magaloti, prenez donc bien garde à lui. » Le lendemain matin nous partîmes avec notre détachement ordinaire pour Tournai, qui est à sept lieues de Valenciennes. La traite étant trop forte pour notre escorte à pied, nous ne pûmes arriver qu'à Saint-Amand, petite ville fermée de murs à deux lieues de Tournai. Ce fut là la fin de la route de notre Gasconnet, qui s'y évada ; et voici comment il eut ce bonheur.

Arrivant à Saint-Amand, notre sergent trouva à propos d'aller loger à l'autre côté de la ville hors de la porte, pour n'être pas obligé d'attendre le lendemain matin l'ouverture des portes, et pour partir de meilleure heure. Nous traversâmes donc la ville ; et étant dehors, nous fûmes loger dans une grosse cense bien murée tout autour, comme sont d'ordinaire les métairies ou censes de ces pays-là, à cause des partis en temps de guerre. On nous mit tous les sept que nous étions dans une chambre où nous soupâmes fort tranquillement et de bon appétit, excepté le Gasconnet, qui sentait déjà l'approche de sa mort, en approchant de Tournai. Il ne faisait que gémir et soupirer auprès du feu ; et il interrompait si fort notre conversation, que le sergent lui ordonna de s'aller coucher. « Hélas ! dit-il, je ne saurais dormir dans mes habits, que je n'ai pas quittés pendant toute la route. Si vous vouliez avoir la bonté de me délier, et m'ôter mes menottes, pour pouvoir me dépouiller, vous me feriez un grand plaisir. » Nous sollicitâmes tous le sergent de lui accorder cette légère satisfaction qui n'était de nul danger, le pouvant rattacher lorsqu'il serait déshabillé. Le sergent se laissa fléchir à nos prières, et le fit détacher.

Le Gasconnet se dépouille ; après quoi il prie le sergent de lui permettre d'aller à ses nécessités. Le sergent et deux soldats l'escortent dans la cour après l'avoir visitée ; et la trouvant bien fermée et très sûre, ils lui permirent de se décharger à son aise de son fardeau. Le Gasconnet va choisir sa place auprès du portail de cette cour ; mais comme il eut détaché sa culotte, et se fut mis en posture de faire son opération, un valet de la cense, sans savoir ce qui se passait, venant du dehors, ouvre avec sa clef le guichet ou petite porte de ce portail. Mon Gasconnet toujours alerte, profitant de cette occasion si favorable à sa liberté, flanque un robuste soufflet à ce valet pour l'ôter de son passage, et enfile cette porte comme un éclair. Le voilà dans les champs. La nuit était obscure ; nos éclopés d'invalides n'avaient pas, à beaucoup près, la jambe aussi bonne que lui pour le suivre ; et où l'auraient-ils suivi, ne le voyant pas par la grande obscurité de la nuit ? Enfin, après avoir fait quelque devoir de le chercher, ils revinrent dans notre chambre fort penauds et estomaqués, ne sachant que devenir. Ils nous proposèrent d'aller où bon nous semblerait ; que pour eux ils n'étaient point du sentiment d'aller à Tournai, ni de retourner à leur garnison, crainte de passer par le conseil de guerre, et d'y recevoir un rude châtiment. Mais nous, qui étions aussi aises d'aller à Tournai, qu'ils en avaient peu d'envie, nous les dissuadâmes de leur résolution, et nous écrivîmes sur-le-champ, en leur faveur, un procès-verbal exagéré, que nous signâmes et fîmes signer au censier pour leur décharge ; de quoi ils furent contents et nous aussi ; et ils nous ont emmenés ce matin, comme vous voyez, dans cette prison, continua M. Rivasson, où nous espérons de ne pas faire grand séjour.

Voilà l'histoire que M. Rivasson nous conta. Je vais en poursuivre le reste jusqu'à leur délivrance à Lille, dont nous avons été témoins oculaires. Deux jours après l'arrivée de ces messieurs dans notre cachot, on les vint prendre pour les faire monter à la chambre du parlement. Là ils furent interrogés légèrement ; après quoi le président leur demanda s'ils voulaient changer de religion, pour se faire bons catholiques romains. Ils n'hésitèrent pas à dire qu'ils le souhaitaient de tout leur cœur. « Eh bien, leur dit-il, on va vous faire instruire pour faire votre abjuration, après laquelle nous procéderons à votre délivrance. On les remit après cela dans notre cachot, ravis d'aise d'avoir fait cette démarche, qui dans peu leur promettait leur liberté et quelque récompense de la cour pour prix de leur abjuration, comme quelques conseillers du Parlement le leur avaient fait pressentir. Ils ne cessaient de s'en féliciter en notre présence ; et nous ne cessions de détester leur lâcheté et leur apostasie. Peu d'heures s'étaient écoulées depuis leur retour dans notre cachot, lorsque le chapelain du Parlement y vint ; et après avoir extrêmement loué leur pieuse intention, il leur mit en main un catéchisme, en leur disant que leur délivrance dépendait de leur diligence à l'apprendre par cœur, et prit congé d'eux. Ces messieurs étudiaient jour et nuit, lorsqu'au bout de trois jours, ils cessèrent cette étude par un contre-temps fatal pour eux : car deux huissiers du Parlement les vinrent prendre pour les conduire à la chambre criminelle. Ces huissiers leur mirent les menottes aux mains ; ce qui ne nous fit rien présager de bon pour eux ; mais ils ne s'en émouvaient pas, se persuadant que ce n'était qu'une formalité de justice. Ils comparurent donc devant l'assemblée du Parlement, où le président leur dit au premier début : « Messieurs, il y a trois jours, que vous avez promis à cette assemblée de faire abjuration de vos erreurs, et d'embrasser la religion romaine. En conséquence, nous vous avons promis votre délivrance. Nous ne voulons pas vous abuser. Nous ne sommes plus en état de vous pouvoir délivrer. Voilà, dit-il, en leur montrant une lettre de cachet, ce qui nous en empêche. La cour nous ordonne de faire votre procès à la rigueur de l'ordonnance, qui défend la sortie du royaume ; et vous êtes heureux de ce qu'il ne sera fait aucune mention de votre imprudent attentat à Quévrin, où vous avez tiré un coup de pistolet sur la lettre de cachet portant ordre de vous arrêter. C'est la cause de l'ordre du Roi, qui nous commande de vous condamner aux galères, sans faire mention dans votre procès de l'action que vous avez commise à Quévrin ; car en ce cas la punition serait plus rigoureuse. Ainsi, Messieurs, que vous fassiez abjuration ou non, le Roi veut que vous soyez condamnés aux galères à perpétuité. Il vous est libre cependant de faire votre abjuration ; nous louerons même cette pieuse action ; mais nous vous déclarons qu'elle ne vous garantira pas d'aller aux galères. » Pour lors ces messieurs répondirent que, la chose étant ainsi, ils quittaient le dessein de faire abjuration. « Bons catholiques ! » répliqua le président ; et il ordonna qu'on les remît dans leur cachot. En effet nous vîmes revenir nos ci-devant candidats prosélytes d'un air extrêmement consterné, faisant des lamentations pitoyables, et des réflexions accablantes sur leur faiblesse à tous égards. Le Parlement expédia bientôt leur procès, et dans moins de huit jours, leur sentence leur fut lue, portant condamnation aux galères à perpétuité. Le lendemain de leur sentence, quatre archers de la maréchaussée les vinrent prendre pour les conduire à Lille en Flandre, où la chaîne des galériens s'assemblait.

C'était un bizarre et piteux spectacle de voir ces messieurs galonnés et en habit d'écarlate, emmenottés et garrottés de cordes, traverser à pied, au milieu de quatre archers, la grande ville de Tournai, où à peine pouvaient-ils se faire passage à cause de l'affluence du peuple qui s'assemblait dans les rues, pour voir cette tragique décoration : car tout le monde croyait fermement que ces deux messieurs étaient de la première noblesse de France. Ils furent donc conduits à Lille à cinq lieues de Tournai, dans cet équipage et à pied. On les conduisit à l'affreux cachot des galériens à la tour de Saint-Pierre. Je ferai la description de cette effroyable demeure en son temps. Cependant ces messieurs n'y restèrent pas longtemps. Les jésuites de Lille, comme ces pères savent tout, les y firent visiter ; et leur ayant demandé s'ils voulaient se faire catholiques romains, et qu'en ce cas ils obtiendraient leur grâce de la cour, ils y topèrent d'abord. Sur quoi les jésuites prièrent le grand-prévôt de Lille, qui a la direction des galériens, de leur livrer ces messieurs dans leur couvent pour les y instruire et y faire leur abjuration solennelle ; lui restant garants qu'après cette cérémonie, ils les leur relivreraient dans la prison. Le grand-prévôt y acquiesça volontiers. Voilà donc ces âmes tièdes et faibles retombées dans leur apostasie. Ils furent trois semaines chez les jésuites. Ces pères, après les avoir instruits dans les principes de la religion romaine, et leur avoir fait proférer les plus horribles blasphèmes contre la religion réformée, et les plus affreuses imprécations contre Calvin et sa doctrine, leur firent faire une abjuration publique et des plus pompeuses, y ayant invité l'état-major de Lille, et toutes les personnes de considération de cette ville-là. Après quoi, ils les remirent dans la prison du grand-prévôt, non dans le cachot des galériens, mais dans une chambre commode et bien garnie, à six pistoles par mois avec la nourriture, le tout aux dépens des jésuites, ou plutôt, à ceux des gens de distinction de la ville, chez qui ces bons pères firent une collecte pour cet effet. Après quoi ils sollicitèrent la grâce de ces messieurs en cour, croyant l'avoir de haute lutte. Mais ils furent trompés en cela ; car le Roi la refusa tout net, et prétendit que leur sentence fût exécutée à toute rigueur. Les jésuites n'en demeurèrent pas là. Ils remuèrent ciel et terre pour obtenir cette grâce. Leurs sollicitations parvinrent jusqu'à Mme de Maintenon. Ils exagérèrent à cette dame que ces messieurs étaient d'une des meilleures noblesses du Périgord, que l'action de Quévrin, qui tenait si fort au cœur du roi, était plutôt un coup d'étourdis et de jeunesse, qu'un dessein prémédité de déplaire à Sa Majesté ; et qu'enfin ces deux messieurs étaient les deux meilleurs catholiques de France. Cette dame, persuadée ainsi par les jésuites, demanda leur grâce au Roi, qui la lui accorda avec un brevet de lieutenant d'infanterie pour Rivasson, et un autre de lieutenant de dragons pour Sorbier ; mais en même temps avec cette restriction contre ce dernier, qu'il tiendrait prison six semaines après la grâce ; et pour l'autre, qu'il serait délivré sur-le-champ. Il paraît ici que le plus coupable était le mieux récompensé : car une lieutenance de dragons vaut mieux qu'une d'infanterie : mais peut-être que le Roi considérait la hardiesse de Sorbier convenable aux dragons ; du moins c'est le jugement qu'on en faisait à Lille. Rivasson tint compagnie à son ami Sorbier pendant les six semaines de sa prison, quoiqu'il lui fût libre de sortir quand il voudrait : mais il voulut donner cette marque de générosité à son ami ; ce qui le fit louer et approuver de tout le monde. Après les six semaines expirées, ils furent élargis, visitèrent leurs amis et bienfaiteurs, et partirent pour leurs régiments. Depuis nous apprîmes qu'ils avaient été tués tous les deux à la bataille de Hekeren. Voilà la fin de ces deux messieurs, qui, à mon avis, n'a rien de glorieux pour eux que d'être morts au lit d'honneur. Les gens d'esprit et de pénétration, qui liront cette histoire, y trouveront de quoi faire des réflexions justes et utiles, en considérant la conduite de MM. Rivasson et Sorbier, et les jugements de Dieu, qui punit tôt ou tard les crimes scandaleux, principalement celui de l'apostasie, qui est le plus atroce de tous ceux que l'on commet contre la Divinité. — Pour moi, je me contente d'écrire les faits naïvement et avec vérité, laissant à chacun de ceux qui liront ces mémoires, à porter leur jugement tel qu'il leur plaira. Je reprends le fil de ma narration, pour ce qui regarde mon cher compagnon de souffrance et moi.

Sorbier et Rivasson nous empêchèrent de mourir de faim, comme je l'ai déjà dit. Nous savions qu'ils avaient beaucoup d'argent ; et la crainte où nous étions de retomber dans la famine après leur départ, fit que je les suppliai à mains jointes de nous laisser trois ou quatre louis d'or. Je leur dis que je leur en ferais mon billet, pour que mon père les payât à leur ordre à Bergerac. Mais ils furent si durs, qu'ils ne voulurent jamais nous laisser qu'un demi-louis d'or, que je leur ai rendu dans la suite, lorsque nous nous rencontrâmes dans les prisons de Lille en Flandre peu de jours avant leur délivrance. Nous ménageâmes ce demi-louis d'or extrêmement, ne mangeant que notre réfection de pain sans autre pitance. Nous n'eûmes cependant pas le temps de le dépenser dans cette prison du Parlement, parce qu'on nous transféra dans la prison de la ville nommée le Beffroi ; et voici pourquoi.

Il faut savoir que la rivière de l'Escaut traverse la ville de Tournai. Au côté du sud de ladite rivière est bâti le Parlement ; et ce côté-là dépend de l'archevêché de Cambrai, et l'autre partie de la ville, au nord de la rivière, dépend de l'Évêque de ladite ville de Tournai. J'ai déjà dit que le curé de la paroisse du Parlement venait quelquefois nous visiter, plutôt pour voir si nous changions de sentiments par rapport à la religion, que pour nous exhorter par de bonnes raisons à en changer. L'Évêque de Tournai ayant appris la froideur, ou plutôt la négligence ou l'ignorance de ce curé à nous convertir, nous envoya visiter par un de ses chapelains. Ce chapelain était un bon vieil ecclésiastique, qui avait plus de bonne foi que de théologie ; du moins nous le témoigna-t-il : car, après avoir dit qu'il venait de la part de Monseigneur l'Évêque, il poursuivit ainsi : pour vous convertir à la religion chrétienne. Nous répliquâmes que nous étions chrétiens par le baptême et par notre foi à l'Évangile de Jésus-Christ. « Comment ! nous dit-il, vous êtes chrétiens ? Et comment vous nommez-vous ? » en sortant de sa poche ses tablettes, où nos noms étaient écrits, et craignant de s'être mépris. Nous lui dîmes nos noms et surnoms. « C'est bien vous, nous dit-il, à qui je suis adressé : mais vous n'êtes pas ce que je croyais ; car vous dites que vous êtes chrétiens ; et Monseigneur m'envoie pour vous convertir au christianisme. Récitez-moi, s'il vous plaît, les articles de votre foi. » — Très volontiers, Monsieur, lui dis-je ; et en même temps je lui dis le symbole des apôtres. « Comment ! s'écria-t-il, vous croyez cela ? » Et lui ayant dit que oui : « Et moi aussi, nous répondit-il ! Monseigneur l'Évêque m'a vendu du poisson d'avril, pour se moquer de moi. » Ce jour-là en effet était le premier d'avril de l'année 1701. Il prit congé de nous fort promptement, outré de dépit que son Évêque eût ainsi joué un homme de son âge et de son caractère. On peut juger si ce bon ecclésiastique avait étudié et examiné les différentes sectes du christianisme. Quoi qu'il en soit, nous ne le vîmes plus. Mais le lendemain l'Évêque nous envoya son grand-vicaire, nommé M. Regnier.

Pour celui-là, c'était un autre théologien que le bon vieux chapelain. Cependant il nous trouva mieux instruits sur les preuves de la religion réformée et sur les erreurs de l'Église romaine, qu'il ne s'y était attendu : c'est pourquoi il prit plus à cœur de venir à bout, comme il le disait, de nous convertir. Il ne se passait guère de jour, qu'il ne nous rendît visite. C'était un fin rhétoricien, plein de sophismes, ne voulant jamais controverser que sur la tradition, et nous, sur l'Écriture sainte. Cette diversité ne pouvait rien faire conclure ; ce qui faisait qu'il se retirait toujours aussi avancé qu'il était entré. C'était d'ailleurs un très honnête homme, plein de probité et de charité chrétienne. Je me souviens, que s'étant aperçu que nous étions en nécessité de linge et de vêtements, et que même il nous manquait le nécessaire à la nourriture, il nous fit donner secrètement du linge, sans vouloir que nous sachions que cela venait de sa part ; et étant dans la semaine sainte, dans laquelle l'Évêque fait ses charités aux prisonniers, ledit grand-vicaire vint dans la prison du Parlement, et visitant tous les prisonniers, qui y étaient en grand nombre, il leur donna à chacun deux escalins [a] de permission de la part de l'Évêque. Il se rendit ensuite dans notre cachot, et après nous avoir priés de la part de l'Évêque d'accepter sa générosité comme une marque d'estime et de distinction, il nous fit présent de quatre louis d'or de vingt livres pièce. Nous faisions quelque difficulté de les accepter ; mais il nous pria de si bonne grâce de les prendre, en nous représentant que Monseigneur regarderait notre refus comme une marque d'orgueil, qu'il nous fut impossible de les refuser ; ce qui nous vint à la vérité fort à propos pour nous aider dans notre grande nécessité.

J'ai déjà dit que quelquefois le curé de la paroisse du Parlement nous venait visiter. Un jour il trouva avec nous le grand-vicaire. Il le choqua d'abord, lui demandant qui le faisait si hardi de venir dans sa paroisse y faire des fonctions qui n'appartenaient qu'à lui curé dudit lieu. Le grand-vicaire lui répondit fort modestement qu'il y venait par les mêmes raisons que lui, pour ramener des brebis égarées dans le bercail du Seigneur. « Je les y ramènerai bien sans vous, lui répondit brusquement le curé ; et Monseigneur de Cambrai ne souffrira pas que vous empiétiez sur ses droits dans son diocèse ; et je vous ordonne de sa part de sortir d'ici pour n'y plus rentrer. » Le grand-vicaire sortit en effet et n'y revint plus : mais ayant fait son rapport à son Évêque, et l'Évêque ne voulant pas avoir le démenti de nous faire visiter, pria le procureur général du Parlement de nous faire transférer dans les prisons de la ville, qui étaient de son diocèse ; ce qui lui fut accordé d'abord.

Nous voilà donc aux prisons du Beffroi, où nous étions infiniment mieux qu'à celle du Parlement. Plusieurs protestants, notables bourgeois de Tournai, avaient la permission de nous venir visiter. Ils *grais-*

---

a. Pièce de monnaie des Pays-Bas qui vaut 64 centimes de France. (Éd.)

saient la patte, comme on dit, au geôlier, qui, à leur sollicitation, nous ouvrait tous les matins notre cachot pour nous faire prendre l'air dans une petite cour tout proche, pendant quelques heures, et bien souvent jusqu'au soir. Là nos zélés amis nous venaient voir souvent, nous consolant de leur mieux, et nous exhortant à la persévérance. Le grand-vicaire Regnier les y trouvait souvent, sans jamais s'en être formalisé. Au contraire, il leur faisait civilité ; et lorsque par respect ces personnes charitables voulaient se retirer, il les priait instamment et très humainement de rester et d'entendre notre conversation ; et j'ose dire que ces bons protestants étaient ravis d'entendre la manière dont nous nous défendions dans ces controverses, comme aussi de la douceur et de la bénignité avec laquelle ce grand vicaire nous exposait ses prétendues preuves. Souvent, après une heure ou deux de disputes qui ne concluaient jamais rien, il faisait apporter une bouteille de vin ; et nous la buvions ensemble comme de bons amis, sans parler de religion. Enfin, après avoir controversé sur tous les points que nous prétendions lui prouver être des erreurs dans la religion romaine, il nous proposa un plan de conversion pour abréger toute dispute ; le voici : « Nous vous dispenserons, nous dit-il, de croire la majeure partie des points qui vous semblent erreurs ; comme l'invocation des saints et de la Vierge, la déférence pour les images, de croire qu'il y a un purgatoire, ni d'avoir la foi pour les indulgences et les pèlerinages, moyennant que vous vous soumettiez à croire de bonne foi la transsubstantiation et le sacrifice de la messe, et que vous abjuriez les erreurs de Calvin. » Mais nous lui fîmes connaître que nous voyions le pas glissant qu'il nous proposait, et que nous n'en serions pas la dupe. Après cela il diminua peu à peu ses visites, si bien qu'il ne nous venait voir que de huit en quinze jours, et enfin il nous laissa tout à fait en repos, et depuis pas un prêtre ni moine ne nous vint incommoder ; ce qui nous faisait grand plaisir.

Un jour, sur les neuf heures du matin, nous vîmes entrer dans notre cachot cinq personnes que le geôlier y vint mettre, et puis se retira. Nous nous mîmes à nous regarder les uns les autres tellement, que nous reconnûmes trois de ces messieurs pour être de Bergerac ; mais nous ne connaissions pas les deux autres, qui fondaient en larmes en nous embrassant, de même que les trois premiers ; et ces deux nous nommaient, et témoignaient nous connaître intimement. Surpris de ne pas connaître deux personnes qui ne cessaient de nous embrasser et de pleurer sur notre état aussi bien que sur le leur, et qui d'ailleurs étaient accompagnés des trois que nous connaissions, nous demandâmes au Sieur Dupuy, qui était l'un des trois, qui étaient ces deux personnes à nous inconnues. « C'est, nous dit-il, l'une mademoiselle Madras, et l'autre mademoiselle Conceil, de Bergerac, vos bonnes amies, qui se sont exposées au périlleux voyage de sortir de France avec nous, sous les habits d'hommes que vous leur voyez, et qui ont résisté à la fatigue de ce pénible voyage à pied avec une fermeté et une constance extraordinaires pour des personnes élevées avec délicatesse, et qui, avant ce voyage, n'auraient pu faire une lieue à pied. » Nous saluâmes ces deux demoiselles et leur représentâmes qu'il n'était pas de la bienséance qu'elles restassent ainsi déguisées et demeurassent avec cinq garçons dans le même cachot ; que nos ennemis nous en feraient et à elles un crime scandaleux. Je les priai de permettre que j'avertisse le geôlier de leur déguisement, qui aussi bien ne leur servait de rien à présent ; qu'il fallait déclarer leur nom et leur sexe, et confesser la vérité avec fermeté et constance. Ces messieurs furent de mon avis et les demoiselles y acquiescèrent. J'appelai le geôlier, et lui ayant dit de quoi il s'agissait, il fit sortir ces filles de notre cachot, les mit dans une chambre particulière et en avertit le juge, qui leur fit donner des habits convenables à leur sexe ; et depuis nous ne les avons pas revues ; car elles furent condamnées pour le reste de leurs jours au couvent des Repenties à Paris, où elles furent conduites dans le temps qu'on condamna aux galères leurs trois compagnons de souffrance, pour avoir voulu sortir du royaume.

Après nos plaintes et lamentations avec ces trois messieurs, nommés les sieurs Dupuy, Mouret et La Venue, nous les priâmes de nous raconter leur histoire ; le sieur Dupuy s'en acquitta de cette manière.

HISTOIRE

DE LA DÉTENTION

DES SIEURS DUPUY, MOURET,

LA VENUE,

ET DES DEMOISELLES

MADRAS, CONCEIL

Le sieur Dupuy nous dit qu'il n'y avait rien que d'ordinaire depuis leur départ de Bergerac avec un bon guide ; qu'ils avaient traversé la France sans aucun accident ni obstacle, jusqu'au passage de l'Escaut, à deux lieues de Tournai, où ils avaient été arrêtés par la trahison d'un malheureux paysan, en qui leur guide et eux s'étaient fiés pour leur faire passer la rivière. En voici, nous dit-il, l'affligeante histoire.

Arrivés aux environs de la rivière de l'Escaut, qui séparait la France du Pays-Bas espagnol, notre guide nous conduisit de nuit chez un paysan de sa connaissance, qui faisait métier de passer les réfugiés sur cette rivière avec un petit bateau. Ce paysan fut ravi de voir qu'il se présentait une si bonne aubaine pour lui : car nous accordâmes de lui payer d'avance chacun deux louis d'or de vingt livres pour nous passer de l'autre côté de la rivière. Il nous donna quelque chose à manger, en attendant l'heure qui n'était pas encore convenable à cause des patrouilles qui se faisaient le long de l'Escaut. Le paysan jetant les yeux sur un manteau gris de bonne étoffe que portait le sieur Mouret, le convoita et le lui demanda. Mouret lui dit qu'il ne lui donnerait pas ce manteau pour toute chose au monde, parce qu'il appartenait à son père, qui était réfugié à Amsterdam, et qu'il voulait avoir le plaisir de le lui apporter. Le paysan fit beaucoup d'instances pour avoir ce manteau, mais Mouret le refusa constamment. Enfin ce fatal manteau fut la cause de notre malheur, car le paysan conçut, par dépit de ce refus, la résolution de nous faire arrêter, à quoi il réussit trop bien, et voici comment il s'y prit.

Il nous amusa dans sa maison jusques environ minuit; après quoi il nous dit de le suivre jusqu'à l'endroit où était son bateau. Nous le suivîmes en effet, la joie au cœur d'être bientôt en sûreté. Ce scélérat nous conduisit dans un cabaret qui n'était pas loin de sa maison, nous disant qu'il fallait attendre encore un peu et qu'il allait amener son bateau à l'endroit convenable pour nous passer. Nous étions tous dans une chambre de ce cabaret, en attendant notre paysan. Notre guide, qui était avec nous, ne se méfiait de rien, non plus que nous. Le paysan resta bien une bonne heure à revenir, au bout de laquelle il entra dans la chambre où nous étions, et prenant le guide en particulier, le fit sortir avec lui et le passa de l'autre côté de la rivière. Ensuite il vint, accompagné d'une vingtaine de paysans armés, qui nous arrêtèrent et nous conduisirent ici.

Voilà l'histoire de la détention de ces messieurs. Mais, pendant que je suis sur leur sujet, il faut que je raconte de quelle manière ce paysan, nommé Batiste, reçut le juste salaire de sa perfidie dans la ville de Tournai.

Il faut savoir que de la ville d'Ath à cette dernière ville, dans ce temps, il se faisait journellement une grande contrebande. Un jour Batiste et un de ses camarades ayant appris qu'un marchand de Tournai venait d'Ath avec un chariot chargé de contrebande, résolurent d'aller sur le grand chemin pour faire mine d'arrêter ce chariot, mais en effet pour rançonner ce marchand. Le chariot paraît avec le marchand ; les deux paysans, le fusil en joue, l'arrêtent pour le mener, disent-ils, à la douane, pour y être confisqué. Le marchand leur présente dix pistoles pour lui laisser faire son chemin. C'est ce que nos drôles demandaient. Ils reçurent l'argent et s'en allèrent. Mais il arriva que le chariot fut arrêté par les commis aux portes de la ville de Tournai, et confisqué au profit des fermiers. Le marchand, voyant qu'il avait perdu ses marchandises, ne songea qu'à se venger de ces deux paysans qui l'avaient rançonné sur le grand chemin comme des voleurs. Pour cet effet, il fut les dénoncer à M. de Lambertie, grand-prévôt de Flandre, qui envoya enlever ces deux malheureux, qui furent conduits dans les prisons du Beffroi, mais non pas dans le même cachot où nous étions. Le grand-prévôt, qui savait depuis longtemps que Batiste était un scélérat et homme à commettre toutes sortes de crimes, et qu'il était même extrêmement soupçonné de favoriser les protestants au passage de l'Escaut, pour de l'argent, ce qui était un cas pendable ; quoique jusqu'à ce temps il n'eût eu aucun dénonciateur contre lui, crut pour le coup le pouvoir faire rouer vif pour la violence et le vol par lui commis à l'égard de ce marchand. Il se mit donc à lui faire son procès. Il l'interroge exactement. Mais Batiste, qui était un fin compère, savait bien sa leçon, et se défendit à merveille sur l'accusation du vol du grand chemin, alléguant pour sa justification, que chacun pouvait et même devait faire ce qu'il avait fait, que les ordonnances du Roi et celles des fermiers généraux promettaient et donnaient en effet récompense aux dénonciateurs ; et que de bonne foi lui et son compagnon n'avaient eu d'abord d'autre pensée que celle de faire l'office de dénonciateur ; mais que ce marchand de lui-même, sans qu'ils eussent rien demandé, les avait tentés par son présent de dix pistoles, et qu'en reconnaissance ils lui avaient laissé faire son chemin. Le grand-prévôt fut trompé dans son calcul d'avoir moyen de faire mourir ce méchant homme, car sa défense sur le prétendu vol de grand chemin avait un air si plausible que l'on ne crut point devoir passer outre à procéder sur ce crime. Mais il arriva dans cette affaire un cas qui vaut la peine d'être détaillé ; le voici :

Il faut savoir qu'après la détention des trois messieurs et des deux demoiselles dont j'ai parlé ci-dessus, leur procès fut bientôt fait par la juridiction ou Bailliage de la ville de Tournai ; et en attendant que le Parlement eût confirmé la sentence, ce qui dura cinq à six semaines, on laissa ces messieurs dans notre cachot pour les envoyer ensuite aux galères. Pendant ce temps-là le geôlier venait souvent auprès de nous fumer sa pipe ; et dans la conversation le sieur Dupuy lui fit un jour le récit de leur prise par la perfidie de Batiste. Il lui raconta comment ce misérable leur avait nommé plusieurs de ses compatriotes et autres personnes de leur connaissance, qu'il avait passées avec son bateau, se louant fort de ces gens-là, qui l'avaient bien payé. Il lui dit encore que Batiste, avant de les faire arrêter, était venu prendre son bon ami notre guide, dans le cabaret, et lui avait fait passer la rivière, soit par amitié, ou, ce qui est bien plus apparent, afin que ce guide ne le pût pas accuser de ses mauvaises pratiques. Quoi qu'il en soit, Batiste, suivant les principes de la France et de ses ordonnances, méritait la mort, quand bien même il n'aurait commis d'autres crimes que d'avoir passé le guide à l'autre bord de l'Escaut. Or, il arriva que le grand-prévôt, descendant de la chambre où il tenait son tribunal au Beffroi, parla au geôlier pour lui recommander de garder étroitement et dans le plus fort de ses cachots ledit Batiste, pendant qu'il chercherait des preuves convaincantes de divers crimes dont ce malheureux était soupçonné. Le geôlier là-dessus lui dit qu'il pouvait avoir des preuves certaines, que Batiste avait passé souvent sur l'Escaut des gens de la religion réformée qui s'enfuyaient hors du royaume, et tout de suite il lui raconte ce que Dupuy et ses compagnons, qui étaient encore dans sa prison, lui avaient dit, même avant que Batiste fût arrêté. Le prévôt fut ravi d'entendre une telle déposition, et au plus tôt il s'en vint à notre cachot, et appelant par leurs noms et surnoms ces trois messieurs, leur dénonça que le lendemain, à dix heures du matin, il les citait à comparaître devant son tribunal pour dire vérité, sous serment, de ce en quoi ils seraient interrogés au sujet de Batiste, qui les avait fait arrêter : « Mais, Messieurs, je vous exhorte, ajouta-t-il, de ne point nourrir dans vos cœurs aucun sentiment de vengeance contre ce misérable, mais de dire la pure vérité sur ce qui vous sera demandé » ; après quoi il se retira. Ces trois messieurs d'abord parurent ravis de joie de pouvoir se venger de la perfidie de Batiste, en déclarant ce qu'ils savaient, sans engager leur conscience. J'avoue que je fus dans le moment de leur sentiment ; mais ensuite, ayant fait réflexion sur les conséquences de leur déposition, je changeai d'avis et leur communiquai ma pensée, telle que la voici :

« Il est certain, Messieurs, leur dis-je, qu'en déposant la pure vérité au sujet de Batiste, ce malheureux sera pendu sans rémission. Mais, je vous prie, considérons ici deux choses que cela produira. La première ne vous fera aucun honneur parmi nos amis, et elle vous sera un sujet de reproche de la part de nos ennemis ; car l'un et l'autre parti concluront qu'il y aura eu de la vengeance dans votre fait : car tout le monde est naturellement porté à médire de son prochain, et vous ne sauriez absolument vous laver de cette calomnie, puisque vous ne pourriez donner des preuves visibles et parlantes de ce qui réside dans votre cœur, et que notre intégrité ne nous justifie qu'envers Dieu, qui connaît seul nos plus secrètes pensées.

La seconde chose que votre déposition causera, ce sera une injustice tacite que vous commettrez en faisant pendre ce misérable ; car il est certain que vous serez cause de la mort d'un homme qui, selon les réformés, n'a commis aucun crime en facilitant l'évasion de nos frères, puisque, lorsque quelqu'un nous rend cet office, nous le payons comme méritant salaire, non pour sa peine, mais pour le risque qu'il court en nous rendant ce service, qui est regardé chez les papistes comme un crime digne de mort, et chez les réformés comme une vertu digne de récompense. Voilà, Messieurs, à quoi votre déposition, toute sincère et véritable qu'elle sera, vous expose, et ce qu'à mon avis vous ne pouvez éviter. — Mais, s'écrièrent ces messieurs, faut-il donc faire un faux serment pour sauver la vie à cet homme, et éviter les deux précipices que vous nous faites envisager ? — Non, leur dis-je, pour rien au monde vous ne devez faire un faux serment. — Que faire donc ? me dirent-ils. — C'est ce qui m'embarrasse, leur répondis-je : mais il y faut penser mûrement et chercher s'il n'y aurait pas un milieu qui vous empêchât de commettre une injustice, et qui sauvât en même temps la vie à Batiste. Il me vient une pensée, leur dis-je, mais je ne sais si elle pourra s'exécuter, parce que je ne suis pas sûr du fait, ne connaissant pas les lois des procédures civiles et criminelles. La voici :

J'ai souvent entendu dire que tout homme condamné aux galères est récusable dans le témoignage qu'il rend, et que même aucun magistral ni juge ne le doit ni ne le peut contraindre à rendre aucun témoignage par serment. A votre place j'éprouverais si vous pouvez éviter de rendre un témoignage assermenté, en en faisant le refus au grand-prévôt et lui alléguant ce que j'ai dit ci-dessus, qu'un galérien est dispensé de faire un tel acte. Si je me trompe, et qu'on puisse, suivant les lois, vous contraindre à déclarer la vérité par serment, à la bonne heure, dites la vérité. C'est une épreuve que, selon moi, vous devez faire, continuai-je du moins cette démarche vous empêchera d'être accusés d'user de vengeance, puisque l'on verra que vous ne rendrez témoignage contre Batiste qu'à votre corps défendant. »

Ce conseil fut approuvé et suivi. Le lendemain matin, sur les dix heures, le geôlier et deux huissiers vinrent prendre ces messieurs pour les conduire en haut dans la chambre prévôtale, où ils trouvèrent le prévôt et ses conseillers assemblés, et le misérable Batiste garrotté et assis sur la sellette criminelle, plus mort que vif, de voir comparaître ceux de qui sa vie dépendait, et qui avaient tant de raisons de se venger de la trahison qu'il leur avait faite. D'abord le prévôt lui demanda s'il connaissait ces messieurs. Il dit que non. « Nous te les ferons bien connaître, » lui repartit le prévôt. En même temps il demande à ces messieurs s'ils connaissaient ce criminel. Ils ne manquèrent pas de dire qu'ils le connaissaient pour celui qui les avait fait arrêter. Jusque-là ils ne disaient rien à la charge de Batiste, sur quoi le prévôt leur dit : « Levez la main et promettez à Dieu et à la Justice de dire la vérité sur ce qu'on vous interrogera. » Ces messieurs répondirent hardiment qu'ils n'en feraient rien, qu'ils étaient hors du monde par leur sentence de galère, et qu'ils n'étaient pas obligés de témoigner, encore moins de prêter serment. Le prévôt leur dit, d'un air moins doux : « Quoi ! vous dites que vous faites profession de la vérité, et vous refusez de la dire ! — Nous faisons profession, Monsieur, lui répondit Dupuy, de la vérité de l'Évangile, mais non pas de la dire pour faire pendre un homme, lorsque les lois nous en dispensent. — Quelle vertu ! » dit le grand-prévôt, en levant les yeux au ciel. Puis se tournant vers Batiste, qui était extasié d'entendre ses ennemis, au lieu de se venger, défendre sa cause ; le prévôt, dis-je, s'adressant à lui, lui dit : « Malheureux, baise les pas de ces honnêtes gens, qui t'ôtent la corde du cou. Tu les as fait condamner aux galères ; tu leur y tiendras compagnie. » Et se levant de son siège judicial, il rompit l'assemblée, et chacun des prisonniers fut reconduit dans son cachot. Nos trois messieurs ne se sentaient pas d'aise d'avoir si bien réussi, en déchargeant Batiste sans charger leurs consciences. Enfin la sentence du grand-prévôt fut prononcée contre Batiste et Pitous (c'était son compagnon). Ils furent condamnés aux galères perpétuelles pour avoir rançonné ce marchand sur le grand chemin. La sentence aussi de ces trois messieurs étant confirmée, six archers vinrent les prendre pour les conduire à Lille, à la chaîne des galériens qui s'y assemblait. On les attacha deux à deux par les mains, et ensuite tous les cinq ensemble; et le sort voulut, ou peut-être ce fut un ordre du prévôt, que Batiste fût attaché avec le sieur Dupuy. On les sortit, ainsi attachés, sur les dix heures du matin, pour les conduire à Lille. Toute la ville de Tournai sut bientôt ce qui s'était passé, et la généreuse et chrétienne action de ces messieurs, qui avaient sauvé la vie à leur perfide et traître ennemi. Une affluence de peuple s'assembla devant le Beffroi, et les rues étaient pleines de monde pour voir, disaient-ils, la vertu attachée avec le crime; et chacun faisait des huées et des imprécations horribles contre ce scélérat et traître Batiste et souhaitait toutes sortes de bénédictions à ces trois messieurs.

Nous voilà encore privés pour la seconde fois de nos nouveaux hôtes, compagnons de cachot; ce qui nous affligea beaucoup. Leur piété nous édifiait, et leur conversation nous égayait. Il avait longtemps que le grand-vicaire ne nous était venu voir; il vint enfin après le départ de ces trois messieurs. « Je viens voir, nous dit-il, si nos anciennes conversations ne vous ont pas fait faire des réflexions favorables à votre conversion. Nous lui dîmes que les réflexions que nous y avions faites, nous fortifiaient de plus en plus dans les sentiments que nous lui avions témoignés. « Sur ce pied-là, nous dit-il, mes visites sont inutiles, et je ne viendrai que pour apprendre si je vous suis utile en quelque chose; cependant, continua-t-il, Mgr l'Évêque doit dégager sa parole avec M. le Procureur général du Parlement, et il m'a ordonné de lui aller faire compliment de sa part, et de lui offrir de vous remettre dans les prisons du Parlement. »

A ces mots nous pâlîmes de crainte de retourner dans cette affreuse prison, où nous avions tant pâti. Il s'en aperçut. « Je vois, dit-il, que vous craignez d'y retourner ; si vous souhaitez, je prierai ce seigneur de vous laisser ici, et que, lorsque le Parlement voudra faire la révision de votre procès, il ne vous fasse pas transférer dans leur prison ; et je vous viendrai dire sa réponse aujourd'hui même. » Nous lui témoignâmes que nous lui serions bien obligés de ce bon office ; car nous craignions la prison du Parlement comme le feu. Il s'en fut, et le même jour, il nous vint dire que nous n'avions qu'à nous tranquilliser ; qu'on ne nous transférerait plus. Nous le remerciâmes de sa grande bonté pour nous. Il nous quitta fort ému de compassion pour nous, et je lui vis même répandre quelques larmes. Quelques jours après, un Conseiller du Parlement, que je ne nommerai pas pour raison, vint nous voir dans notre prison, et nous dit que nous lui étions fortement recommandés, et qu'il voudrait bien voir quelque jour à nous tirer d'affaire. Nous ne pouvions nous imaginer d'où nous venait cette recommandation, à moins que nos parents, à qui nous avions écrit depuis que nous étions au Beffroi, ne l'eussent fait faire par quelques personnes de considération de leurs amis. Cependant, n'ayant aucune nouvelle de nos parents, qui nous donnât avis de cette recommandation, et aucun des réformés de Tournai, qui nous venaient voir souvent, ne nous ayant fait connaître qu'elle nous vînt par leur canal, nous ne pouvions jeter notre soupçon que sur notre bon ami le grand-vicaire, qui nous avait assuré d'une manière qui nous paraissait très sincère, qu'il désirait ardemment de nous voir libres. Quoi qu'il en soit, ce Conseiller resta une bonne heure avec nous, et nous interrogea sur notre route, en quel endroit nous avions été arrêtés, et de quelle manière. Nous le satisfîmes sur tous ces points. Il nous fit redire l'événement de Couvé ; et il nous demanda si nous pourrions bien prouver que nous avions passé et logé dans un cabaret de cette petite ville. Nous lui répondîmes que rien n'était plus facile que de le vérifier ; sur quoi il nous dit : « Prenez courage, mes enfants, j'espère que vous sortirez d'affaire. Demain je vous enverrai un homme de loi, qui vous portera une requête à signer ; signez-la, et vous en verrez les effets. » Après quoi il sortit ; et depuis nous ne le vîmes plus qu'assis au rang de nos juges en Parlement, où nous comparûmes peu de jours après, comme on le verra bientôt.

Le lendemain de la visite du Conseiller, l'homme de loi, dont il nous avait parlé, vint dans notre prison, et nous fit lire la requête qu'il avait dressée et que nous signâmes. Cette requête, adressée à nos juges en Parlement, portait en substance, que, pour être de la religion réformée, nous n'étions pas sujets aux peines portées par l'ordonnance, qui défend à toute personne du royaume de sortir de France sans permission de la cour ; et que nous offrions de faire preuve que nous ne sortions pas du royaume, puisque nous en étions déjà sortis, et y étions rentrés ensuite, en passant par Couvé, ville du Prince de Liège, où il y avait garnison hollandaise ; mais que n'ayant aucune envie de sortir du royaume, nous ne nous étions servis que du passage par ladite ville, ne pouvant aller de Rocroy à Mariembourg qu'en la traversant ; que si nous avions eu dessein de sortir de France, nous n'avions qu'à nous mettre sous la protection du gouverneur hollandais de Couvé, qui nous aurait fait conduire sans difficulté par les terres de Liège jusqu'à Charleroi. Cette requête fut mise sur la table de la chambre criminelle du Parlement.

Deux jours après, trois huissiers du Parlement nous vinrent prendre pour nous y conduire, où étant, le Président, nous montrant la requête, nous demanda si nous avions signé et présenté cet écrit. Nous répondîmes que oui, et que nous priions la vénérable assemblée d'y avoir égard. Le Président nous dit qu'ils avaient examiné ladite requête, et qu'ils y avaient vu que nous offrions de faire preuve que nous avions passé par Couvé ; mais qu'il ne suffisait pas de prouver cet article ; que la preuve n'en était pas même nécessaire, puisqu'elle était toute faite, et qu'il était de notoriété publique que nous ne pouvions venir à Mariembourg sans passer par cet endroit : « Mais, nous dit-il, vous avez une autre preuve à faire, sans laquelle la première est nulle ; c'est, continua-t-il, qu'il faut prouver, qu'étant à Couvé, vous étiez pleinement informés que cette ville-là était hors des terres de France. » Franchement, nous ne nous attendions pas à cette question. Cependant nous répondîmes assez hardiment, et sans hésiter, que nous le savions parfaitement. « Comment pouviez-vous le savoir ? nous dit-il. Vous êtes de jeunes garçons, qui n'aviez jamais sorti du coin de vos foyers ; et Couvé est à plus de deux cents lieues de chez vous. Pour moi, je ne savais que répondre ; car de dire que nous l'avions appris étant sur la frontière, cela n'était pas prouver : mais mon camarade s'avisa de dire que, pour lui il le savait, même avant de partir de Bergerac ; parce qu'ayant servi en qualité de barbier dans une compagnie du régiment de Picardie, qui s'était trouvé lors de la paix de Ryswick en garnison à Rocroy, il avait été témoin des limites, qui furent réglées dans ce pays-là ; que de là son régiment avait été transféré à Strasbourg, où il avait été réformé ; et que, s'il avait voulu sortir de France, soit pour aller en Hollande, soit pour se retirer en Allemagne, il lui aurait été très facile de le faire, étant dans le service. « Si vous avez, lui dit le Président, été réformé du service, vous devez en avoir un bon congé. — Aussi l'ai-je, dit-il, Monseigneur, et en bonne forme. » Sur quoi il sortit son portefeuille de sa poche, et en tira effectivement ledit congé imprimé et en bonne et due forme, et le présenta au Président, qui le livra de main en main à l'assemblée ; après quoi le greffier l'attacha à la requête, et on nous fit retirer, et reconduire au Beffroi.

Pour l'intelligence de ce fait il est bon de dire, qu'à la vérité Daniel le Gras, mon camarade, avait été *frater* dans le régiment de Picardie ; et qu'après la paix de Ryswick il avait été réformé à Strasbourg ; mais il n'avait jamais été à Rocroy, ni dans les environs ; il supposa ce fait pour notre défense laissant au Parlement à faire rechercher s'il était vrai que ce régiment eût été à Rocroy à la paix de Ryswick ou non ; ce que ces messieurs n'approfondirent pas, car il est vrai de dire que le Conseiller, notre protecteur, avait brigué plusieurs voix au Parlement en notre faveur, et qu'en un mot ce corps était, ou tout entier, ou pour la majeure partie, incliné à notre élargissement.

Deux heures après que nous fûmes de retour dans la prison, le geôlier, tout essoufflé, courut à notre cachot, pour nous féliciter de notre délivrance prochaine. Un clerc du Parlement était venu la lui annoncer, ayant vu de ses propres yeux la résolution de l'assemblée, qui nous avait en plein absous de l'accusation d'avoir voulu sortir du royaume. Nos bons amis de la ville nous vinrent aussitôt féliciter en foule, et nous crûmes la chose si réelle, que nous attendions d'heure en heure notre élargissement. Cependant il n'en fut rien, quoiqu'il fût très vrai que le Parlement nous avait absous. Mais, comme nous étions des criminels d'Etat, le Parlement ne pouvait nous élargir qu'en conséquence des ordres de la cour. Le Procureur général en écrivit donc au marquis de la Vrillière, ministre d'État, lui disant que nous avions fait preuve parfaite de notre innocence à sortir du royaume, et que le Parlement attendait ses ordres pour la destination des prisonniers. Le ministre répondit qu'ils prissent garde que cette preuve ne fut pas équivoque et de la bien examiner. Le Parlement, qui ne voulait pas se démentir, récrivit que la preuve était complète et sans réplique. Il se passa bien quinze jours avant que les ordres définitifs de la cour vinssent. Ils vinrent enfin pour nous ôter la flatteuse espérance de notre prochaine délivrance, et pour ne nous laisser plus douter de notre sort, car le Parlement nous ayant fait comparaître devant leur pleine assemblée à la chambre criminelle, le Président nous demanda si nous savions lire, et après avoir dit que oui : « Lisez donc, dit-il, après nous avoir donné la propre lettre du marquis de la Vrillière. Sa brièveté m'en a toujours fait retenir les propres termes, que voici :

« Messieurs,

Jean Marteilhe, Daniel le Gras, s'étant trouvés sur les frontières sans passe-port, Sa Majesté prétend qu'ils seront condamnés aux galères. Je suis, Messieurs, etc.

Le marquis de la Vrillière. »

« Voilà, mes amis, nous dirent le Président et divers Conseillers, votre sentence émanée de la cour et non de nous, qui nous en lavons les mains. Nous vous plaignons et vous souhaitons la grâce de Dieu et du Roi. » Après quoi, on nous ramena au Beffroi, et sur le soir du même jour, un Conseiller et le greffier du Parlement vinrent à cette prison, et nous ayant fait venir dans la chambre du geôlier, le Conseiller nous dit de nous mettre à genoux devant Dieu et la justice, et de prêter attention à la lecture de notre sentence. Nous obéîmes, et le greffier nous lut notre sentence, portant en substance, après le préambule, ce qui suit :

« Avons lesdits, Jean Marteilhe et Daniel le Gras, dûment atteints et convaincus de faire profession de la religion prétendue réformée et de s'être mis en état de sortir du royaume, pour professer librement ladite religion ; pour réparation de quoi, les condamnons à servir de forçats sur les galères du Roi, à perpétuité, etc. »

La lecture de cette sentence finie, je dis au Conseiller : « Comment, Monsieur, le Parlement, un corps si vénérable et si judicieux, peut-il accorder la conclusion de cette sentence (*atteints et convaincus*) avec la délibération de nous absoudre, comme il l'avait effectivement fait ? — Le Parlement, nous dit-il, vous a absous ; mais la cour, qui est supérieure aux Parlements, vous condamne. — Mais où reste la justice, Monsieur, qui doit diriger et l'un et l'autre tribunal ? — N'allez pas si avant, me répondit-il ; il ne vous appartient pas d'approfondir ces choses. » Il fallut donc se taire et prendre notre mal en patience. Cependant je suppliai ledit Conseiller de nous faire donner copie authentique de notre sentence, ce qu'il nous promit et effectua.

Trois jours après, quatre archers du grand prévôt nous vinrent prendre, et, après nous avoir liés et mis les menottes aux mains, nous conduisirent à Lille en Flandre, où la chaîne des galériens s'assemblait. Nous arrivâmes le soir à cette dernière ville, n'en pouvant plus de fatigue, d'avoir fait ces cinq lieues à pied, et très incommodés de nos liens. On nous mena à la prison de la ville, où est la tour de Saint-Pierre, destinée pour les galériens à cause de l'épaisseur de ses murs. En entrant dans la prison, le geôlier nous fouilla partout ; et comme il se trouva là, soit par hasard, ou de dessein prémédité, deux pères jésuites, ils nous prirent nos livres de dévotion et notre sentence, sans nous avoir jamais voulu rendre ni l'un ni l'autre ; et j'entendis que l'un de ces pères disait à l'autre, après avoir lu ladite sentence, que c'était une grande imprudence au Parlement de donner copie authentique de pareilles pièces. Après cette visitation, on nous conduisit au cachot des galériens dans la tour de Saint-Pierre, l'une des plus affreuses demeures que j'aie jamais vues. C'est un spacieux cachot ; mais si obscur, quoiqu'il soit au second étage de cette tour, que les malheureux qui y sont, ne savent jamais s'il est jour ou nuit, que par le pain et l'eau qu'on leur porte tous les matins ; et qui pis est, on n'y souffre jamais de feu ni de lumière, soit lampes ou chandelles. On y est couché sur un peu de paille toute brisée et rongée des rats et des souris, qui y sont en grand nombre et qui mangeaient impunément notre pain, parce que nous ne les pouvions voir ni nuit ni jour pour les chasser. En arrivant dans ce cruel cachot, où il y avait une trentaine de scélérats de toute espèce, condamnés pour divers crimes, nous ne pûmes savoir leur nombre qu'en le leur demandant, car nous ne nous voyions pas l'un l'autre. Leur premier compliment fut de nous demander la bienvenue sous peine de danser sur la couverture. Nous aimâmes mieux donner deux écus de cinq livres pièce, à quoi ces scélérats nous taxèrent sans miséricorde, que d'éprouver cette danse. Nous la vîmes exercer deux jours après à un misérable nouveau venu, qui la souffrit plutôt par disette d'argent que par courage. Ces malheureux avaient une vieille couverture de serpillière[a], sur laquelle ils faisaient étendre le patient ; et quatre forçats des plus robustes prenaient chacun un coin de la couverture, l'élevant aussi haut qu'ils pouvaient, et la laissaient tomber ensuite sur les pierres, qui faisaient le plancher du cachot ; et cela par autant de reprises, que ce pauvre malheureux était condamné, suivant son obstination à refuser l'argent à quoi on le taxait. Cette estrapade me fit frémir. Ce malheureux avait beau crier ; il n'y avait aucune compassion pour lui. Le geôlier même, à qui va tout l'argent que cet exécrable jeu produit, n'en faisait que rire. Il regardait par le guichet de la porte, et leur criait : Courage, compagnons. Ce misérable était tout moulu de ses chutes, et on crut qu'il en mourrait : Cependant il se remit. Quelques jours après, j'eus à mon tour une terrible épreuve à essuyer ; en voici le détail.

Tous les soirs le geôlier et quatre grands coquins de guichetiers, accompagnés du corps de garde de la prison, venaient faire la visite du cachot, pour voir si nous ne faisions pas quelques tentatives pour nous évader. Tous ces gens-là, au nombre d'une vingtaine, étaient armés de pistolets, d'épées et de baïonnettes au bout du fusil. Ils visitaient ainsi les quatre murailles et le plancher fort exactement, pour voir si nous n'y faisions pas quelque trou. Un soir, après qu'ils eurent fait la visite, et comme ils se retiraient, un des guichetiers resta le dernier pour fermer la porte et le guichet. Je m'amusai à lui dire quelques paroles ; et comme je vis qu'il me répondait assez amiablement, je crus l'avoir

---

a. Toile grosse et claire dont se servent les marchands pour emballer les marchandises. (Éd.)

un peu apprivoisé. Je m'avisai donc de le prier de me donner le bout de chandelle qu'il tenait à la main, pour voir à chercher un peu notre vermine, mais il n'en voulut rien faire, et me ferma le guichet au nez. Alors je dis assez haut, ne croyant pas cependant le guichetier assez proche pour m'entendre, que je me repentais de ne lui avoir pas arraché des mains son bout de chandelle ; car je l'avais eu belle pour cela, lorsque je lui parlais, au guichet. Mon drôle m'entendit, et ne manqua pas d'en faire son rapport au geôlier.

Le lendemain matin, que tous mes camarades de cachot étaient levés, et chantaient les litanies à leur ordinaire, sans quoi ils n'auraient eu aucune charité des jésuites, qui la donnaient tous les jeudis, et il n'y avait que moi, qui étais demeuré couché sur mon peu de paille, et je m'étais endormi ; lorsque je fus éveillé par plusieurs coups de plat d'épée, qui portaient à plein sur mon corps, n'ayant que ma chemise et ma culotte. Je me lève en sursaut, et je vois le geôlier, l'épée à la main, les quatre guichetiers, et tous les soldats du corps de garde, tous armés jusqu'aux dents. Je demandai pourquoi on me maltraitait ainsi. Le geôlier ne me répondit que par plus de vingt coups de plat d'épée ; et le guichetier au bout de chandelle, me donna un si terrible soufflet, qu'il me renversa. M'étant relevé, le geôlier me dit de le suivre ; et voyant que c'était pour me faire encore plus de mal, je refusai de lui obéir, avant que je sache par quel ordre il me traitait ainsi ; que si je le méritais, ce n'était qu'au grand-prévôt à ordonner de mon châtiment. On me donna encore tant de coups que je tombai une seconde fois. Alors les quatre guichetiers me prirent, deux aux jambes et deux aux bras, et m'emportèrent ainsi, à mon corps défendant, hors du cachot, et me descendirent ou plutôt me traînèrent comme un chien mort du haut des degrés de cette tour en bas dans la cour, où étant, on ouvrit la porte d'un autre escalier de pierre, qui conduisait dans un souterrain. On me fit aussi dégringoler ces degrés sans les compter ; quoique je crois qu'il y en avait pour le moins vingt-cinq ou trente, et au bas on ouvrit un cachot à porte de fer, qu'on nomme *le cachot de la sorcière*. On m'y poussa, et on ferma la porte sur moi, et puis ils s'en allèrent. Je ne voyais non plus dans cet affreux souterrain qu'en fermant les yeux. J'y voulus faire quelques pas pour trouver quelque peu de paille en tâtonnant, mais je m'enfonçai dans l'eau jusqu'à demi-jambe, eau aussi froide que la glace. Je retournai en arrière, et me plaçai contre la porte, dont le terrain était plus haut et moins humide. En tâtonnant j'y trouvai un peu de paille, sur laquelle je m'assis ; mais je n'y fus pas deux minutes, que je sentis l'eau qui traversait la paille.

Pour lors je crus fermement qu'on m'avait enterré avant ma mort, et que cet affreux cachot serait mon tombeau, si j'y restais vingt-quatre heures. Une demi-heure après, le guichetier me porta du pain et de l'eau, qu'il mit par le guichet dans le cachot. Je lui rejetais sa cruche et son pain, en lui disant : « Va dire à ton bourreau de maître, que je ne boirai ni ne mangerai que je n'aie parlé au grand-prévôt. » Le guichetier s'en alla, et dans moins d'une heure le geôlier vint seul avec une chandelle à la main, sans autres armes qu'un trousseau de clefs ; et ouvrant la porte du cachot, il me dit fort doucement de le suivre en haut. J'obéis. Il me mena dans sa cuisine. J'étais sale, plein du sang qui m'avait coulé par le nez, et d'une contusion à la tête que ces barbares guichetiers m'avaient faite, en me laissant tomber et traîner la tête sur les escaliers de pierre. Le geôlier me fit laver mon sang, me mit un emplâtre sur ma contusion, et ensuite me donna un verre de vin de Canarie, qui me refit un peu. Il me fit une petite réprimande de mon imprudence touchant la chandelle du guichetier ; et m'ayant fait déjeuner avec lui, il me mena dans un cachot de sa cour, sec et clair, me disant qu'il ne pouvait plus me remettre avec les autres galériens après ce qui s'était passé. « Donnez-moi donc mon camarade avec moi, lui dis-je. — Patience, dit-il, tout viendra avec le temps. » Je restai quatre ou cinq jours dans ce cachot, pendant lesquels le geôlier m'envoyait tous les jours à dîner de sa table. Il me proposa un jour de nous mettre, mon camarade et moi, dans une chambre de sa prison où il y aurait un bon lit et toutes les commodités requises, moyennant deux louis d'or par mois. Nous n'étions pas fort pourvus d'argent. Cependant je lui offris un louis et demi jusqu'au temps que la chaîne partirait. Il n'en voulut rien faire, dont il se repentit ; car peu de jours après nous fûmes mis dans une belle et bonne chambre, bien couchés et bien nourris, sans qu'il nous en coûtât rien, comme je le dirai tout à l'heure. Un jour, il me dit que mon camarade l'avait fort prié de me remettre avec lui, et qu'il lui avait promis de le faire. « Hé bien, lui dis-je, descendez-le ici avec moi. — Non, dit-il, il faut que vous retourniez avec les autres galériens dans la tour de Saint-Pierre. » Je vis bien qu'il nous voulait mettre dans la nécessité de lui donner les deux louis d'or par mois pour nous mettre en chambre ; mais consultant notre bourse, et considérant que, si la chaîne ne parlait que dans deux ou trois mois, nous ne pourrions y subvenir, je me tins ferme à l'offre que je lui avais faite ; si bien qu'il me remit dans la tour de Saint-Pierre avec les autres. Mon camarade, qui me croyait perdu, fut ravi de me sentir auprès de lui. Je dis *sentir,* car pour nous *voir,* nous n'avions aucune clarté pour cela. Un matin, sur les neuf heures, le geôlier vint ouvrir notre cachot, et nous appelant mon camarade et moi, nous dit de le suivre. Nous crûmes d'abord, qu'il nous allait mettre en chambre pour notre louis et demi ; mais nous fûmes désabusés ; car nous ayant sortis du cachot, il nous dit : « C'est M. de Lambertie, grand-prévôt de Flandre, et qui est le maître ici, qui veut vous parler. J'espère, dit-il, en s'adressant à moi, que vous ne lui direz rien de ce qui s'est passé dernièrement. — Non, lui dis-je, lorsque j'ai pardonné, j'oublie, et ne cherche plus à me venger. » En disant cela, nous arrivâmes dans une chambre, où nous trouvâmes M. de Lambertie, qui nous fit l'accueil le plus gracieux du monde. Il tenait une lettre de M. son frère, bon gentilhomme d'origine protestante, à trois lieues de Bergerac. Mon père nous avait procuré cette recommandation. M. de Lambertie nous dit donc qu'il était bien fâché de ne nous pouvoir procurer notre délivrance. « Pour tout autre crime, nous dit-il, j'ai assez de pouvoir et d'amis en cour pour obtenir votre grâce : mais personne n'ose s'employer pour qui que ce soit de la religion réformée. Tout ce que je puis faire, c'est de vous faire soulager dans cette prison, et de vous y retenir autant que je voudrai, quoique la chaîne parte pour les galères. » Ensuite il demanda au geôlier quelle chambre bonne et commode il avait de vide. Le geôlier lui en proposa deux ou trois qu'il rejeta, et lui dit : « Je ne prétends pas seulement que ces messieurs aient toutes leurs commodités; mais je veux aussi qu'ils aient de la récréation, et je prétends que tu les mettes dans la chambre à l'aumône. « Mais, Monsieur, repartit le geôlier, il n'y a que des prisonniers civils dans cette chambre-là, qui ont des libertés qu'on n'ose donner à des gens condamnés. — Eh bien ! répondit M. de Lambertie, je prétends que tu les leur donnes ces libertés; c'est à toi et à tes guichetiers à prendre garde qu'ils ne se sauvent de la prison, donne-leur un bon lit, et tout ce qu'ils souhaiteront pour leur soulagement, et cela pour mon compte, ne prétendant pas que tu prennes un sol d'eux. Allez, Messieurs, nous dit-il, dans cette chambre à l'aumône; c'est la plus belle, la mieux aérée, et la plus réjouissante de toute cette prison; et outre que vous y ferez bonne chère sans qu'il vous en coûte rien, vous y amasserez de l'argent. Je prétends, dit-il encore au geôlier, que tu fasses M. Marteilhe prévôt de cette chambre. » Nous remerciâmes de notre mieux M. de Lambertie de sa grande bonté. Il nous dit qu'il viendrait souvent s'informer à la prison, si le geôlier observait ses ordres à notre égard, et se retira.

On nous mit donc dans la chambre à l'aumône, et on m'en installa prévôt, au grand regret de celui qui l'était avant moi, l'on plaça ailleurs. Cette chambre à l'aumône était fort grande, et contenait six lits pour douze prisonniers civils, qui étaient toujours des gens de quelque considération, et hors du commun ; et outre cela un ou deux jeunes drôles, ordinairement coupeurs de bourse, ou prisonniers pour des crimes légers, qui servaient à faire les lits, la cuisine, et tenir la chambre nette. Ils couchaient à un coin de la chambre sur une paillasse ; c'étaient en un mot nos valets de chambre. La prévôté, dont j'avais eu l'honneur d'être gratifié, était un emploi assez onéreux. Celui qui est revêtu de ce titre dans la chambre à l'aumône, est obligé de distribuer toutes les charités qui se font à cette prison. Elles sont ordinairement considérables, et se portent toutes dans cette chambre. Il y a un tronc, qui pend avec une chaîne d'une des fenêtres, pour les passants qui veulent y mettre leurs charités. Le prévôt de la chambre, qui a la clef de ce tronc, l'ouvre tous les soirs pour en retirer l'argent, et le distribuer à tous les prisonniers, tant civils (s'ils en veulent) que criminels. Outre cela, tous les matins les guichetiers vont avec des charrettes ou tombereaux par toute la ville recueillir les charités des boulangers, bouchers, brasseurs et poissonniers, chacun donnant de leurs denrées. Ils vont aussi au marché aux herbes, à celui des tourbes et autres ; et toute cette collecte se porte à la chambre à l'aumône pour être partagée et distribuée dans toutes les chambres par le prévôt, à proportion que chaque chambre a de prisonniers, dont le geôlier lui donne une liste chaque jour, et dont le total allait, lorsque j'y entrai, à cinq ou six cents. Quoique je fusse devenu le distributeur général de ces aumônes, je ne pus cependant remédier à un abus qui m'empêchait de faire parvenir rien aux prisonniers destinés pour les galères. Le geôlier recevait leur part de l'argent du tronc pour l'employer, disait-il, à leur faire de la soupe ; mais bon Dieu ! quelle soupe ! C'étaient ordinairement de sales et vilaines tripes de bœuf, qu'il leur cuisait avec un peu de sel, dont l'odeur seule faisait vomir. Six semaines après avoir habité cette heureuse chambre, M. de Lambertie nous y vint voir, et nous dit que la chaîne devait partir le lendemain pour Dunkerque, où étaient six galères du Roi; qu'il nous exempterait de partir, en nous faisant passer pour malades; qu'il fallait que nous restassions ce jour-là au lit jusqu'à ce que la chaîne fût partie : ce que nous fîmes. Et cela nous procura de rester dans ce bien-être encore trois mois. Après quoi une autre chaîne partit, avec laquelle nous partîmes aussi par l'occasion que je vais dire.

Au mois de janvier 1702, M. de Lambertie nous vint voir, et nous dit que la chaîne partirait le lendemain; qu'il pourrait encore nous exempter de la suivre, mais qu'il avait à nous avertir (afin que nous eussions le choix de partir ou de rester) que ce serait la dernière chaîne qui irait sur les galères de Dunkerque; que par la suite toutes les autres iraient à Marseille, voyage de plus de trois cents lieues, qui serait d'autant plus rude et pénible pour nous, que nous serions obligés de le faire à pied et la chaîne au cou; que d'ailleurs il faudrait qu'il allât en campagne au mois de mars, et qu'il ne serait plus à portée de nous rendre service à Lille. Qu'il nous conseillait donc de partir par la chaîne, qui commençait le lendemain sa route pour Dunkerque; que cette chaîne était sous ses ordres jusqu'à cette ville, et qu'il nous y ferait conduire avec distinction des autres galériens, en chariot et commodément pendant la route, qui n'était que d'environ douze lieues. Ces raisons plausibles de M. de Lambertie nous firent accepter ce dernier parti. Ce seigneur nous tint parole; car au lieu de nous faire attacher avec vingt-cinq ou trente galériens, dont la chaîne était composée, et qui marchaient à pied, il nous fit mettre en chariot; et tous les soirs on nous faisait coucher dans un bon lit, et l'exempt des archers qui conduisait la chaîne, nous faisait manger à sa table; si bien qu'à Ypres, Furnes et autres lieux où nous passions, on croyait que nous étions des gens de grande considération. Mais hélas ! ce bien-être n'était qu'une fumée qui disparut bientôt; car le troisième jour de notre départ de Lille nous arrivâmes à Dunkerque, où on nous mit tous sur la galère *l'Heureuse,* commandée par le Commandeur de la Pailleterie, qui était chef d'escadre des six galères qui étaient dans ce port. On nous mit d'abord chacun dans un banc à part : par là je fus séparé de mon cher camarade. Le jour même de notre arrivée, on donna la bastonnade à un malheureux forçat pour je ne sais quoi qu'il avait commis. Je fus effrayé de voir exercer ce supplice, qui se fit sans aucune forme de procès, et sur-le-champ. Le lendemain, je fus sur le point de recevoir le même traitement, qui m'avait fait tant d'horreur la veille, et cela par la méchanceté d'un grand coquin de forçat, qui était aux galères pour vol. Ce misérable vint dans le banc, où j'étais enchaîné avec six autres, et en m'injuriant de toute manière, me demanda de quoi boire à ma bienvenue. Je n'avais par bonheur rien répondu à toutes les injures qu'il m'avait dites, mais à sa demande, je lui répondis que je ne donnais de bienvenue qu'à ceux qui ne me la demandaient pas. En effet, j'avais payé cinq ou six bouteilles de vin à ceux de mon banc, qui ne me l'avaient pas demandé. Ce malheureux, qui se nommait Poulet, s'en fut dire au sous-comite [a] de la galère, que j'avais prononcé des blasphèmes exécrables contre la Vierge et tous les saints du paradis. Ce sous-comite, qui était un barbare brutal, comme sont tous ceux de sa sorte, ajouta foi au rapport de Poulet, et s'en vint à mon banc me dire de commencer à me dépouiller pour recevoir la bastonnade. On peut juger de mon émotion. Je ne savais pas que Poulet lui eût parlé. D'ailleurs je n'avais rien dit ni fait, qui me pût attirer ce châtiment. Je demandai à mes compagnons de banc pourquoi on me voulait ainsi traiter et si c'était la coutume de faire passer les nouveaux venus par cette épreuve. Eux, aussi surpris que moi, me dirent qu'ils n'y comprenaient rien. Cependant le sous-comite s'en alla sur le quai pour faire son rapport au Major des galères, qui y était, et en la présence duquel cette exécution de la bastonnade se fait toujours. Comme donc ce sous-comite était sur la planche de la galère qui aboutit au quai, il y rencontra le premier

---

a. *Comite, sous-comite* : officiers préposés pour faire travailler l'équipage d'une galère. (Éd.)

comite, à qui il dit qu'il allait parler au Major pour faire donner la bastonnade à un nouveau venu, qui était huguenot, et qui avait vomi des blasphèmes horribles contre l'Église catholique, la sainte Vierge et tous les saints. Le comite lui demanda s'il l'avait entendu. Il dit que non, mais que c'était sur le rapport de Poulet. « Bon témoignage ! » répondit le comite. Ce premier comite était passablement honnête homme, et fort grave pour un homme de sa profession. Il s'approcha de mon banc, et me demanda quelle raison j'avais eue de blasphémer ainsi contre la religion catholique. Je lui répondis que je ne l'avais jamais fait et que ma religion même le défendait. Là-dessus il fit appeler Poulet, auquel il demanda ce que j'avais fait et dit. Ce maraud eut l'impudence de répéter la même chose qu'il avait dite au sous-comite, qui était présent et que le premier comite avait fait rentrer avec lui. Celui-ci, ne voulant pas s'en rapporter à la déposition de Poulet, interrogea les six galériens de mon banc ; ensuite ceux du banc au-dessus, et celui au-dessous. Ces dix-huit ou vingt personnes lui déposèrent toutes la même chose, que je n'avais proféré aucune parole, ni en bien ni en mal, lorsque Poulet me disait les plus grosses injures ; et que tout ce que j'avais dit, était que je ne donnais pas la bienvenue à ceux qui me la demandaient. Ces informations faites, le premier comite rossa d'importance le scélérat de Poulet, et le fit mettre à double chaîne au banc criminel, et il tança fortement son sous-comite d'avoir été si prompt à décider sur le rapport de ce coquin. Je fus donc quitte pour la peur de la bastonnade, qui est un supplice affreux. Voici comment on pratique cette barbare exécution. On fait dépouiller tout nu, de la ceinture en haut, le malheureux qui doit la recevoir. On lui fait mettre le ventre sur le coursier de la galère, ses jambes pendantes dans son banc, et ses bras dans le banc à l'opposite. On lui fait tenir les jambes par deux forçats et les deux bras par deux autres, et le dos en haut tout à découvert et sans chemise ; et le comite est derrière lui, qui frappe avec une corde un robuste Turc pour l'animer à frapper de toutes ses forces avec une grosse corde sur le dos du pauvre patient. Ce Turc est aussi tout nu et sans chemise; et comme il sait qu'il n'y aurait pas de ménagement pour lui, s'il épargnait le moins du monde le pauvre misérable que l'on châtie avec tant de cruauté, il applique ses coups de toutes ses forces; de sorte que chaque coup de corde qu'il donne fait une contusion élevée d'un pouce. Rarement ceux qui sont condamnés à souffrir un pareil supplice, en peuvent-ils supporter dix à douze coups sans perdre la parole et le mouvement. Cela n'empêche pas que l'on ne continue à frapper sur ce pauvre corps, sans qu'il crie ni qu'il remue, jusqu'au nombre de coups auquel il est condamné par le Major. Vingt ou trente coups n'est que pour les peccadilles; mais j'ai vu qu'on en donnait cinquante ou quatre-vingts, et même cent; mais ceux-là n'en reviennent guère. Après donc que ce pauvre patient a reçu les coups ordonnés, le barbier ou *frater* de la galère vient lui frotter le dos tout déchiré avec du fort vinaigre et du sel, pour faire reprendre la sensibilité à ce pauvre corps, et pour empêcher que la gangrène ne s'y mette. Voilà ce que c'est que cette cruelle bastonnade des galères.

Je fus environ quinze jours sur la galère où l'on m'avait d'abord mis. Il faut savoir, qu'ainsi que tous les hommes ne sont pas également bons ou également mauvais, il y a des comites qui sont plus méchants et plus cruels les uns que les autres. A côté de la galère où j'étais, il y en avait une dont le comite était pire qu'un démon d'enfer. Il faisait faire la *bourrasque* ou nettoiement de sa galère tous les jours, au lieu que les autres ne la faisaient que tous les samedis. Les coups de corde pendant cette *bourrasque* tombent sur les galériens comme la grêle, et cet exercice dure deux ou trois heures. Je voyais ce cruel traitement, parce que la distance de l'une à l'autre galère n'était pas grande. Les forçats de mon banc me disaient sans cesse : « Priez Dieu qu'au partage qu'on doit bientôt faire de vous autres nouveaux venus sur les six galères, vous

La bastonnade à bord des galères.

ne tombiez pas sur la galère *la Palme*. » C'était celle de ce méchant comite. J'en tremblais de peur. Le partage d'environ soixante nouveaux venus que nous étions, pour les distribuer sur les six galères, arriva. On nous mena tous au parc de l'Arsenal, où on nous fit dépouiller absolument tout nus, pour nous visiter dans toutes les parties de nos corps. On nous tâtait partout, ni plus ni moins qu'un bœuf gras qu'on achète au marché. Cette visite achevée, on fit des classes des plus forts aux plus faibles. On fit ensuite six lots, aussi égaux qu'il se put, et les comites tirèrent au sort pour avoir chacun son lot. On m'avait mis à la première classe, et j'étais à la tête d'un lot. Le comite à qui j'étais échu nous dit de le suivre pour nous amener à sa galère. Curieux de savoir mon sort et ne sachant pas que cet homme fût un comite, je le priai de me dire sur quelle galère j'étais échu. « Sur *la Palme,* » me dit-il. Je fis une exclamation, déplorant mon malheur. « Pourquoi, me dit-il, êtes-vous plus malheureux que les autres ? — C'est, lui dis-je, Monsieur, que je tombe dans un enfer de galère et dont le comite est pire qu'un démon. » Je ne savais pas que je parlais à ce même comite. Il me regarda en fronçant les sourcils. « Si je connaissais, dit-il, ceux qui vous ont dit cela, et que je les eusse en mon pouvoir, je les en ferais bien repentir.) Je vis bien que j'avais trop parlé ; mais le mal était fait et sans remède. Cependant ce méchant comite voulut faire voir à mon égard qu'il n'était pas si démon qu'on l'accusait. Il mena son lot à sa galère, où étant, il commença à me faire voir un trait de sa bénignité pour moi. Car, comme j'étais jeune et vigoureux, l'argousin[a] me mit à la jambe un anneau de fer et une chaîne d'une grosseur et pesanteur extraordinaire. Le comite s'en aperçut, et d'un air rude et brutal dit à cet argousin, que s'il ne m'ôtait pas cette énorme chaîne, il s'en plaindrait au capitaine, et qu'il ne souffrirait pas qu'il gâtât ainsi le meilleur sujet de son lot pour la rame. L'argousin m'ôta sur-le-champ cette grosse chaîne et m'en mit une des plus légères qu'il eût, que le comite choisit lui-même. Il ordonna ensuite à l'argousin de m'aller enchaîner à son banc de lui comite. Il faut savoir que le comite mange et couche à un banc de la galère, sur une table qu'on dresse sur quatre petits piliers de fer avec des traverses ; et cette table est assez longue pour y prendre ses repas et pour servir à

---

a. Bas officier des bagnes, chargé de la garde des galériens ou forçats. (Éd.)

dresser son lit, entouré d'un pavillon de grosse toile de coton, si bien que les forçats dudit banc sont sous cette table qui s'ôte facilement lorsqu'il faut ramer ou faire quelque autre manœuvre. Les six forçats de ce banc forment le domestique du comite. Chacun a son emploi pour le servir ; et lorsque le comite mange ou est assis sur sa table (car c'est son appartement et sa résidence), tous les forçats dudit banc et des bancs à chaque côté, se tiennent toujours debout, la tête nue par respect. Tous les forçats de la galère ambitionnent extrêmement d'être au banc du comite et sous-comite, non seulement parce qu'ils mangent les restes de leurs tables, mais principalement à cause qu'il ne s'y donne jamais aucun coup de corde pendant qu'on rame ou fait d'autres manœuvres, et on nomme ces bancs *les bancs respectés,* et c'est un office que d'être d'un tel banc. J'eus donc cet office, qui ne dura pas longtemps, par ma propre faute, parce que, me sentant encore d'un reste de vanité mondaine, je ne pus gagner sur moi de faire le pied de grue comme les autres. Car lorsque le comite était à sa table, je me couchais ou lui tournais le dos, mon bonnet sur la tête, faisant semblant de regarder à la mer. Les forçats du banc me disaient souvent qu'il m'en prendrait mal, mais je les laissais dire et allais toujours mon train, me contentant d'être l'esclave du Roi, sans être encore celui du comite. Je courais cependant risque de tomber dans sa disgrâce, ce qui est le plus grand malheur qu'un forçat puisse avoir. Il ne m'arriva pas cependant ainsi, car ce comite, tout diable qu'on me l'avait fait, était très raisonnable. Il s'informa des forçats de son banc, si je mangeais avec eux les restes de sa table ; et ayant appris que je n'en avais jamais voulu goûter : « Il a, dit-il, encore les poulets dans le ventre ; laissez-le faire. »

Un soir, après qu'il se fut couché dans son pavillon, il me fit appeler auprès de son lit, et, me parlant doucement pour que les autres ne l'entendissent pas, il me dit qu'il voyait bien que je n'avais pas été élevé dans la crapule, et que je ne pouvais m'assujettir à ramper comme les autres, qu'il ne m'en estimait pas moins, mais que pour l'exemple il me ferait mettre dans un autre banc, et que je pouvais compter que dans le travail et la fatigue de la galère je ne recevrais jamais un coup de lui ni de ses sous-comites. Je le remerciai de sa bonté de mon mieux, et je puis dire qu'il tint sa parole, ce qui est beaucoup, car lorsque nous naviguions ou dans d'autres manœuvres, il n'aurait pas connu son propre père et l'aurait rossé comme un autre. En un mot, c'était le plus cruel homme dans sa fonction que j'aie jamais vu, mais en même temps et hors de là très raisonnable, et qui pensait toujours fort judicieusement. Nous étions cinq réformés sur sa galère, qu'il considérait tous également, et aucun des cinq n'a jamais reçu le moindre mauvais traitement de sa part. Au contraire, lorsque l'occasion s'en présentait, il nous rendait service. Je l'ai expérimenté, comme je le dirai dans son temps. En attendant j'en dois rapporter un exemple qui arriva à l'égard d'un de nos frères réformés, l'été de ma première année de galères ; le voici :

Le capitaine de notre galère, nommé le Chevalier de Langeron Maulevrier, avait tous les sentiments jésuites. Il nous haïssait souverainement, et il ne manquait pas, lorsque nous étions à ramer, le corps tout nu, sans chemise, comme c'était l'ordinaire, d'appeler le comite et de lui dire : « Va rafraîchir le dos des huguenots d'une salade de coups de corde. » Mais toujours quelque autre que nous les recevait. Ce capitaine était fort magnifique et faisait grosse dépense pour sa table ; car cinq cents livres que le roi donne par mois à chaque capitaine de galère pour leur table, ne lui suffisaient pas pour la moitié de la dépense de la sienne. Les capitaines ont ordinairement à leur office ou chambre de provision, qui est pratiquée dans le fond de cale de la galère, un mousse ou gardien de cette chambre. C'est ordinairement un forçat qui a cet office. C'est un emploi fort favorable pour celui qui peut l'avoir, car on est alors exempt de la rame et de toute autre fatigue, et l'on fait bonne chère de la cuisine du capitaine. Or, il arriva que le mousse d'office de M. de Langeron lui friponna cinquante ou soixante livres de café, que le maître d'hôtel trouva qui manquaient à l'office. Il le déclara au capitaine qui, sans autre forme de procès, ordonna sur-le-champ qu'on donnât cinquante coups de bastonnade à ce pauvre fripon de mousse et qu'on le mît au banc criminel, ce qui fut exécuté fort ponctuellement, après quoi le capitaine ordonna au comite de lui chercher un mousse fidèle parmi les forçats de la galère. Le comite se récria sur ce mot de *fidèle*, disant qu'il lui était impossible de l'assurer de la fidélité d'aucun de ces malfaiteurs, mais qu'il savait un galérien déjà âgé et peu capable de la rame, de la fidélité duquel il pouvait lui répondre ; « mais, ajouta-t-il, je sais que vous ne le voudrez pas. Pourquoi non, dit le capitaine, s'il est tel que tu le dis ? — C'est, dit le comite, qu'il est huguenot. » Le capitaine, fronçant les sourcils, lui dit : « N'en as-tu pas d'autre à me proposer ? — Non, dit le comite, du moins dont je puisse vous répondre. — Eh bien, dit le capitaine, je l'éprouverai : fais-le venir en ma présence. » Ce qui fut fait. C'était un nommé Bancilhon, vénérable vieillard, respectable par sa candeur et sa probité qui était empreinte sur sa physionomie. Le capitaine lui demanda s'il voulait bien le servir pour son mousse d'office. L'air et la prudence avec laquelle il lui répondit, charmèrent le capitaine, qui le fit d'abord installer par son maître d'hôtel dans la chambre d'office. Le capitaine fut bientôt si content de son mousse, qu'il n'aimait personne autant que lui, jusque-là qu'il lui confiait la bourse de sa dépense ; et lorsque l'argent était fini, Bancilhon lui portait le mémoire de la dépense faite par le proviseur et le maître d'hôtel, lesquels lui rendaient compte ; et le capitaine avait pris une telle confiance en lui, qu'il déchirait ses mémoires en sa présence sans les lire, et les jetait à la mer. Cette grande confiance du capitaine à l'égard de Bancilhon, et l'économie qu'exerçait celui-ci au profit de son maître, lui firent bientôt des jaloux et des ennemis mortels. Le capitaine avait deux maîtres d'hôtel, un proviseur et un chef de cuisine, qui mangeaient à la seconde table. Ces messieurs voulaient souvent se régaler de vin de Champagne et d'autres délicatesses confiées à la garde de Bancilhon, lequel les leur refusait souvent, lui étant défendu d'y toucher que pour la table du capitaine. Sur cela ces messieurs conçurent une telle haine contre lui qu'ils résolurent de le perdre. Pour cela ils projetèrent un jour que lorsque le capitaine donnerait à manger, et qu'il y aurait presse à l'office, ils détourneraient quelque pièce d'argenterie (dont le capitaine était bien pourvu), pour faire accuser Bancilhon de ce vol. La chose conclue entre eux quatre, l'un des maîtres d'hôtel, soit par bienveillance pour Bancilhon ou pour débusquer son camarade, fut en secret communiquer ce complot audit Bancilhon, lui disant qu'il leur soutiendrait la chose, si besoin en était. Bancilhon, informé de la haine de ces messieurs contre lui, résolut de n'attendre pas l'orage, qui tôt ou tard le perdrait, et conclut de retourner plutôt ramer toute sa vie dans un banc que de rester ainsi exposé. Dans cette pensée, ses comptes à la main, il fut trouver un matin le capitaine à son lit et le pria instamment de le décharger du fardeau de garder sa chambre d'office, protestant que son âge, qui affaiblissait sa mémoire et sa vue, ne lui permettait plus de profiter de ses bontés. Le capitaine, fort surpris, lui dit qu'il fallait qu'il y eût quelque autre raison qui le portât à lui faire cette demande, et qu'il voulait la savoir sur l'heure, sous peine de son indignation. Bancilhon, ne pouvant plus s'en défendre, lui avoua le fait et lui dit que Moria, le second maître d'hôtel, lui avait découvert le complot. « Qu'on m'appelle ces messieurs, dit le capitaine, tout à l'heure. » Ce qui étant fait, il les menaça de les faire jeter à la mer sur-le-champ s'ils n'avouaient pas la vérité. Ils l'avouèrent en effet, en demandant mille fois pardon. « Eh bien, messieurs, dit-il, je ne vous veux faire d'autre punition que celle de vous déclarer que, dès ce moment, s'il se perd quoi que ce soit de ce que Bancilhon a en garde, vous en serez responsables tous trois. Ils voulurent se récrier, disant que sur ce pied-là Bancilhon pouvait les perdre à tout moment. « Il est honnête homme, leur dit le capitaine, et vous êtes des coquins qui mériteriez que je vous fisse raser et mettre à la chaîne. » Ces messieurs se retirèrent tout confus, et ils ne tentèrent jamais depuis de faire pièce à Bancilhon, qui demeura le domestique favori de M. de Langeron, dont l'amitié lui rejaillit sur nous, les autres quatre réformés qui étions sur la galère.

Cette même année 1702, au mois de juillet, nous allâmes avec nos six galères dans le port d'Ostende. De là nous faisions des courses, lorsque la mer était calme, le long des côtes de Blankenbourg et de l'Écluse en Flandre. Ensuite nous revenions vers Nieupoort, et jusqu'à l'entrée de la Manche.

Un jour nous aperçûmes à la hauteur de Nieupoort, à quatre ou cinq lieues au large, une escadre de douze navires de guerre hollandais, qui étaient arrêtés par un calme tout plat. Nous allâmes les reconnaître, et voyant qu'un de leurs navires était éloigné des autres d'environ une lieue, nous allâmes les six galères de front pour le canonner. Le capitaine de ce navire était assurément un grand ignorant ; car quand il vit que nous allions à lui, comme les galères sont fort basses de bord, et qu'elles ne paraissent pas d'un peu loin être fort grosses, ce capitaine disait par bravade à son équipage : « Préparons nos palans pour embarquer ces six chaloupes sur mon bord. » Son maître chirurgien, qui était un Français réfugié, nommé Labadoux, qui connaissait mieux la force des galères que lui, se tuait de lui dire qu'il ne s'y fiât pas ; que s'il laissait approcher les galères de son bord, elles l'enlèveraient par la grande quantité de monde qu'elles avaient. Mais, malgré cet avis, le capitaine ne fit aucun devoir, ni de se défendre par son artillerie, ni de s'approcher de l'escadre, ce qu'il aurait pu faire en se faisant remorquer par ses chaloupes ; et pour lors nous aurions été entre deux feux, et contraints de lâcher prise. Enfin nous approchâmes de son bord à force de rames, en faisant la *chamade*, qui est une huée que les galériens font pour épouvanter l'ennemi. En effet, c'est une chose épouvantable de voir sur chaque galère trois cents hommes, nus comme la main, qui heurtent tous à la fois, et secouent leurs chaînes, dont le bruit se confond avec leurs hurlements, et fait frémir ceux qui n'ont jamais été à pareille fête. Aussi l'équipage de ce navire en prit tellement l'épouvante, qu'ils se jetèrent tous à corps perdu dans le fond de cale, en criant quartier : si bien que les soldats et les matelots des galères n'eurent aucune peine à monter à l'abordage et à se saisir du navire, qui avait cinquante-quatre pièces de canons, et était percé pour soixante. A la vérité, son équipage était trop faible pour résister, n'étant composé que de cent quatre-vingts hommes en tout. Ce navire se nommait *la Licorne de Rotterdam*. Nous le remorquâmes promptement à la vue des onze autres navires de l'escadre, qui ne pouvaient nous suivre faute de vent ; et nous l'amenâmes dans le port d'Ostende. Pendant tout le reste de la campagne, nous ne fîmes plus aucune expédition, et nous allâmes hiverner dans le port de Dunkerque.

L'année 1703 se passa aussi sans que nous fissions rien que d'aller alarmer à coups de canon les côtes d'Angleterre dans la Manche, et cela lorsque le temps le permettait, car il faut du calme pour les galères ; et tous les hivers nous allions désarmer à Dunkerque.

En l'année 1704, nous fûmes dans le port d'Ostende pour y observer une escadre hollandaise, qui croisait à la hauteur de ce port ; et lorsqu'il faisait calme, nous allions harceler leurs navires à grands coups de canon hors de la portée de leur artillerie, qui ne portait pas à beaucoup près aussi loin que celle des galères ; lesdits navires ne pouvant se remuer à cause du calme, que nous choisissions toujours pour ces sortes d'expéditions, et d'abord qu'il s'élevait un peu de vent, nous nous retirions dans Ostende. Un jour que le vice-amiral Almonde croisait avec cinq vaisseaux de guerre hollandais à la hauteur de Blankenbourg, il fit rencontre d'un pêcheur de cette côte, auquel il donna quelques ducats, afin qu'il allât avec sa barque dans le port d'Ostende, pour avertir le commandant des galères, qu'il avait fait rencontre de cinq gros navires hollandais, revenant des Indes-Orientales, si pesamment chargés, et leurs équipages si malades, qu'ils ne pouvaient faire la manœuvre pour gagner quelque port de Hollande. Ce pêcheur, suivant ses instructions, vint dans le port d'Ostende faire son rapport à notre commandant, l'accompagnant de plusieurs circonstances qui paraissaient plausibles. Il disait, entre autres choses, qu'il avait été à bord de ces navires, et y avait fait un bon négoce, leur ayant vendu tout son poisson. On croit facilement ce qu'on souhaite. Notre commandant donna dans le panneau, et à la marée montante, sur les dix heures du soir, nos six galères mirent en mer, pour aller chercher ce riche butin. Il faisait un petit vent d'est assez frais. Nous voguâmes toute la nuit, et le matin à la pointe du jour, nous vîmes nos cinq prétendus vaisseaux indiens, qui d'abord qu'ils nous aperçurent, firent mine de forcer de voile, et se mirent tous cinq à la file les uns des autres, de sorte que nous ne pouvions bien voir que celui qui faisait l'arrière-garde, et qui était l'amiral. Ces navires étaient si bien masqués, leurs ornements de poupe couverts, les sabords de leurs canons fermés, leurs voiles de hune amenées; enfin ils étaient si bien déguisés en navires marchands qui viennent d'un voyage de long cours, qu'ils nous donnèrent le change, et nous les primes effectivement pour cinq navires qui venaient des Indes. Tous nos officiers, matelots et soldats, ne se sentaient pas de joie dans la ferme espérance de s'enrichir de ce gros butin. Cependant nous avancions toujours, et approchions à vue d'œil de cette flotte, qui ne forçait ses voiles que pour nous mieux faire croire qu'ils avaient peur, et pour nous attirer plus en assurance à leur portée, dans le dessein de nous bien recevoir; car quoiqu'ils forçassent de voiles, ils trouvaient le moyen de ne pas avancer à l'aide d'un gros câble en double, qu'ils laissaient traîner à la mer au derrière de leurs vaisseaux. Nos six galères voguèrent donc de toute leur force, en front de bataille, et avec une grande confiance que c'étaient des Indiens si pesants et si sales dans leur carène qu'ils ne pouvaient pas avancer. Étant à la portée du canon, nous fîmes une décharge de notre artillerie sur eux. Le vaisseau qui faisait l'arrière-garde, nous répondit par un coup d'un petit canon de dessus son château de derrière, qui ne portait pas à mi-chemin de nous; ce qui nous encourageait de plus en plus. Nous avancions toujours, en faisant un feu horrible de notre artillerie, qu'ils souffrirent constamment. Enfin, nous nous trouvâmes si près de leur navire d'arrière-garde, que nous commencions déjà à nous préparer pour l'abordage, la hache d'armes et le sabre à la main, lorsque tout à coup leur amiral fit un signal. Incontinent après, leur avant-garde vira de bord sur nous, et les autres de même, si bien que dans un moment nous fûmes environnés de ces cinq gros navires qui, ayant eu tout le temps de préparer leur artillerie, ouvrirent leurs sabords, et firent sur nous un feu épouvantable, qui abattit la plupart de nos mâtures et agrès, avec grande tuerie de nos équipages. Pour lors nous nous aperçûmes que ces prétendus Indiens n'étaient rien moins que de bons et formidables navires de guerre, qui nous avaient donné le change par leur stratagème, pour nous attirer au delà du banc de sable qui règne à deux ou trois lieues de cette côte, et que les gros navires, comme calant trop profond, ne sauraient passer, pendant que les galères, comme ayant moins de calage, y passent facilement. Enfin, nous voyant tout à coup si maltraités, et craignant pis, notre commandant fit le signal de sauve qui peut vers le banc, que les ennemis ne pouvaient nous empêcher de gagner. Mais ils nous y escortèrent en se rangeant en bataille, avec un feu si terrible sur nous, que nous courûmes le plus grand péril du monde d'être tous coulés à fond. Enfin la proximité du banc de sable nous sauva. Nous regagnâmes Ostende à force de rames, tout délabrés, ayant eu plus de deux cent cinquante hommes tués dans ce combat et un grand nombre de blessés. Arrivés à Ostende, le premier soin fut de chercher le pêcheur qui nous avait si bien trompés. Si on l'eût trouvé, on l'aurait pendu dans le moment; mais il n'avait pas été si sot que de nous attendre. Notre commandant ne fut pas fort loué de la cour ; et tout le monde fut bientôt instruit de sa crédulité, mais surtout de son imprudence à risquer de faire perdre au roi ses six galères avec trois mille âmes, car les galères ont cinq cents hommes chacune. Je dis de son imprudence, car lorsque nous étions à la vue des ennemis, et que, tenant conseil de guerre avec les autres cinq capitaines, il fit prévaloir son opinion, et conclut que c'étaient des Indiens, l'un des capitaines, nommé M. de Fontête, opina fortement que ce pourrait bien être une tromperie, et qu'il croyait qu'il serait bon de s'en assurer, en envoyant notre brigantin (petit vaisseau léger qui nous suivait) pour reconnaître cette flotte. Mais le commandant lui disant que c'était la peur des coups qui le faisait ainsi opiner, M. de Fontête répliqua sans plus hésiter : « Allons, Messieurs, aux ennemis ; on verra si j'ai peur. » Paroles qui nous coûtèrent beaucoup de sang, du moins à la galère du commandant, car, ayant fait le signal de *sauve qui peut,* comme je l'ai déjà dit, M. de Fontête, piqué du reproche que le commandant lui avait fait au conseil de guerre, s'obstina à ne pas se retirer du combat, agissant comme s'il n'avait pas vu le signal de retraite ; et les cinq galères s'étant retirées pardessus le banc, le commandant, voyant cette galère en danger d'être coulée à fond, s'écria : « Fontête veut-il me défier d'être aussi brave que lui ? Allons, dit-il à son comite, fais voguer avant tout aux ennemis. » Le comite, qui sentait apparemment sa mort, se mit à genoux devant lui, le suppliant de n'y point aller ; mais le commandant, le pistolet à la main, l'ayant menacé de lui casser la tête s'il ne faisait exécuter ses ordres sur-le-champ, ce pauvre comite obéit, et fit faire avant tout, pour aller porter l'ordre à M. de Fontête de se retirer. Le commandant vint donc se mettre encore une fois au milieu du feu des ennemis, et le premier boulet qui donna sur cette galère emporta la tête du pauvre comite. Le commandant étant à portée de se faire entendre de M. de Fontête, lui cria de se retirer ; ce qu'il fit aussitôt, et à la faveur du banc de sable, échappa, ainsi que la commandante, à la poursuite des Hollandais.

Pendant le reste de cette campagne, nous n'eûmes plus d'envie de recommencer de nouvelles expéditions ; celle des cinq navires prétendus indiens nous avait tellement abattu le courage, et nous craignions si fort le vice-amiral Almonde, que nous nous imaginions qu'il était partout avec ses feintes et ses stratagèmes de guerre : c'est ce que prouvera le trait suivant.

J'ai déjà dit qu'en l'année 1702 nous avions pris un navire de guerre hollandais, nommé *la Licorne de Rotterdam*. J'ai parlé aussi d'un nommé Labadoux, Français réfugié, qui était maître chirurgien de ce navire. Ce vaisseau ayant été amené à Ostende, on mit son équipage dans les prisons de cette ville. Labadoux, pour éviter d'aller aux galères, comme réfugié, prit parti en qualité de soldat sur la galère du commandant, mais peu après il déserta pour retourner en Hollande. Il fut pris et ramené sur la galère, où on le mit à la chaîne pour lui faire son procès. Le conseil de guerre l'interrogea pour savoir où il avait dessein d'aller. « En Hollande, dit-il, pour porter les armes contre la France. » Le commandant, surpris de cette réponse, lui dit : « Si tu avais répondu que tu désertais sur terre de France, tu en aurais été quitte pour être condamné à être forçat ; mais tu te mets toi-même la corde au cou. — Oui, Monsieur, répondit-il, je déclare ici au conseil, comme c'est la vérité, que j'ai mérité, suivant les ordres du Roi et les règles de la guerre, d'être pendu, et si vous jugez autrement, vous commettrez injustice. » Le commandant, voyant que c'était la crainte du supplice des galères, qui lui faisait préférer la mort, lui dit : « Et moi, pour te punir plus rigoureusement, je te fais grâce de la mort que tu désires, et tu seras condamné aux galères. » Effectivement il y fut condamné et n'y resta qu'un peu plus d'un an, que le vice-amiral Almonde l'en fit sortir de la manière que je vais dire. L'amiral Almonde connaissait et considérait Labadoux, qui avait été chirurgien sur son bord. Labadoux trouva le moyen de lui écrire une lettre, par laquelle il lui représentait, qu'ayant été pris par les Français sur *la Licorne,* on l'avait contraint de s'engager pour soldat de galère, par la menace qu'on lui faisait de l'y faire servir comme forçat, et qu'ayant déserté pour retourner en Hollande, sa légitime patrie, il avait été arrêté et condamné aux galères perpétuelles, laquelle peine il souffrait actuellement, dans l'espérance que la faveur et les bontés de M. l'amiral, dont il implorait le secours, lui procureraient sa délivrance. Nous étions dans Ostende, après la belle expédition dont j'ai parlé ci-dessus, lorsqu'un soir une chaloupe, portant un exprès, y arriva. Cet exprès remit une lettre de l'amiral Almonde au commandant des galères, pour le prier de relâcher Labadoux, vu l'injustice qu'on lui avait faite de le contraindre, étant prisonnier de guerre, à prendre parti en France. L'amiral concluait que, si Labadoux n'était pas délivré incessamment, on l'obligerait à prendre d'autres mesures, qui pourraient n'être pas agréables, par où peut-être il entendait qu'il viendrait brûler les galères dans le port d'Ostende, ce qui était assez facile et que nous craignions beaucoup dans ce temps-là. Cette lettre fit son effet. Jamais jusqu'alors on n'avait vu délivrer un forçat ou un esclave turc des galères, que par lettre de cachet du Roi. Cependant le commandant des galères, soit par appréhension des menaces de l'amiral Almonde, soit qu'il fut bien aise de trouver occasion de l'obliger, mit le même jour Labadoux en liberté de cette manière : il le fit appeler dans la chambre de poupe, et tête à tête il lui dit, que, pour faire plaisir à l'amiral Almonde, il lui allait procurer sa liberté; mais qu'il fallait que cela se fît comme s'il s'était sauvé, et que lui, commandant, lui faciliterait la chose le soir de ce même jour sur la brune, en ordonnant à l'argousin d'oublier de l'enchaîner dans son banc; que lui, Labadoux, se tiendrait au dehors de la galère, assis sur la rame de son banc, et que la chaloupe de la galère l'y viendrait prendre et le porterait à terre du côté qui mène à l'Écluse en Flandre; ce qui s'exécuta de point en point. Labadoux, de qui j'étais bon ami, après cette conversation avec le commandant, demanda permission de venir sur la galère *la Palme*. Il y vint, et, m'embrassant, prit congé de moi, me racontant de quelle manière il allait être délivré ce même soir. Après donc que la chaloupe l'eut mis à terre, l'argousin, faisant la visite pour voir si tout était bien enchaîné, trouva, comme il le savait bien, que Labadoux s'était sauvé. Il en fut avertir le commandant, qui fulminait en présence de l'équipage et de ses officiers contre la négligence de l'argousin, qu'il fit mettre à la chaîne pour vingt-quatre heures seulement, et envoya divers détachements du côté opposé à celui où Labadoux avait débarqué, pour courir après lui. Le lendemain il n'en fut plus question. On peut connaître par là l'impression que fit la prière ou plutôt la menace de l'amiral Almonde, sur le commandant des six galères.

Ce fut pendant la campagne suivante que les alliés firent le siège d'Ostende. Nos six galères étaient armées dans le port de Dunkerque, et M. le chevalier de Langeron, mon capitaine, en fut fait chef d'escadre ; son prédécesseur, le chevalier de la Pailleterie, étant allé prendre possession de la dignité de grand-baillif de Malte, pour laquelle cette religion l'avait choisi. Notre nouveau commandant reçut un soir un paquet de la cour, avec ordre d'aller au plus tôt avec ses six galères à Ostende, pour en fortifier la garnison, cette ville étant menacée d'un siège. Nous partîmes sur-le-champ pour y aller, et ayant vogué toute la nuit, le matin nous nous trouvâmes devant Nieupoort, à trois lieues d'Ostende. Nous aperçûmes sur la côte quantité de monde avec des charrettes et des chevaux chargés, qui se sauvaient d'Ostende. Nous envoyâmes la chaloupe à la côte pour prendre langue de ces gens-là, qui rapportèrent que l'armée des alliés était à la vue d'Ostende, et que cette place serait certainement investie ce jour-là. Peu après nous vîmes une armée navale extrêmement nombreuse, qui venait par notre nord, et forçait de voile pour nous couper la passe du banc de sable qui est entre Ostende et Nieupoort, par où elle devait entrer dans la rade d'Ostende. Nous avions plus d'une heure d'avance, et nous pouvions facilement entrer dans Ostende, avant que la flotte y fut arrivée. Mais notre commandant, considérant le péril extrême où nous serions dans ce port, qui n'est à couvert de l'armée de terre que d'un côté, joint à ce qu'il était facile à l'armée de mer de nous envoyer des brûlots, qui auraient pu nous être funestes, et que d'ailleurs les alliés, prenant la ville, prendraient aussi les galères, ce qui chagrinerait extrêmement le Roi ; tout considéré et ayant tenu conseil de guerre, il fut résolu de s'en retourner à Dunkerque, ce que nous fîmes au plus vite et à force de rames. Le chevalier de Langeron fut loué et récompensé de la cour, parce qu'il n'avait pas exécuté ses ordres, Ostende étant assiégé par mer et par terre et ayant été obligé de se rendre au bout de trois jours, non faute de garnison, mais pour en avoir trop, car le Comte de la Motte, qui était près de là avec un camp volant de vingt-deux bataillons et quelques escadrons, se jeta avec toute sa troupe dans cette ville, ce qui fut une grande bévue, car les alliés, n'ayant attaqué cette place que par le feu de bombes, boulets rouges et carcasses, et tant de monde, les uns sur les autres, dans cette petite ville, ne pouvant s'y remuer, ni se mettre à couvert de ces machines infernales, qui leur pleuvaient sur le corps, ils furent obligés de se rendre, à condition qu'ils sortiraient le bâton à la main et qu'ils ne serviraient d'un an. Pendant les trois jours qu'on bombardait cette ville, nous allions la nuit, sans feu ni lumière, nous fourrer avec nos six galères parmi la flotte des alliés, pour tâcher d'enlever quelque navire de transport ou galiote à bombe, mais il n'y eut pas moyen d'y réussir. Nous n'eûmes que le plaisir de voir le plus beau feu qu'on ait jamais vu. Il ne nous restait plus de retraite que le port de Dunkerque ; aussi y passâmes-nous tout l'été, n'osant en sortir que par un temps calme, ou avec le vent d'est, nord ou nord-est ; car si le vent d'ouest ou sud-ouest nous eût pris en mer, nous n'eussions su où courir, si nous avions été sous le vent de Dunkerque, ce qui nos procura un peu de repos, ne faisant rien dans ce port qui nous fatiguât beaucoup. Nous désarmions toujours au mois d'octobre, pour hiverner, et au mois d'avril nous armions pour entrer en campagne.

L'année suivante 1707, nous eûmes beaucoup de fatigues à essuyer, à cause que le vent d'est régna beaucoup; car pour lors nous allions patrouiller toute la Manche. Nous y primes un petit *capre*[a] anglais, et en brûlâmes un d'Ostende à la côte d'Angleterre. Nous fûmes un jour dans un très grand péril de périr avec deux galères. Étant dans le port de Dunkerque par le plus beau temps du monde, sans qu'il parût aucun nuage, M. de Langeron, qui était impatient d'aller visiter la côte d'Angleterre, appela tous ses pilotes hauturiers[b] et ceux des côtes, pour leur demander leurs avis sur le temps, et s'il y avait apparence qu'il changeât bientôt. Ils furent tous d'accord que le temps était constant, et que le vent de nord-est nous promettait un temps certain. J'ai déjà dit que nous prenions toujours de grandes précautions pour mettre en mer, depuis qu'Ostende était aux alliés : car si une tempête du vent d'ouest ou sud-ouest nous eût surpris en mer, et que nous eussions manqué le port de Dunkerque, nous aurions été contraints de courir au nord, ou de nous échouer sur la côte de quelque province appartenant aux alliés; car les galères ne peuvent pas tenir la mer dans un gros temps. Je reviens au conseil de nos pilotes, qui assuraient tous la durée du beau temps. Nous avions à bord de notre galère (qui était la commandante, depuis que M. de Langeron, notre capitaine, était devenu chef d'escadre), nous avions, dis-je, un pilote côtier, qui était un pêcheur de Dunkerque, nommé Pieter Bart. Il était propre frère du fameux Jean Bart, Amiral du Nord; mais ce Pieter Bart n'était qu'un pauvre pêcheur, s'étant toujours adonné à la crapule et à l'ivrognerie du genièvre, qu'il buvait comme

---

a. Sorte de vaisseau corsaire. (Éd.)
b. Ancien terme de marine; se disait d'un pilote qui savait se conduire en pleine mer, par l'observation des astres. (Éd.)

de l'eau. Mais d'ailleurs habile connaisseur des côtes, et grand observateur du temps; car je n'ai jamais vu qu'il se soit trompé à pronostiquer quel vent et quel temps nous aurions deux ou trois jours à l'avance. Ce pilote cependant, tel que je le dépeins, ne trouvait pas beaucoup de croyance chez les autres pilotes, ni auprès du commandant, parce qu'il était presque toujours ivre. On l'appela cependant à ce conseil pour dire son avis. Il parlait un très mauvais français, et disait toujours toi à tout le monde. Il dit donc son sentiment, tout opposé à ceux des autres pilotes. « Tu veux aller en mer ? dit-il à notre commandant. Je te promets demain matin un bon bouillon. » Voilà comment il s'exprimait, parlant de la mer agitée. On se moqua de son avis; et quelque instance qu'il fît pour qu'on le mît à terre, le commandant n'y voulut jamais consentir. Enfin nous mîmes en mer, notre galère et celle de M. de Fontête, avec un temps si beau et si calme, qu'on aurait tenu une bougie allumée au bout du mât. Nous fûmes aux côtes de Douvres et de Blanquai, faire ronfler notre artillerie dans le sable des dunes, une bonne partie de la nuit; après quoi nous revînmes sur les côtes de France à la rade d'Ambleteuse, village situé entre Calais et Boulogne. Il y avait dans cet endroit une anse entre deux montagnes, qui mettait à l'abri du vent d'est et nord-ouest, les navires qui y ancraient. Je ne sais par quelle fantaisie notre commandant voulut aller mouiller l'ancre dans cette anse. M. de Fontête fut plus sage; il resta dans la grande rade. D'abord que Pieter Bart vit la manœuvre que nous faisions pour aller mouiller dans cette anse, il cria comme un perdu de s'en bien garder. On lui en demanda la raison. Il assura, qu'au soleil levé, nous aurions la plus grande tempête du vent de sud-ouest, que de vie d'homme on eût vue; et que l'entrée de cette anse étant exposée à ce vent, nous ne pourrions en sortir, ni éviter de tomber sur les roches sous eau, dont cette anse était remplie, et où la galère se briserait, et qu'il ne s'en sauverait pas un chat. On se moqua de lui et de son avis, et nous entrâmes dans cette fatale anse un peu avant jour. Nous y jetâmes deux ancres, et chacun songea à prendre un peu de repos. Cependant Pieter Bart pleurait et soupirait, se disant à l'approche d'une mort inévitable. Enfin le jour parut ; le vent se mit au sud-ouest, mais si faible qu'on n'y prenait pas garde. Mais à mesure que le soleil se levait, il se renforçait ; ce qui réveilla l'attention sur le pronostic de Pieter Bart. On se mit en état de sortir de l'anse ; mais une tempête des plus furieuses s'éleva si subitement, qu'au lieu de lever nos ancres, il fallut en jeter deux autres pour nous soutenir contre la violence du vent et des vagues, qui nous jetaient sur des écueils, que la baisse des vagues nous faisait apercevoir à chaque instant près du derrière de la galère : et ce qu'il y avait de plus fâcheux, c'était que l'ancrage de cette anse ne valait rien, et que les quatre ancres, que nous avions mouillées à la proue de la galère, labouraient et ne pouvaient tenir fond, et nous acculions à vue d'œil sur les rochers. Le commandant et tous nos pilotes, voyant que nos ancres ne pouvaient tenir, trouvèrent à propos de faire ramer sur les ancres pour les soulager ; mais aussitôt qu'on trempait les rames à la mer pour ramer, les épouvantables vagues les emportaient bien loin de là. Alors tout le monde connut le naufrage inévitable ; chacun pleurait, gémissait et faisait sa prière. L'aumônier exposa le saint sacrement, donna la bénédiction et l'absolution à ceux qui se sentaient une véritable contrition, n'y ayant ni le temps ni l'occasion d'aller à confesse. Ce qu'il y avait de singulier dans une si grande désolation, c'était d'entendre ces malheureux forçats condamnés pour leurs crimes, crier hautement au commandant et aux officiers : « Allez, Messieurs, nous allons être bientôt tous égaux : car nous ne tarderons pas à boire dans un même verre. » Jugez de la contrition et de la repentance qu'ils avaient de leurs crimes. Enfin dans cette horrible extrémité, où tout le monde n'attendait qu'une mort visible et prochaine, le commandant vit Pieter Bart qui s'affligeait et se lamentait. « Mon cher Pieter, lui dit-il, si je t'avais cru, nous ne serions pas dans cette grande angoisse. N'as-tu pas quelque expédient pour nous sauver de cet inévitable péril ? — Que sert, lui répondit Pieter, que je conseille ou que j'agisse, si je ne suis pas écouté ! Oui, dit-il, j'ai un moyen avec la grâce de Dieu pour sortir de ce mauvais pas ; mais je te déclare, continua-t-il, dans son méchant français, que si ma vie n'y était pas intéressée, je vous laisserais tous noyer comme des cochons, que vous êtes. » Cette impertinence lui fut facilement pardonnée en faveur de sa rusticité naïve, et de l'espérance qu'on avait qu'il nous sauverait la vie. « Mais, ajouta-t-il, je ne prétends pas être contrarié dans ma manœuvre, qui vous paraîtra d'abord ridicule ; il faut qu'on obéisse à mon commandement, sans quoi nous périrons tous. » Le commandant fit aussitôt battre un ban par le tambour, avec ordre sous peine de la vie, d'obéir à Pieter Bart en tout ce qu'il ordonnerait ; après quoi Pieter demanda au commandant s'il avait une bourse d'or. « Oui, dit le commandant, la voilà ; disposes en comme de la tienne ; » et lui donna sa bourse. Pieter, après en avoir tiré quatre louis d'or, la lui rendit. Ensuite il demanda aux matelots de la galère s'il y en avait quatre parmi eux bien résolus à faire ce qu'il leur ordonnerait, et que chacun aurait un louis d'or pour boire. Il s'en présenta plus de vingt. Il en choisit quatre des plus déterminés, qu'il fit mettre dans la grosse chaloupe, nommée la caïque, qu'on tient toujours embarquée sur la galère, lorsqu'on navigue. Il leur fit mettre une ancre, que nous avions encore sur la galère, dans cette chaloupe ; mais le câble restait sur la galère pour le laisser filer à mesure qu'ils s'éloigneraient : ce qui étant fait, il fit descendre la chaloupe à la mer, par les palans à poulies, avec ces quatre hommes et l'ancre, et leur ordonna d'aller porter cette ancre sur le derrière de la galère contre le rocher, sur lequel nous acculions, et de la jeter là. A cet ordre, tout le monde levait les épaules, ne pouvant concevoir ce que cette ancre pouvait faire sur le derrière de la galère ; puisque c'était sur son devant qu'il fallait la le tenir. Le commandant même ne put s'empêcher de lui demander à quoi servirait cette ancre. Pieter lui répondit : « Tu le verras, s'il plaît à Dieu. » Ces quatre matelots réussirent, quoiqu'avec grande peine et péril d'être submergés, et portèrent l'ancre contre le rocher. Alors Pieter, frappant dans la main du commandant, lui dit : « Nous sommes sauvés, grâce à Dieu. » Mais on ne comprenait rien encore à sa manœuvre. Ensuite Pieter fit descendre l'antenne[a] en bas, y fit attacher la grande voile ; et pliant cette voile en rouleau, l'attacha avec des joncs marins, afin qu'en tirant l'écoute de la voile, ces joncs cassant, la voile se trouvât tendue. Il fait ensuite rehisser l'antenne, la guinde à sa fantaisie, ordonne quatre hommes avec des haches pour couper les quatre câbles des ancres sur le devant de la galère, lorsqu'il l'ordonnerait ; puis fait tirer et roidir le câble de l'ancre, qu'il avait fait mettre sur le derrière contre-le rocher, et ordonne un homme avec une hache pour la couper à son ordre. Cela fait, et le tout préparé de la manière que je viens de dire, il ordonne aux quatre hommes sur le devant, de couper les câbles des quatre ancres. Aussitôt que la galère se sentit détachée sur le devant, elle commença à tourner, parce qu'elle était assujettie sur le derrière, et aurait, si on lui en avait donné le temps, tourné de la proue à la poupe, car l'endroit d'un bâtiment, qui est attaché, tourne toujours contre le vent. Lorsque Pieter vit que la galère avait assez tourné pour pouvoir prendre un quart de vent dans la voile, il fit tirer l'écoute[b] de la voile. Aussitôt les joncs se cassèrent, et dans un clin d'œil la voile fut tendue, et prit son quart de vent. Au même moment il fait couper le câble de l'ancre de derrière ; et lui-même tenant le gouvernail fit sortir la galère de cette fatale anse, comme un trait d'arbalète. Nous fûmes donc, par l'habileté de Pieter Bart, sauvés de ce grand et manifeste péril d'être brisés sur l'écueil de cette anse, et nous nous revîmes en pleine mer. Il

---

a. Longue pièce de bois, sorte de vergue longue et flexible qui s'attache à une poulie vers le milieu ou le haut du mât pour soutenir la voile triangulaire de certains bâtiments. (Éd.)

b. Cordage attaché au coin inférieur d'une voile, pour servir à la déployer et à la tendre. (Éd.)

s'agissait alors de courir dans le premier port, pour nous mettre à couvert de cette furieuse tempête, qui continuait avec plus de force que jamais. Dunkerque était le seul, sous le vent, que nous eussions. La difficulté d'y aller ne nous inquiétait pas; nous n'en étions qu'à douze lieues : et le vent furieux qui soufflait, et qui étant du sud-ouest nous était vent arrière, nous y porta en moins de trois heures, sans autre voile qu'un petit perroquet[a] pour pouvoir gouverner. Mais nous étions, du moins nos officiers, dans la plus grande angoisse du monde, par la crainte que la tempête ne nous poussât au point de nous faire passer Dunkerque. Alors il nous aurait fallu courir au nord; et à cause du mauvais temps nous aurions été contraints d'échouer sur les côtes de Hollande. C'était ce que les forçats souhaitaient ardemment; mais ce que les officiers et le reste de l'équipage craignaient extrêmement. Enfin c'était une nécessité de hasarder le paquet.

Nous courûmes donc à Dunkerque et nous arrivâmes à la rade de ce port. Notre galère avait laissé toutes ses ancres dans l'anse d'Ambleteuse; mais M. de Fontête, qui nous suivait, nous en donna deux, que nous mouillâmes dans cette rade, où l'ancrage par bonheur est fort bon et tenable. Il nous fallut y rester six heures pour attendre la marée haute, afin de pouvoir entrer dans le port. Pendant ces six heures nous fûmes toujours entre la mort et la vie. Les vagues comme des montagnes nous couvraient continuellement. On eut grand soin de tenir les écoutilles[b] bien fermées, sans quoi le fond de cale aurait été dans un moment plein d'eau, et nous aurions coulé à fond. Tout le monde était en prière, tant sur nos galères que dans la ville de Dunkerque, dont les habitants nous voyaient dans ce grand danger. On y exposa le saint sacrement dans toutes les églises et on y ordonna des prières publiques pour nous. C'est

---

a. Terme de marine; dit du mât de la vergue et de la voile qui se gréent au-dessus d'un mât de hune. (Éd.)

b. Sorte de trappe, ouverture carrée pratiquée au pont d'un bâtiment pour descendre dans l'intérieur. (Éd.)

tout ce qu'ils pouvaient faire pour nous aider, car aucun bâtiment, ni petit ni grand, ne pouvait sortir du port pour nous secourir. Il fallut donc patienter, malgré nous, pendant ces six heures que, la marée étant haute, il était question de lever nos ancres ou de laisser filer les câbles pour entrer dans le port. Mais autre difficulté. Il faut savoir que le port de Dunkerque est construit par deux puissantes digues qu'on nomme *jetées*, qui s'avancent presque une demi-lieue dans la mer. La tête de ces jetées forme l'embouchure ou entrée du port. Cette entrée est difficile pour les bâtiments qui sont obligés d'y entrer par le sud, à cause d'un banc de sable qui se trouve devant cette embouchure, ce qui fait que pour y entrer il faut raser la côte du sud et observer, en gouvernant juste, de tourner tout court entre ces deux têtes de jetées, dont l'entrée est étroite et par conséquent très difficile dans un gros temps, surtout pour les galères qui sont d'une extrême longueur et qu'on ne peut faire tourner facilement. Toutes ces difficultés nous intriguaient fort, outre que la tête de ces jetées se trouvait pour lors couverte par la mer, à cause de l'horrible tempête qui la grossissait ; et nous ne voyions l'embouchure qu'à la faveur de la baisse des vagues. Mais que faire ? Il fallait entrer ou périr sans ressource. Tous nos pilotes y perdaient leur latin. On fut éveiller Pieter Bart, qui dormait tranquillement dans un banc, tout mouillé qu'il était des vagues qui nous passaient sur le corps. Il avait donné ordre qu'on l'éveillât lorsque la marée serait haute ; ce qu'on fit. Notre commandant lui demanda s'il ne savait pas quelque moyen d'entrer dans le port sans périr. « Oui, dit-il, je vous entrerai de la manière que j'entre avec ma barque quand je reviens de la pêche, avec toutes mes voiles au vent. — Bon Dieu ! s'écria le commandant, entrer à la voile ? Nous y périrons infailliblement, car jamais galère n'entre à la voile dans un port, à cause de la difficulté de la régir par le gouvernail, et que ce sont les rames qui la gouvernent. — Mais, lui dit Pieter, tu ne peux faire ramer à cause de la grosse mer. — C'est ce qui m'intrigue, dit le commandant. — Laisse-moi faire, dit Pieter, tout ira bien. » Cependant nous étions tous plus morts que vifs, mouillés jusqu'aux os, n'ayant ni mangé ni bu depuis deux jours, parce qu'on ne pouvait avoir ni pain, ni vin, ni eau-de-vie, en un mot aucun vivre, n'osant ouvrir les écoutilles, de peur que la galère ne se remplît d'eau. Outre cela l'appréhension du péril prochain nous abattait le peu de courage qui nous restait, en considérant qu'il fallait entrer par l'étroite embouchure entre ces deux têtes de jetée, et que, si malheureusement la galère y touchait tant soit peu, elle se briserait en mille pièces, et pas un chat ne se sauverait. Il n'y avait que Pieter Bart qui témoignait n'avoir aucune crainte et qui se moquait de la terreur panique qui nous avait tous saisis, tant officiers que les autres, nous reprochant que nous étions des poules mouillées. Il dit cependant au commandant qu'il ne pouvait éviter que la galère ne s'allât casser la proue au quai de la Poissonnerie, qui était le cul-de-sac où aboutissait le port, à cause qu'entrant avec toutes les voiles au vent, on ne pourrait arrêter ladite galère. « Qu'importe, dit M. de Langeron, ce n'est que du bois, et le travail des charpentiers réparera le dommage. » Pieter donc prépare sa manœuvre, laisse filer les câbles des ancres à la mer, range les voiles, et, ordonnant un grand silence, il rase la côte du sud jusqu'à l'embouchure et gouverna si habilement, qu'il tourna tout court dans ladite entrée des jetées. Il amena d'abord ses voiles, mais la galère était si abreuvée de son cours rapide, que plus de deux ou trois mille matelots ou autres gens de mer que l'Intendant de la ville avait envoyés sur les jetées pour nous secourir, et qui nous jetaient à tout moment des cordages pour nous arrêter, n'en purent venir à bout ; les plus grosses cordes se cassant comme un fil, et enfin la galère s'alla casser le nez contre le quai de la Poissonnerie, comme Pieter l'avait bien prévu. La galère de M. de Fontête observa et fit la même manœuvre que la nôtre et entra aussi heureusement dans le port, où étant, Pieter Bart prit son congé du commandant qui voulait à toute force le retenir sur son bord en lui promettant double gage. « Non pas, lui dit Pieter, quand tu me donnerais mille livres par mois, j'en suis soûl, et on ne m'y rattrapera jamais ; » et s'en alla. Nous ne sortîmes presque plus du port de Dunkerque de tout l'été, et nous désarmâmes de bonne heure pour hiverner.

L'année 1708, au mois d'avril, nous réarmâmes, et de toute la campagne nous ne fîmes que courir sur les côtes d'Angleterre, sans aucune autre expédition que d'alarmer cette côte pour y tenir les troupes alertes ; mais aussitôt que quelque gros navire garde-côte paraissait, nous nous sauvions au plus vite sur les côtes de France, dans quelque port, rade ou plage. Ce manège dura jusqu'au cinq septembre, jour que je n'oublierai jamais par l'événement que nous eûmes et dont je porte les marques par trois grandes blessures que j'y reçus. Je vais rapporter cette histoire que le lecteur ne sera pas fâché de lire ; elle est assez curieuse et est, comme tout ce qui est contenu dans ces mémoires, dans la pure vérité. Pour l'intelligence du fait, il est nécessaire que je remonte un peu plus haut.

Au commencement de l'été de 1708, la Reine d'Angleterre, parmi un grand nombre de navires qu'elle envoya en mer de tous côtés, avait un vaisseau garde-côte de soixante-dix canons, qui était commandé par un papiste caché et très mal intentionné pour sa patrie, comme l'expérience le fit voir. Ce capitaine se nommait Smit. N'étant d'aucune escadre, mais seul et en liberté d'exécuter sa trahison, il fit voile à Gothenburg, en Suède. Là il vendit le navire : si ce fut au Roi de Suède ou à des particuliers, c'est ce que je ne sais pas ; quoi qu'il en soit, il le vendit, il reçut l'argent ; et ayant congédié l'équipage, il fut en personne à la cour de France offrir ses services au Roi contre l'Angleterre. Le Roi le reçut fort bien et lui promit que la première place de capitaine de haut bord qui vaquerait, il en serait pourvu, mais qu'il lui conseillait en attendant d'aller à Dunkerque servir en qualité de volontaire sur la galère du chevalier de Langeron, et qu'il ordonnerait qu'il y fût honoré et respecté. Le capitaine Smit vit bien que ce conseil était un ordre tacite de Sa Majesté. Il y obéit et fut reçu fort poliment du chevalier de Langeron, et entretenu à ses dépens. Le capitaine Smit était de toutes les corvées que nous faisions aux côtes d'Angleterre. Il aurait fort voulu que nous y fissions souvent descente, afin de s'y distinguer en y brûlant quelques villages; mais il était dangereux de s'y frotter. Il y avait tout le long des côtes des corps de garde, et, de distance en distance, des corps de troupes de terre que les gens de mer craignent comme le feu. Le capitaine Smit, brûlant de haine contre sa patrie, avait toujours la tête pleine de projets pour nuire aux Anglais. Il en envoya un, entre autres, à la cour, pour brûler et piller la petite ville de Harwich, située à l'embouchure de la Tamise, moyennant que les six galères de Dunkerque fussent à ses ordres. Le roi approuva ce projet et donna ordre à M. de Langeron, notre commandant, de suivre les ordres du capitaine Smit pour cette expédition, et à l'Intendant de la marine de lui fournir tout ce dont il aurait besoin. M. de Langeron, quoique avec répugnance de se voir contraint d'être aux ordres d'un étranger qui n'était revêtu d'aucun caractère, obéit en apparence de bonne grâce et dit à Smit qu'il n'avait qu'à ordonner les préparatifs et le départ des galères pour cette expédition. Smit fit embarquer tout ce qu'il demanda à l'Intendant, comme matières combustibles, enfin tout ce qui était nécessaire pour mettre à sac la ville de Harwich, outre un renfort de soldats pour soutenir la descente. Tout étant préparé, un beau matin, cinq septembre, nous mîmes en mer, avec un temps à souhait pour les galères. Un petit vent de nord-est nous favorisa si bien, qu'à petites voiles nous arrivâmes à l'embouchure de la Tamise, sans ramer, à environ cinq heures du soir. Mais Smit, jugeant qu'il était de trop bonne heure, et qu'on pourrait nous découvrir, ce qui gâterait tout, ordonna de nous retirer plus haut en mer, pour attendre la nuit, afin de faire sa descente, ce que nous fîmes. Nous n'eûmes pas resté un quart d'heure à la cape, que la sentinelle, que nous avions à la découverte au haut de notre grand mât, cria : « Navires. — Et où ? lui demanda-t-on. — Au nord. — Quelle route ? — A l'ouest, dit-il. — Combien de voiles ? — Trente-six, dit-il. — De quelle fabrique ? — Trente-cinq navires marchands et une frégate d'environ trente-six canons, qui paraît leur servir d'escorte, » répondit la sentinelle. En effet, c'était une flotte marchande, sortie du Texel, faisant route pour la Tamise.

Notre commandant tint d'abord conseil de guerre, où il fut conclu que, sans s'arrêter à l'expédition de Harwich, on tâcherait de se rendre maître de cette flotte, qui était plus intéressante pour le Roi que de brûler Harwich ; qu'il ne se présentait pas tous les jours l'occasion de faire un si riche butin, mais que tous les jours on pourrait entreprendre l'expédition de Harwich. Le commandant alléguait toutes ces raisons au capitaine Smit, lequel pestait et protestait contre la conclusion du conseil de guerre, alléguant qu'il fallait suivre les ordres du Roi, sans se distraire à aucune autre entreprise ; qu'il fallait même nous éloigner vers le sud pour donner lieu à cette flotte d'entrer dans la Tamise sans qu'elle nous vît. Le conseil de guerre tint ferme dans sa résolution, étant secrètement bien aise qu'il y eût une occasion de faire échouer l'expédition de Harwich, par la jalousie qu'ils avaient d'être obligés de suivre les ordres de Smit.

Après l'issue du conseil, où chaque capitaine des galères reçut les ordres du commandant pour l'attaque de cette flotte, nous fîmes force de voile et de rame pour aller à sa rencontre : et comme elle venait à nous, et nous à elle, nous fûmes bientôt tout près les uns des autres.

Notre commandant avait ordonné de telle sorte sa division, que quatre galères devaient investir, autant qu'il serait possible, les navires marchands, et ne s'attacher qu'à eux afin de s'en rendre maîtres (on sait que la plupart des vaisseaux marchands sont sans défense), pendant que notre galère, qui était la commandante, s'attacherait avec celle du chevalier de Mauviliers à attaquer et à se rendre maîtres de la frégate qui servait de convoi.

Suivant ces dispositions, les quatre galères prirent leur route pour entourer les vaisseaux marchands, et leur couper l'embouchure de la Tamise ; et nous avec notre conserve allâmes droit à la frégate. Cette frégate, voyant notre manœuvre, conçut bien que sa flotte était en grand danger ou du moins la plus grande partie. Cette frégate était anglaise, et le capitaine qui la montait, un des plus prudents et braves de son temps ; ce qu'il fit bien connaître dans cette occasion ; car ayant donné ordre aux vaisseaux marchands de forcer de voile pour gagner, le plus promptement qu'il serait possible, l'embouchure de la Tamise, et de faire en sorte de ne point tomber au pouvoir des Français, et ayant ajouté que quant à lui, il comptait donner tant d'ouvrage aux six galères, qu'il espérait de les sauver tous, et qu'en un mot il s'allait sacrifier pour eux ; il mit toutes ses voiles au vent, et cingla sur nos deux galères qui allaient l'attaquer, comme s'il venait nous attaquer lui-même.

Il faut savoir que la galère qui nous servait de conserve, était restée plus d'une lieue derrière la nôtre, soit qu'elle ne marchât pas si bien, ou que le capitaine qui la commandait eut dessein de nous laisser essuyer les premiers coups. Notre commandant, que l'approche de la frégate n'inquiétait pas beaucoup, croyait qu'avec sa galère il était assez fort pour s'en rendre maître. L'événement cependant prouva, comme on le verra par la suite de ce récit, qu'il s'était trompé dans ses conjectures.

Cette frégate, comme je l'ai déjà dit, venant à nous et nous à elle, on juge bien que nous fûmes bientôt à la portée du canon. Nous en fîmes en effet une décharge sur la frégate qui ne nous répondit pas d'un seul coup ; ce qui fit dire à notre commandant, par gasconnade, que le capitaine de cette frégate était sans doute las d'être Anglais, et se venait rendre à nous sans combat ; mais patience, il ne tardera pas à changer de ton. Nous avancions si vigoureusement l'un contre l'autre, que notre galère fut en peu de temps à la portée du fusil, et déjà notre mousqueterie commençait à jouer sur la frégate, lorsque tout à coup elle revira de bord, comme si elle eût voulu s'enfuir de nous. La fuite de l'ennemi augmente ordinairement le courage ; celle de la frégate augmenta celui de notre équipage, qui se mit à crier aux gens qui la montaient, qu'ils étaient des lâches d'éviter le combat, mais qu'il n'était plus temps, et que, s'ils n'amenaient pas leur pavillon pour se rendre, on les allait couler à fond. L'Anglais ne répondait rien, mais se préparait à nous donner, comme on va le voir, une sanglante tragédie.

La frégate, qui feignait de prendre la fuite, nous tournait le derrière, et nous la donnait belle pour sauter à l'abordage : car la manœuvre d'une galère qui veut attaquer un navire et s'en emparer, est de porter sur le derrière du navire (qui est le côté le plus faible) son devant, où elle a toute sa force et toute son artillerie ; elle fait en sorte d'y enfoncer sa proue, fait feu de ses cinq pièces de canons, et aussitôt on monte à l'abordage. Le commandant de la galère ordonna d'abord cet abordage, croyant en faire de même avec cette frégate, et recommanda à celui qui était au gouvernail de viser droit à elle pour l'enfoncer de notre éperon. Tous les soldats et matelots destinés pour sauter à bord se tenaient prêts avec le sabre nu et la hache d'armes à la main : lorsque la frégate, qui avait prévu notre manœuvre, esquiva d'un coup de gouvernail notre éperon qui était près d'enfoncer sa poupe ; ce qui fit qu'au lieu de clystériser cette frégate comme nous comptions certainement le faire, nous nous trouvâmes tout à coup allongés le long de son bord, que nous rasâmes de si près, que nos rames en sautèrent toutes en pièces.

Mais la hardiesse du capitaine anglais fut admirable ; car comme il avait prévu cet événement, il s'était tenu tout prêt avec ses grappins (qui sont des crocs de fer attachés à des chaînes), au moyen desquels il nous accrocha, et nous attacha contre son bord. Ce fut alors qu'il nous régala de son artillerie ; tous ses canons étaient chargés à mitraille ; tout le monde était à découvert sur la galère comme sur un pont ou radeau ; pas un coup de son artillerie, qui nous tirait à brûle-pourpoint, ne se perdait, mais faisait un carnage épouvantable. De plus, ce capitaine avait sur les hunes de ses mâts plusieurs de son monde avec des barils pleins de grenades, qui nous les faisaient pleuvoir comme de la grêle sur le corps ; si bien que dans un instant tout notre équipage fut mis hors d'état non seulement d'attaquer, mais même de faire aucune défense : ceux qui n'étaient ni morts ni blessés s'étaient couchés tout à plat pour le contrefaire, et la terreur était si grande, tant parmi les officiers que l'équipage, que tous tendaient la gorge, pour ainsi dire, à l'ennemi, qui, voyant notre terreur, fit pour surcroît une sortie de quarante ou cinquante hommes de son bord, qui descendirent sur la galère le sabre à la main, et hachaient en pièces tout ce qui se trouvait devant eux de l'équipage, en épargnant cependant les forçats, qui ne faisaient aucun mouvement de défense. Après donc qu'ils eurent haché comme des bouchers, ils rentrèrent dans leur frégate, continuant de nous canarder avec leur mousqueterie et grenades.

M. de Langeron, notre commandant, se voyant réduit en cet état, et ne voyant personne sur pied sur la galère que lui, craignant d'ailleurs quelque évènement plus funeste, hissa lui-même le pavillon de secours, appelant par là toutes les galères de son escadre à son aide.

Notre conserve fut bientôt avec nous, et les quatre qui avaient déjà attaqué et fait amener les voiles de la plupart des bâtiments marchands, voyant ce signal et le péril de leur commandant, quittèrent prise pour le venir secourir, et abandonnèrent la Tamise ; si bien que toute cette flotte, rehaussant ses voiles, se sauva dans la rivière. Toutes les galères voguèrent avec tant de vitesse, que dans moins d'une demi-heure toutes les six entourèrent la frégate, qui se vit bientôt hors d'état de tirer ni canon, ni mousqueterie, et personne de l'équipage de la frégate ne paraissait sur le tillac.

On commanda d'abord vingt-cinq grenadiers par galère, pour aller à l'abordage de la frégate : ils n'eurent pas beaucoup de peine à y monter, n'y ayant personne qui leur disputât l'abord ; mais lorsqu'ils furent sur le pont ou tillac de la frégate, ils trouvèrent à qui parler. Les officiers s'étaient retranchés sous le château de derrière, et tiraient à mitraille des fauconneaux sur ces grenadiers ; ce qui leur fit sentir que l'ennemi n'était pas encore rendu. Mais le pire de tout était que le tillac était ce qu'on appelle (en terme de la marine) en *caillebottis,* qui est un grillage de bandes de fer, qui sert de pont ; la plupart de l'équipage de la frégate se tenaient entre les deux ponts, sous ce grillage, et à travers les trous de la grille, donnaient avec des piques dans les jambes de ces grenadiers, tant qu'ils les contraignirent de ressauter sur leurs galères, ne pouvant plus résister sur ce tillac. On commanda un autre détachement qui monta à l'abordage, mais qui en descendit plus vite qu'il n'y était monté. Il fallut enfin rompre ce grillage, avec des pieds-de-porc et autres instruments, pour faire une ouverture au tillac, afin d'en dénicher l'équipage de la frégate, et se rendre maître de l'entre-pont : ce qui fut exécuté, malgré les coups de fauconneaux et de pique, qui en tuèrent et blessèrent un grand nombre. A force de monde on fit sortir l'équipage d'entre les deux ponts, et on le fit prisonnier. Mais les officiers de la frégate étaient toujours retranchés sous le château de derrière, faisant grand feu de leurs fauconneaux. Il fallut aussi les y forcer, non sans perte.

Voilà donc tout l'équipage de la frégate rendu, excepté le capitaine, qui s'enferma dans sa chambre de poupe, faisant feu de divers fusils et pistolets qu'il avait avec lui, et jurant comme un perdu qu'il ne se rendrait pas, tant qu'il lui resterait quelque mouvement de vie. Les officiers, qui étaient déjà descendus sur la galère commandante, comme prisonniers de guerre, firent un rapport de leur capitaine, qui fit trembler tout le monde, le dépeignant comme un téméraire, déterminé à mettre le feu à sa frégate, plutôt que de se rendre ; autre crainte plus effroyable que toutes celles où l'on avait déjà passé, car on n'attendait autre chose, à tout moment, que de se voir sauter en l'air avec la frégate. Le capitaine était maître de la chambre de poupe, où est l'entrée de la soute à poudre ; il pouvait, par conséquent, y mettre le feu dans un clin d'œil, et la frégate sautant, les six galères auraient fait le même saut. Il y avait plus de trois mille hommes sur les six galères, et tout était transi de la crainte de la mort, dont on était en si grand danger. Dans cette extrémité il fut résolu de sommer, ce capitaine avec honnêteté et politesse de se rendre, en lui promettant toute sorte de bons traitements, mais il ne répondait qu'à grands coups de fusil. Enfin il fallut en venir au remède extrême, qui était de l'aller prendre mort ou vif. Pour cet effet, on commanda un sergent avec douze grenadiers, la baïonnette au bout du fusil, pour aller enfoncer la porte de cette chambre et forcer le capitaine à se rendre. Le sergent, à la tête de son détachement, eut bientôt enfoncé cette porte ; mais le capitaine, qui l'attendait là le pistolet à la main, lui cassa la tête et le renversa roide mort. Les douze grenadiers, voyant cela et craignant le même sort, s'enfuirent, et il ne fut pas possible aux officiers d'y faire avancer aucun autre soldat, car ils disaient pour leur défense, que, ne pouvant entrer qu'un à un dans cette chambre, le capitaine les tuerait tous l'un après l'autre. Il fallut encore tenter la voie de la douceur, pour l'avoir.

Alors ce capitaine, qui n'avait tant résisté que pour amuser les galères et donner le temps à sa flotte d'entrer dans la Tamise, s'apercevant aux fanaux que portaient les navires qu'elle y était toute entrée, ne se fit plus tirer l'oreille pour se rendre. Mais pour donner surabondance de temps à quelques traîneurs de la flotte et pour que la nuit les dérobât entièrement à la poursuite des Français, il prétexta encore un délai, disant qu'il ne remettrait son épée qu'entre les mains du commandant des galères, qui devait venir la prendre sur son bord. On établit une trêve, pour en aller faire le rapport au commandant, qui envoya son second à ce capitaine, pour lui représenter qu'il n'était pas du devoir d'un commandant de quitter son poste. Ce capitaine, qui n'avait plus rien à faire pour mettre sa flotte en sûreté, rendit son épée. On le descendit dans la galère, auprès du commandant, qui fut surpris de voir un petit homme tout contrefait, bossu devant et derrière. Notre commandant lui fit compliment, lui disant c'était le sort des armes et qu'il aurait lieu de se consoler de la perte de son navire, par le bon traitement qu'il lui ferait. « Je n'ai aucun regret, lui répondit-il, de la perte de ma frégate, puisque je suis venu à bout de mon dessein, qui était de sauver la flotte qui m'avait été confiée, et que d'ailleurs j'avais pris la résolution, dès que je vous ai aperçus, de sacrifier mon vaisseau et ma propre personne pour la conservation du bien qui était sous ma défense. Vous trouverez encore, ajouta-t-il, parlant au commandant, quelque peu de plomb et de poudre, que je n'ai pas eu le temps et l'occasion de vous donner ; voilà tout ce que vous trouverez de plus précieux sur la frégate. Au reste, si vous me traitez en homme d'honneur, moi, ou quelque autre de ma nation auront quelque jour l'occasion de vous rendre la pareille. » Cette noble fierté charma M. de Langeron, qui, en lui rendant son épée, lui dit fort civilement : « Reprenez cette épée, Monsieur, vous méritez trop bien de la porter et vous n'êtes mon prisonnier que de nom. » Peu après, notre commandant eut sujet de se repentir de lui avoir rendu son épée, laquelle fut sur le point de causer du malheur, car le capitaine étant introduit dans la chambre de poupe de la galère, et y voyant le traître Smit, qu'il reconnut à l'instant, et dont la tête était à prix en Angleterre à mille livres sterling : « Perfide, lui dit-il, tu recevras la mort de ma main, puisque le bourreau de Londres ne peut te la donner ; » et en même temps il fond sur lui, l'épée à la main, pour la lui passer au travers du corps ; mais le commandant le prit dans ses bras et empêcha le coup, au grand regret du capitaine, qui protesta qu'il aimerait mieux l'avoir pris que les six galères. Le capitaine Smit, fort choqué de cette action, représenta qu'il ne convenait pas que ce capitaine et lui se trouvassent sur la même galère, et pria le commandant de faire mettre son prisonnier sur une autre galère ; mais le commandant lui répondit que ce capitaine étant son prisonnier, lui, capitaine Smit irait sur une autre galère et que son prisonnier resterait avec lui, ce qui fut fait. Nous amarinâmes notre prise, qui se nommait *le Rossignol ;* le nom de ce brave capitaine m'est échappé.

Nous partîmes d'abord de devant la Tamise avec notre prise, mais il nous fallut faire diverses fausses routes pour nous dérober, à la faveur des ténèbres de la nuit, à quatre navires de haut bord, qui sortirent de la Tamise pour nous donner la chasse. Ils ne nous purent atteindre, et ces fausses routes furent cause que nous n'arrivâmes à Dunkerque que trois jours après, sans aucune mauvaise rencontre.

J'ai dit au commencement de cette histoire, que je n'oublierais jamais cette époque du cinq septembre 1708, où cet événement nous arriva, et où je reçus trois grandes blessures et échappai à la mort comme par une espèce de miracle ; en voici le récit.

On a vu que, lorsque la frégate que nous attaquions, eut esquivé l'abordage et qu'elle nous eut jeté ses grappins et attaché à son bord, nous étions exposés au feu de son artillerie, chargée à mitraille. Il se rencontra donc que notre banc, dans lequel nous étions cinq forçats et un esclave turc, se trouva vis-à-vis d'un canon de la frégate, que je voyais bien qui était chargé. Nos bords se touchaient, par conséquent ce canon était si près de nous, qu'en m'élevant un peu, je l'eusse pu toucher avec la main. Ce vilain voisin nous fit tous frémir ; mes camarades de banc se couchèrent tout plat, croyant échapper à son coup. En examinant ce canon, je m'aperçus qu'il était pointé, ce qu'on appelle, à couler bas, et que, comme la frégate était plus haute de bord que la galère, le coup porterait à plomb dans le banc, et qu'étant couché, nous le recevrions tous sur nos corps.

Ayant fait cette réflexion, je me déterminai à me tenir tout droit dans le banc, je n'en pouvais sortir, j'y étais enchaîné, que faire ? Il fallut se résoudre à passer par le feu de ce canon, et comme j'étais attentif à ce qui se passait dans la frégate, je vis le canonnier avec sa mèche allumée à la main, qui commençait à mettre le feu au canon sur le devant de la frégate, et de canon en canon, venait vers celui qui donnait sur notre banc ; j'élevai alors mon cœur à Dieu et fis une courte prière, mais fervente, comme un homme qui attend le coup de la mort. Je ne pouvais distraire mes yeux de ce canonnier, qui s'approchait toujours de notre canon, à mesure qu'il tirait les autres. Il vint donc à ce canon fatal, j'eus la constance de lui voir mettre le feu, me tenant toujours droit, en recommandant mon âme au Seigneur. Le canon tira, et je fus étourdi tout à coup, et couché non dans le banc, mais sur le coursier de la galère ; car le coup de ce canon m'avait jeté aussi loin que ma chaîne pouvait s'étendre. Je restai sur ce coursier à travers le corps du lieutenant de la galère qui était tué, je ne sais combien de temps, mais je conjecture qu'il doit avoir été considérable, étourdi et sans connaissance. A la fin cependant je repris mes sens. Je me levai de dessus le corps du lieutenant, rentrant dans mon banc. Il était nuit, et je ne voyais pas, ni le sang, ni le carnage qui était dans mon banc, à cause de l'obscurité. Je crus d'abord que mes camarades de banc se tenaient couchés pour la crainte du canon. Moi qui ne savais pas que je fusse blessé, ne sentant aucun mal, je dis à mes camarades : « Levez-vous, mes enfants, le danger est passé. » Mais je n'eus d'eux aucune réponse. Le turc du banc qui avait été janissaire, et qui se vantait de n'avoir jamais eu peur, restant couché comme les autres, me fit prendre un ton railleur : « Quoi, lui dis-je, Isouf, voilà donc la première fois que tu as peur ; allons, lève-toi ; » et en même temps, je voulus le prendre par le bras, pour l'aider. Mais, ô horreur, qui me fait frémir encore, quand j'y pense ! son bras détaché de son corps me reste à la main. Je rejette avec horreur ce bras sur le corps de ce pauvre misérable, et je m'aperçus bientôt que lui, comme les quatre autres, étaient hachés comme chair à pâté ; car toute la mitraille de ce canon leur était tombée dessus.

Je m'assis dans le banc ; je ne fus pas longtemps dans cette attitude, que je sentis couler sur mon corps, qui était nu, quelque chose de froid et d'humide. J'y portai la main, et je sentais bien qu'elle était mouillée ; mais dans l'obscurité je ne pouvais distinguer si c'était du sang. Je m'en doutai cependant, et suivant avec le doigt ce sang qui coulait à gros bouillons de mon épaule gauche, proche la clavicule, je trouvai une grande blessure, qui me perçait l'épaule de part en part. J'en sentis aussi une autre à la jambe gauche, au-dessous du genou, qui perçait aussi d'outre en outre ; plus une troisième, qui, je crois, avait été faite par un éclat de bois, qui m'avait emporté la peau du ventre, de la longueur d'un pied, et de quatre pouces de largeur. Je perdais une infinité de sang, sans pouvoir être aidé de personne, tout étant mort, tant à mon banc qu'à celui d'au-dessous et à celui d'au-dessus : si bien que de dix-huit personnes, que nous étions dans ces trois bancs, il n'en réchappa que moi, avec mes trois blessures, et cela de la mitraille de ce seul canon. On le comprendra aisément, si on se représente que ces canons étaient chargés jusqu'à la gueule ; premièrement la cartouche de poudre, ensuite une longue boite de fer-blanc, suivant le calibre du canon, remplie de grosses balles à mousquet, et le reste du vide avec toute sorte de vieilles ferrailles ; et lorsqu'on tire ces canons, la boîte se brise, les balles et la mitraille s'épandent d'une manière incompréhensible et font un carnage affreux. Il fallait donc que j'attendisse pour être secouru, que le combat fût fini, pour s'arranger ; car tout était sur la galère dans un désordre effroyable. On ne savait qui était mort, blessé, ou en vie ; on n'entendait que des cris lugubres des blessés qui étaient en grand nombre. Le coursier, qui est le pont ou chemin qui règne au milieu de la galère, de l'un à l'autre bout, large de quatre pieds, était si jonché de corps morts, qu'on n'y pouvait passer. Les bancs des rameurs étaient pareillement, pour la plupart, pleins, non seulement de forçats, mais de matelots, de soldats et d'officiers morts ou blessés, tellement que les vivants ne pouvaient se remuer, ni agir pour jeter les morts à la mer, ni secourir les blessés. Joignez à cela l'obscurité de la nuit, et que nous n'osions allumer ni falots, ni lanterne, à cause qu'on craignait d'être vu de la côte, et que les navires de guerre, qui étaient dans la Tamise, ne courussent sur nous. Enfin tout était, dans notre galère, dans un chaos et un embarras épouvantable qui dura jusque bien avant dans la nuit, que le combat étant fini, par la reddition de la frégate, on s'arrangea le mieux que l'on put. Les autres cinq galères nous aidèrent, remplaçant nos morts et blessés, rames et apparaux que nous avions perdus ; car elles n'avaient pas à beaucoup près eu tant de mal et de perte que nous. On fit beaucoup de diligence, avec tout le silence possible, pour nous remettre en ordre. Je dis silence, et sans lumière, parce que nous voyions sortir de la Tamise quantité de falots allumés et tirer divers coups de canon de signal, qui nous faisaient juger que c'étaient des navires de guerre, qui venaient nous chercher.

La première chose que l'on fit sur notre galère fut de jeter les morts à la mer et porter les blessés dans le fond de cale. Mais Dieu sait combien de malheureux furent jetés à la mer pour morts, qui ne l'étaient pas ; car dans cette confusion et dans l'obscurité on prenait pour mort tel qui n'était qu'évanoui, ou de peur ou par la perte que faisaient les blessés de leur sang. Je me trouvai dans cette extrémité ; car lorsque les argousins vinrent dans mon banc pour y déchaîner les morts et les blessés, j'étais tombé évanoui et sans mouvement ni connaissance parmi les autres, vautré dans leur sang et le mien, qui coulait en abondance de mes blessures. Ces argousins conclurent d'abord que tous ceux du banc étaient morts. On ne faisait que déchaîner et jeter à la mer, sans examiner de plus près si on était mort ou en vie, et il suffisait pour eux de n'entendre crier ni parler. Ces funérailles se faisaient d'ailleurs si précipitamment, que dans un moment ils avaient vidé un banc. Tous mes pauvres camarades ne furent pas sujets à cette équivoque ; on les jeta par pièces et lambeaux dans la mer. Il n'y avait que moi qui étais entier, mais couché et confondu dans ce carnage, sans mouvement ni son de voix. On me déchaîna pour me jeter dans la mer, me jugeant mort. Or, il faut savoir que j'étais enchaîné à la jambe gauche et que j'étais blessé, comme je l'ai dit, à cette même jambe. L'argousin prit ma jambe à pleine main pour me la tenir sur l'enclume, pendant qu'un autre faisait sortir la goupille de l'anneau de fer qui tenait la chaîne. Cet homme qui me tenait ainsi la jambe sur l'enclume, appuya par hasard, et pour mon bonheur, le pouce bien fort sur la plaie que j'y avais, ce qui me causa une si grande douleur, que je fis un grand cri, et j'entendis que l'argousin disait : « Cet homme n'est pas mort, » et m'imaginant de quoi il s'agissait, et qu'on me voulait jeter dans la mer, je m'écriai aussitôt (car cette douleur m'avait fait reprendre mes sens) : « Non, non, dis-je, je ne suis pas mort. » Si bien qu'on m'emporta à fond de cale, parmi les autres blessés et on me jeta sur un câble. Quel lit de repos pour un blessé plein de douleur !

Nous étions, tous les blessés, dans ce fond de cale, pêle-mêle, matelots, soldats, bas officiers et forçats, sans distinction, couchés sur la dure et sans être secourus en rien ; car à cause du grand nombre de blessés que nous étions, les chirurgiens ne pouvaient y subvenir pour nous panser. Quant à moi, je fus trois jours dans cet affreux fond de cale, sans être pansé qu'avec un peu d'eau-de-vie camphrée, que l'on mit sur une compresse pour arrêter le sang, sans aucun bandage ni médicament. Les blessés mouraient comme des mouches dans ce fond de cale, où il faisait une chaleur à étouffer et une puanteur horrible, ce qui causait une si grande corruption dans nos plaies, que la gangrène s'y mit partout. Dans cet état déplorable nous arrivâmes, trois jours après le combat, à la rade de Dunkerque. On y débarqua d'abord les blessés pour les porter à l'hôpital de la marine. On me sortit de ce fond de cale de même que plusieurs autres, avec le palan à poulie, comme des bêtes. On nous porta à l'hôpital plus morts que vifs. On mit tous les forçats, séparément des personnes libres, dans deux grandes chambres à quarante lits chacune, bien enchaînés au pied du lit. A une heure de l'après-midi, le chirurgien-major de l'hôpital vint pour visiter et panser nos blessures, accompagné de tous les chirurgiens des navires et des galères qui se trouvaient dans le port. Je venais d'être fortement recommandé au chirurgien-major, et voici comment :

Depuis l'année 1702, que je fus mené sur les galères à Dunkerque, je fus recommandé par mes parents de Bourdeaux, de Bergerac et d'Amsterdam, à un riche et renommé banquier, nommé M. Piecourt, qui avait maison à Dunkerque et s'y tenait souvent. Il était natif de Bourdeaux, protestant d'origine et de cœur, mais papiste à la royale. Je laisserai pour un moment mon sujet, pour parler de ce qui m'arriva au commencement que je fus mis aux galères, touchant ce même M. Piecourt. Il était, comme on dit, du grand monde, généreux comme un prince et sa bourse toujours ouverte pour faire plaisir aux grands seigneurs de qui il était fort caressé. M. Piecourt donc se voyant sollicité de divers endroits en ma faveur, et par des gens qu'il considérait extrêmement, jugea que je valais la peine qu'il me rendît service, et que s'il me pouvait procurer ma délivrance, il se rendrait du moins ses meilleurs amis très obligés pour ses bons offices. Il parla en ma faveur à M. le chevalier de Langeron, mon capitaine, qui me fit jouir de quelques douceurs sur la galère à sa considération, car il était son grand ami. Mais voulant pousser plus loin ses bons offices, il pria un jour mon capitaine, que le lendemain, à huit heures du matin, qui était jour de Noël, il eût la bonté d'ordonner qu'on me menât chez lui. Il prenait ce temps-là pour n'avoir pas sa femme pour témoin : elle était une papiste bigote, et elle devait ce même matin-là rester à l'église jusqu'à midi. M. de Langeron vint la veille de ce jour sur sa galère (en hiver ces messieurs n'y logent pas), pour ordonner à l'argousin de m'amener lui-même, sans chaîne, chez M. Piecourt, et d'attendre à la porte de la rue ou dans le vestibule que j'eusse achevé mes affaires avec lui, ce qui fut exécuté. M. Piecourt me fit entrer dans sa chambre, disant à ses domestiques qu'il n'était visible pour personne. Il commença à m'exagérer l'envie qu'il avait de me rendre service, ajoutant qu'il en avait imaginé un moyen qui lui réussirait certainement, pour peu que j'y donnasse les mains. Je le remerciai de sa bonté et lui dis que je ferais tout ce qu'il souhaiterait, pourvu que cela pût s'accorder avec ma conscience. « La conscience, me dit-il, y aura un peu de part, mais c'est si peu que vous ne le sentirez pas, et ce que vous y trouverez de mauvais, vous irez vous en purger en Hollande. Écoutez, me dit-il, je suis protestant comme vous. J'ai des raisons pour ma fortune de faire l'hypocrite devant le monde, je ne crois pas qu'il y ait là un si grand mal, lorsqu'on n'apostasie pas tacitement. Voici, continua-t-il, le moyen auquel j'ai pensé pour vous mettre en liberté. J'ai M. de Pontchartrain, ministre d'État de la marine, pour ami, et qui n'a rien à me refuser. Vous ne ferez que signer une promesse que je lui enverrai, et par laquelle vous promettrez, lorsque vous serez en liberté, et en quel pays que vous soyez, de vivre et mourir en bon catholique romain. Vous n'aurez aucune cérémonie à faire ; personne même ne saura ce que vous aurez promis, et vous ne serez pas exposé à être en scandale à vos frères. Si vous faites cela, continua-t-il, je puis vous assurer, qu'avant qu'il soit quinze jours, vous serez mis en liberté, et je me charge de vous faire passer en Hollande sûrement et sans le moindre danger ; qu'en pensez-vous ? me dit-il. — Je pense, Monsieur, lui répondis-je, que je me suis trompé en vous croyant bon protestant. Vous êtes protestant, mais il faut retrancher le mot *bon* ; j'en suis bien fâché et je vous prie de me pardonner, si j'ose prendre la liberté de vous dire que vous n'êtes rien en croyant être protestant. Quoi, Monsieur ! continuai-je, croyez-vous que Dieu est sourd et aveugle, et que la promesse que vous me proposez, cachée aux yeux des hommes, ne l'offenserait pas souverainement, autant et même plus, que si je la faisais à un simple curé ? Car enfin, je n'aurais qu'à la faire à l'aumônier de la galère où je suis, il me procurerait d'abord ma délivrance. Ne vous y trompez pas, lui dis-je encore, Monsieur, vos propres lumières sur la vérité, vous condamnent : car vous savez aussi bien que moi, et même beaucoup mieux, que, si la confession que nous faisons à Dieu dans nos cœurs, n'est pas confirmée par celle de nos bouches, cet acte de foi qui est une vertu, devient un grand crime. » Il m'allégua encore quelques autres raisons pour adoucir la rigidité que l'Évangile nous prescrit ; je les réfutai toutes, suivant que ma foi et ma conscience me le dictaient. Je lui dis ensuite que je ne croyais pas que mes parents, qui m'avaient recommandé à ses bontés, l'eussent sollicité de me procurer ma délivrance aux dépens de ma conscience. « Non certainement, me dit-il, bien loin de là, et je ne voudrais pas pour beaucoup qu'ils le sachent. » Il m'embrassa, la larme à l'œil, souhaitant et priant Dieu qu'il m'accordât la grâce de persévérer dans des sentiments si dignes d'un confesseur de la vérité. « Je ne vous aime plus, me dit-il, par recommandation, mais par une pure considération pour les beaux sentiments que je vois en vous ; et vous pouvez compter que je veillerai aux occasions de vous rendre service. Il m'offrit ensuite tout l'argent dont j'aurais besoin, et en quel temps que ce fût. Je le remerciai de mon mieux ; après quoi je pris congé de lui, et je revins sur la galère. Depuis ce temps-là, M. Piecourt me venait voir souvent sur la galère, m'offrant toujours ses services.

Il arriva donc, qu'ayant entendu que notre galère avait perdu beaucoup de monde, à la prise que nous avions faite de cette frégate anglaise, il courut d'abord au port pour s'informer de moi. Il apprit que j'étais fort blessé et qu'on m'avait déjà porté à l'hôpital. Il fut de ce pas chez le chirurgien-major de cet hôpital, qui était son ami, et me recommanda à ses soins, aussi fortement que si j'avais été son propre fils. Aussi puis-je dire, qu'après Dieu, je dois la vie à ce chirurgien-major, qui prit à tâche, contre sa coutume (car il ne faisait jamais qu'ordonner), de me panser lui-même. A la première visite qu'il fit dans notre chambre, il tira ses tablettes de sa poche, et demanda qui se nommait Jean Marteilhe. Je lui dis que c'était moi. Il s'approcha de mon lit et me demanda si je connaissais M. Piecourt. Je lui dis que oui, et qu'il avait la bonté de me procurer autant de soulagement qu'il pouvait, depuis six ou sept années que j'étais en galère. « La manière, me dit-il, dont il vous a recommandé à mes soins, me prouve assez ce que vous me dites ; aussi m'en acquitterai-je avec plaisir. Voyons, dit-il, vos plaies. » La principale était celle de l'épaule, très dangereuse par sa situation D'abord qu'il eut levé le premier et l'unique appareil, que le chirurgien de la galère m'avait mis, qui n'était qu'une compresse trempée d'eau-de-vie, et qu'il vit que cette négligence était cause que la gangrène était à ma plaie, il appela le chirurgien de la galère, lui reprocha qu'il était un bourreau de m'avoir ainsi traité, et que si j'en mourais, comme il était à craindre, il aurait à se reprocher d'être mon meurtrier.

Notre chirurgien s'excusa du mieux qu'il put, et pria le chirurgien-major de permettre qu'il me pansât. Le chirurgien-major le refusa, et déclara à tous les autres que j'étais son blessé, et qu'il ne prétendait pas que qui que ce soit me pansât que lui. En effet, il prit un si grand soin de moi et usa de tant de précautions pour que la gangrène, qui était dans toutes mes plaies, ne gagnât le dessus, que je puis dire, humainement parlant, qu'il me sauva la vie. Il mourut bien les trois quarts de nos blessés, dont la plupart ne l'étaient pas si dangereusement que moi. Cette grande quantité de monde qui mourut à l'hôpital, tant des équipages des galères, que des forçats, fit croire que la frégate anglaise avait empoisonné ses balles. Mais je crois, avec tous les gens raisonnables, que c'était une pure calomnie, causée par la haine que les Français portaient à cette nation. J'ai entendu raisonner là-dessus le chirurgien-major, qui était le plus habile de France, dans son art, et qui soutenait que cette mortalité de nos blessés ne provenait que de ce que la mitraille des canons étant pour la plupart sale et enrouillée et déchirant d'ailleurs les chairs des plaies qu'elle faisait, cela joint à la négligence que les chirurgiens des bords apportaient à leur premier appareil, était cause que les plaies étaient incurables. Joignez à cela, que dans les hôpitaux, comme celui où nous étions, où il se trouvait quarante ou cinquante chirurgiens aux pansements, chacun indifféremment pansait le premier qui lui tombait sous la main ; ce qui faisait qu'il était rare qu'un seul chirurgien pansât deux fois le même blessé. Il n'en fut pas de même à mon égard ; car, comme j'ai déjà dit, je fus toujours pansé par le chirurgien-major, qui consolida mes plaies, dans moins de deux mois : mais il me fit rester encore un mois en convalescence, pour me bien refaire et reprendre mes forces ; le directeur de l'hôpital, à qui j'étais aussi recommandé, ayant ordonné aux frères de l'ordre de Saint-François, qui servent cet hôpital, de me donner tout ce que je demanderais ; ce qui ne fut pas nuisible à ma santé et à la guérison de mes plaies ; j'étais nourri et soigné comme un prince.

Au bout de trois mois d'hôpital, je me trouvai gros et gras comme un moine, et le chirurgien-major m'ayant donné une attestation de sa main, comme quoi j'étais, par mes blessures, rendu incapable de la rame et autre travail des galères, je fus renvoyé sur la galère dans mon banc ordinaire.

La campagne d'ensuite, en l'année 1709, au mois d'avril, les galères armèrent. Le comite fit la classe de ses forçats, chacun dans leur banc. Il y a six forçats à chaque rame ; le plus fort et vigoureux est toujours vogue-avant, c'est-à-dire le premier de la rame et qui a le plus de peine. Celui-là est de la classe première. Le second de la rame est de la classe deuxième, et ainsi du reste jusqu'à la classe sixième. Ce dernier n'a presque pas de peine ; aussi, y met-on le plus chétif et malingre du banc. Or, il faut savoir que lorsque je fus blessé, j'étais de la première classe, et le comite, soit par mégarde ou autrement, m'avait laissé sur son rôle à cette classe, que je ne pouvais remplir, à cause de la faiblesse de mon bras, étant presque estropié et ne pouvant porter la main à ma bouche. Je me mis donc de moi-même à la sixième classe, m'attendant bien de passer par l'épreuve. Cette épreuve est terrible ; car à la première sortie qu'on fait en mer, le comite, pour voir si on ne fait pas l'estropié exprès, et à dessein de s'exempter du fort travail de la rame, accable de coups de corde un malheureux qui est dans cet état, jusqu'à le laisser pour mort.

Il arriva donc que nous sortîmes du port pour la première fois de cette année ; et après que le comite (qui se tient toujours sur le devant de la galère, jusqu'à ce qu'on soit à la grande rade) eut fait sortir la galère, il fit visite de chaque banc, pour voir si la vogue était bien classée. Il tenait une grosse corde à la main, rossant indifféremment ceux qui ne voguaient pas bien à sa fantaisie. J'étais au sixième banc de l'arrière de la galère, et comme il avait commencé sa revue à la proue, et qu'il s'était animé à frapper avant qu'il fût à mon banc, je m'attendais avec la plus grande angoisse du monde, qu'il me traiterait impitoyablement. Il arrive enfin devant notre banc, et s'arrêtant, il ordonna, d'un air féroce, au vogue-avant de cesser de ramer. Ensuite m'adressant la parole : « Chien de huguenot, me dit-il, viens ici. » Je tirai ma chaîne pour m'approcher du coursier où il était, le cœur serré de crainte, et croyant fermement qu'il ne me faisait approcher de lui que pour être à portée de me mieux étriller. Je m'approchai donc de lui, mon bonnet à la main, en posture de suppliant. « Qui t'a ordonné, me dit-il, de ramer ? » Je lui répondis, qu'étant estropié, comme il pouvait le voir à mes cicatrices (car j'étais tout nu jusqu'à la ceinture, comme on est à la rame), et que ne pouvant m'aider que d'un bras, je l'employais de mon mieux à aider mes camarades du banc. « Ce n'est pas ce que je te demande, répliqua-t-il ; je te demande, qui t'a ordonné de ramer. — Mon devoir, lui dis-je. — Et moi, dit-il, je ne prétends pas que tu rames, ni qui que ce soit de ma chiourme en pareil cas (la chiourme est le corps des galériens) ; car, continua-t-il, si on ne délivre pas ceux qui auront été blessés dans un combat comme c'est la loi, je ne souffrirai pas du moins qu'ils rament. » Notez qu'il disait cela, afin que les autres forçats l'approuvassent, et qu'on ne crût pas qu'il favorisât les réformés.

Après avoir tenu ce discours que j'écoutais comme si un ange du ciel m'apparaissait, tant j'étais ravi d'aise, il appela l'argousin et lui dit : « Déchaîne ce chien de giffe (giffe veut dire en provençal un homme incapable d'aucun travail) et mets-le au paillot. » Le paillot est la chambre aux vivres dans le fond de cale. L'argousin me déchaîna donc de ce banc fatal, où j'avais tant sué pendant sept années, et me fit descendre au paillot. Le mousse du paillot, qui était un forçat avec lequel j'avais déjà contracté amitié depuis deux ou trois ans, quoiqu'il fût papiste, était un jeune homme d'environ vingt-trois à vingt-quatre ans, joli garçon, fils d'un bon gentilhomme de la province du Limousin et qui était aux galères, plutôt pour un trait de jeunesse, que pour crimes odieux. Il se nommait Goujon. Lorsque le pauvre Goujon me vit introduit au paillot, il sauta à mon cou. « Mon cher ami, me dit-il, est-il bien vrai que nous ajouterons au titre d'ami celui de camarade ? » Nous nous félicitions l'un l'autre, pendant que la galère voguait sans l'aide de nos bras ; et comme nous avions tout le temps de nous entretenir, il me fit son histoire que je ne savais qu'imparfaitement, et que je donnerai bientôt au lecteur. Elle est assez curieuse pour mériter de trouver place dans ces mémoires.

Je reviens à mon sujet. Les galères furent, ce jour-là et la nuit suivante, faire une course dans la Manche; après quoi elles revinrent à la rade de Dunkerque. D'abord que nous y eûmes mouillé l'ancre, et tendu la tente, le comite, assis sur la table de son banc, me fit appeler. Je fus à lui. « Vous avez vu, me dit-il, ce que j'ai fait pour votre soulagement. Je suis ravi d'avoir trouvé cette occasion, pour vous témoigner combien je vous considère, et tous ceux de votre religion : car vous n'avez fait mal à personne, et je considère que, si votre religion vous damne, vous serez assez punis dans l'autre monde. » Je le remerciai de mon mieux des bontés qu'il me témoignait. Il continua ainsi : « Je suis assez embarrassé comment je me comporterai dans cette affaire, pour n'avoir pas à dos l'aumônier, qui ne souffrira pas impunément que je favorise un huguenot. Je pense cependant à un moyen qui réussira, j'espère, continua-t-il. L'écrivain de M. de Langeron notre commandant est mort et il est en peine d'en avoir un autre; je m'en vais lui proposer de vous prendre et je le ferai d'une manière que je suis persuadé qu'il le fera; vous serez par là non seulement exempt du travail, mais même respecté d'un chacun et moi à l'abri de la censure de l'aumônier. Allez-vous-en, me dit-il au paillot, on vous fera bientôt appeler; » ce que je fis. Le comite fut sur-le-champ parler à M. de Langeron. Il lui exagéra qu'il y avait un homme dans le sixième banc, qu'il aimerait mieux y avoir un mouton; que ce forçat se disait estropié d'un bras, et que lui qui parlait l'avait fait passer par l'épreuve à force de coups de corde; mais que n'en pouvant rien tirer il l'avait fait ôter du banc, à cause qu'il embarrassait et empêchait ses camarades de voguer. Là-dessus M. de Langeron lui demanda par quel sort j'avais été estropié. « Par les blessures, répondit le comite, qu'il a reçues à la prise du *Rossignol*, devant la Tamise. — Eh! d'où vient, dit le commandant, qu'il n'a pas été délivré comme les autres ? — C'est, dit le comite, qu'il est huguenot. Vous noterez que c'est la loi de délivrer ceux qui sont blessés dans un combat, pour quel crime qu'ils aient été mis aux galères, excepté les réformés. Mais, ajouta le comite, ce garçon sait écrire, et se comporte très bien ; et je crois, puisqu'il vous manque un écrivain, qu'il serait votre fait. — Qu'on l'appelle, » dit le commandant. On m'appela sur-le-champ. D'abord qu'il me vit, il me demanda si je n'étais pas ami de M. Piecourt. Je lui dis que oui. « Eh bien ! vous serez mon écrivain, dit-il ; qu'on le mette au paillot et que personne n'ait rien à lui commander que moi. »

Me voilà donc installé écrivain du commandant. Je savais qu'il aimait la propreté ; je me fis faire un petit habit rouge (un forçat doit porter cette couleur). Je me fis faire du linge un peu fin. J'eus la permission de laisser croître mes cheveux ; j'achetai un bonnet d'écarlate ; et ainsi décrassé et assez propre je me présentai au commandant, qui fut charmé de me voir dans cet équipage que j'avais fait à mes dépens. Il ordonna à son maître d'hôtel, qu'on me portât à chaque repas un plat de sa table et une bouteille de vin par jour, ce qu'on fit tous les jours pendant la campagne de 1709 ; et je puis dire qu'il ne me manquait rien que la liberté. J'étais sans chaîne nuit et jour, ayant seulement un anneau au pied. J'étais bien couché et en repos, pendant que tout le monde était au travail de la navigation. J'étais bien nourri, honoré et respecté des officiers et de l'équipage, et par-dessus tout aimé et chéri du commandant et du major des six galères, son neveu, de qui j'étais secrétaire. J'avais à la vérité, dans certains temps, beaucoup à écrire, et j'y étais si exact que j'y passais les nuits entières pour rendre mes écritures plus tôt même que le commandant ne s'y attendait.

Voilà l'état heureux où je me trouvai jusqu'à l'année 1712, qu'il plut à Dieu de me remettre dans une épreuve, grande d'elle-même, et d'autant plus amère que presque quatre années de bon temps m'avaient accoutumé au bien-être. Je ne dirai rien ici des années 1710, 1711 et la plus grande partie de 1712 que les galères restèrent désarmées dans le port de Dunkerque, la France étant si dénuée de tout, dans sa marine, qu'on ne pouvait armer une chaloupe ; si bien que nous n'eûmes aucun événement extraordinaire et digne de curiosité, jusqu'au mois d'octobre 1712, que nos grandes tribulations et celles de notre société souffrante arrivèrent. Mais avant que d'y venir, j'ai promis l'histoire de Goujon, je m'en acquitte.

Goujon était natif du Serche en Limousin, de parents nobles et riches. Il était le plus jeune de trois frères qu'ils étaient. L'un de ses frères était capitaine dans le régiment de Picardie, et l'autre guidon dans les mousquetaires du roi. Goujon prit aussi inclination pour les armes. On levait un nouveau régiment dans sa province, nommé le régiment d'Aubesson. La plus grande partie de la jeunesse de ce pays-là prenait parti dans ce régiment. Presque tous les officiers étaient de la noblesse du Limousin. Goujon y avait divers parents et amis, entre autres, un de ses oncles, nommé M. de Labourlie, en était lieutenant-colonel. Il n'en fallait pas tant pour donner à Goujon l'envie d'y prendre parti : M. son père ne voulut pas qu'il y prît d'autre caractère que celui de cadet, afin de lui procurer par la suite une place plus distinguée dans un vieux régiment. Goujon fut équipé magnifiquement par son père, qui lui fournit et ordonna par la suite qu'on lui fournît tout l'argent nécessaire pour faire belle figure.

Le régiment, étant complet, partit de là, et vint tenir garnison à Gravelines, petite, place située à quatre lieues de Dunkerque. Goujon avait été bien élevé, il avait fait ses études et appris tous les exercices convenables à un jeune gentilhomme, et il soutenait parfaitement bien son extraction. Toujours propre et magnifique, étant jeune et bien fait, joignant à cette dernière qualité beaucoup d'esprit, il ne tarda pas à s'attirer l'amitié et la considération de tout le monde : et comme il fréquentait tout ce qu'il y avait de beau monde dans Gravelines, il n'y fut pas longtemps, sans se faire aimer du beau sexe, et sans prendre lui-même de l'amour pour une jeune demoiselle, qui méritait tout son attachement. Elle était belle, spirituelle et fort riche. Elle était fille unique d'un vieil officier pensionnaire du roi, qui avait des biens immenses. Ces jeunes amants s'aimaient passionnément, il n'en fallait pas davantage pour faire beaucoup de chemin en peu de temps. S'étant promis foi de mariage, Goujon se flattait que le père de la fille la lui donnerait avec joie. Dans cette espérance, il lui en fait la demande ; mais il fut bien surpris, non seulement de se voir refuser tout net, mais d'entendre le commandement que le vieil officier lui fit, de ne voir, ni fréquenter en aucune manière sa fille. Il fit de même des défenses très rigoureuses à sa fille, de ne plus voir le cavalier sous peine du couvent. Ce contre-temps affligeait extrêmement nos deux amants, qui, ne voyant aucun moyen de fléchir le bon vieillard, formèrent le projet de prendre la fuite, et de se rendre dans quelque lieu où ils pussent se marier sans obstacle ; ce qui ayant été arrêté et conclu, Goujon travailla aux préparatifs de cet enlèvement. A cet effet il fit tenir toute prête une chaise de poste hors de la ville, et indiqua à sa maîtresse le jour où elle devait s'échapper de la maison de son père et se rendre à un certain endroit du rempart. La difficulté était de pouvoir sortir de la ville ; nos amants ne pouvaient le faire qu'à la faveur des ténèbres, et les portes de la place se fermaient avant la nuit close.

L'embarras était grand ; mais l'Amour, ce grand maître, qui n'éclaire que trop souvent l'esprit aux dépens de la raison, suggéra à Goujon un expédient qui ne lui fut pas aussi favorable qu'il se l'était imaginé. Il y avait à un endroit du rempart une vieille brèche que l'on avait négligée ; Goujon la connaissait fort bien, y ayant monté plus d'une fois lorsqu'il se trouvait trop tard hors de la ville, pour pouvoir entrer par la porte. Il est vrai qu'il y avait toujours à cette brèche une sentinelle, à qui il était défendu, sous peine de la vie, d'y laisser passer qui que ce soit. Mais comme il n'y avait point d'autres troupes dans Gravelines que le régiment d'Aubesson, dont tous les soldats connaissaient et aimaient Goujon, qui d'ailleurs donnait pour boire à la sentinelle toutes les fois qu'il passait par cette brèche, il se persuada que, quelque soldat qu'il y eût à ce poste, il trouverait la même facilité et pourrait y passer avec sa belle. Il fut donc au rendez-vous; la demoiselle n'y avait pas manqué : il la prit sous le bras, et la conduisait droit à cette brèche, lorsqu'un malotru de sentinelle qu'il y avait pour lors, venu depuis peu de recrue et qui avait même été domestique du père de Goujon, entendant approcher quelqu'un, crie : « Qui va là ? — Ami, » répondit Goujon. La sentinelle, qui le reconnut à la voix, lui crie de ne pas approcher davantage s'il ne voulait avoir la bourre de son fusil dans le ventre. Goujon, le nommant par son nom, lui parlait amiablement, lui promettant de l'argent pour boire à sa santé, s'il le laissait descendre par cette brèche. La sentinelle, qui prenait son ordre à la lettre, lui répondit que, pour tout l'argent du monde, il ne voulait pas risquer à se faire pendre. Goujon avançait cependant : mais la sentinelle l'ayant encore averti de se retirer, et voyant qu'il avançait toujours, le couche en joue; mais l'amorce de son fusil n'ayant point pris, Goujon, animé de fureur, saute aussitôt sur ce soldat, et l'ayant pris au travers du corps, dans ses bras, le jette du haut du rempart dans le fossé qui était sec. Cette sentinelle, qui n'eut cependant aucun mal de sa chute, s'écrie comme un perdu.

Il y avait près de là une porte de la ville, et à côté un bureau de la douane, dans lequel se divertissaient une douzaine de commis, tous bourgeois de la ville. Dès qu'ils entendirent crier la sentinelle qui était dans le fossé, ils sautèrent tous à leurs armes, et sortirent pour se rendre à l'endroit où était Goujon, les uns armés de pistolets et les autres d'épées et de sabres, en criant : « Aide au roi. » Goujon, voyant venir cet orage et ne pouvant se sauver sans exposer sa maîtresse, qui aurait été déshonorée pour toute sa vie s'il l'eût abandonnée, prit un parti plus généreux. « Sauvez-vous promptement, Mademoiselle, lui dit-il, et faites en sorte de gagner votre logis, pendant que je tiendrai tête à ces gens-là, pour favoriser votre retraite. » Ce qu'elle fit, sans que personne s'en aperçût.

Cependant Goujon fut entouré et attaqué par ces douze commis. Il mit l'épée à la main et ne s'en servit que trop bien pour quatre de ces malheureux, qu'il renversa roides morts et en blessa divers autres, non sans recevoir lui-même plusieurs blessures. Or, il se trouva qu'il y avait près de là un petit cabaret, où était pour lors un sergent de la compagnie de Goujon, qui, entendant les cris et le cliquetis des armes, sortit et demanda ce que c'était. Goujon, reconnaissant sa voix, lui cria : « C'est moi, mon ami La Motte, qu'on assassine. » La Motte met l'épée à la main, court sur l'un de ces commis qui avait un pistolet à la main, qu'il déchargea sur La Motte; qui dans le même moment plongea son épée dans le corps du commis, et par ce coup fourré, ils tombèrent tous deux roides morts. Pendant ce massacre, le corps de garde le plus prochain, entendant crier : « Aide au roi, » avait donné l'alarme à toute la garnison, qui fut d'abord sous les armes; et se rendit vers l'endroit où s'était donné le combat. Goujon était tombé par terre, par la faiblesse que lui causait la perte de son sang, qui coulait de quatre blessures, savoir : deux coups d'épée au travers du corps, un coup de sabre sur la tête et un autre à la main droite qui lui avait fait tomber son épée de la main. Cependant le major de la place, qui était accouru avec les postes des corps de garde les plus prochains, fit enlever les morts et blessés, de même que ceux qui ne l'étaient pas, et provisionnellement les fit tous porter ou conduire à l'hôpital de la ville. Tous les officiers du régiment, surtout le lieutenant-colonel, qui se trouvait alors commandant dudit régiment, pour sauver Goujon, prirent cette affaire fort haut contre les commis, les accusant de rébellion, meurtre et assassinat des gens du roi. On pallia et même on supprima le fait de la sentinelle jetée du rempart en bas par Goujon, qui était le mobile et le fondement de tout ce grand meurtre. D'ailleurs douze bourgeois contre deux gens de guerre, formait une circonstance fort désavantageuse contre ces commis, et on en profita pour sauver Goujon; et quelque injustice qu'il y eut de sacrifier les sept commis qui restaient, on agit contre eux avec la dernière rigueur. Le conseil de guerre se saisit de cette affaire, et après l'avoir examinée, rendit sentence fort précipitamment ; elle justifiait Goujon et le louait d'avoir, en homme d'honneur, à son corps défendant, et pour le service du Roi, tué quatre bourgeois de douze qui l'avaient attaqué, et elle condamnait les sept commis qui restaient à tirer au sort, pour y en avoir trois de pendus et quatre condamnés aux galères perpétuelles. Toute la bourgeoisie de la ville se récria contre la sentence du conseil de guerre. Le magistrat prit cette affaire à cœur, et fut en corps chez le gouverneur pour protester de la connaissance de la cause que s'était attribuée le conseil de guerre contre des bourgeois au préjudice des droits de la magistrature, qui ne pouvait voir sans beaucoup de désagrément la sentence rendue contre des citoyens, et contre laquelle elle faisait ses protestations. Le gouverneur sut en même temps supplié de faire surseoir l'exécution de cette sentence, afin que le magistrat pût verbaliser et adresser sa supplique au Roi pour lui demander la connaissance du procès à l'exclusion du conseil de guerre, afin que, si les commis se trouvaient réellement coupables, il fat procédé contre eux suivant la rigueur des lois. Le gouverneur, ne pouvant refuser une demande si raisonnable, leur accorda le délai de trente jours, pour l'exécution de la sentence du conseil de guerre, et ordonna, à la réquisition du magistrat, que Goujon fût transféré à la prison de la ville jusqu'à décision du procès, ce qui fut exécuté.

Le magistrat fit son procès-verbal, alléguant au net et avec preuve de vérité, de quelle manière la chose s'était passée. On n'oublia pas d'y insérer le crime de Goujon, d'avoir forcé la sentinelle et jeté du rempart dans le fossé. Il fut encore prouvé par ce procès-verbal que les commis, prenant le parti du Roi et celui de la pacification, avaient prié, avant d'user d'aucune hostilité, ledit Goujon de mettre arme bas, de la part du Roi ; mais que Goujon très irrespectueusement avait répondu : « *Que le Roi et toute sa famille s'aille faire tout outre.* » Cette imprudence coûta bien cher à Goujon; car le Roi, qui en fut pleinement informé, n'a jamais voulu la lui pardonner.

La cour, après l'examen du procès-verbal, ordonna que la sentence du conseil de guerre serait mise à néant; et remettant la connaissance de la cause au magistrat, lui enjoignit d'y procéder suivant la rigueur des ordonnances. En conséquence des ordres de la cour, le magistrat prononça sentence définitive, qui, mettant les parties hors d'appel, mit les commis hors de cour et de procès, et condamna Goujon à être pendu, lui laissant le choix, à cause de sa qualité, d'être arquebusé au pied de la potence.

On peut juger de la consternation que cette sentence causa dans tout le régiment. Le lieutenant-colonel, oncle de Goujon, en fut au désespoir. Il courut d'abord chez le gouverneur, le suppliant instamment de ne pas permettre l'exécution de cette sentence, et de lui accorder le délai de douze jours. Le gouverneur le lui accorda, et sur-le-champ ce lieutenant-colonel prit la poste, et fut en cour pour solliciter la grâce de son neveu. Il se jeta aux pieds du Roi, le suppliant à mains jointes, d'accorder la grâce de Goujon, tâchant de toucher Sa Majesté par les endroits les plus sensibles. Mais le Roi, piqué de l'irrévérence insolente que Goujon avait commise contre lui et la famille royale, resta inflexible. Le lieutenant-colonel ne se rebuta pas; il remua ciel et terre, et fit solliciter Mme de Maintenon, dont personne n'ignorait le pouvoir qu'elle avait sur le Roi. Elle prit cette affaire à cœur, et malgré la répugnance de ce monarque à pardonner Goujon, elle obtint sa grâce de Sa Majesté, qui voulut que Goujon restât toute sa vie forçat sur les galères de Dunkerque, ajoutant qu'il ne voulait pas qu'on lui en parlât davantage.

Le lieutenant-colonel revint en diligence à Gravelines, portant avec lui cette commutation de la peine de mort à celle des galères perpétuelles. Il fut descendre chez le gouverneur, à qui il remit cette sentence avec l'ordre du Roi en ces termes, qu'il entendait et prétendait que Goujon fût conduit aux galères sans connivence, et que sa tête et celle du commandant de la garnison en répondraient. Le lieutenant-colonel en consulta avec le gouverneur, et ils conclurent que, pour empêcher que la garnison ne formât le dessein d'enlever Goujon, soit dans la ville, ou en chemin, on feindrait que Goujon avait obtenu sa grâce pleine et entière, aux conditions seulement de servir de soldat dans la compagnie du chevalier de Langeron, commandant des galères de Dunkerque. Cela étant ainsi arrêté, le lieutenant-colonel s'en alla à la prison, où Goujon était déjà entre les mains de deux capucins qui l'exhortaient à la mort qu'il devait subir le lendemain. D'aussi loin que le lieutenant-colonel le vit, il lui cria : « Courage, mon neveu, tu n'en mourras pas ; j'ai obtenu ta grâce entière, et le Roi a ordonné que tu serviras en qualité de soldat, dans la compagnie du chevalier de Langeron. Cette punition n'est rien, puisque nous t'en sortirons bientôt, en obtenant pour toi un brevet d'officier ; demain deux archers, pour la forme seulement, te viendront prendre pour te conduire à Dunkerque, et te présenter au chevalier de Langeron ; ainsi tu seras libre, en étant soldat. » Goujon donna dans le panneau facilement.

Le lendemain deux archers, qui avaient le mot et leurs ordres, viennent à la prison, font civilité à Goujon, lui disant qu'ils allaient monter tous trois à cheval pour Dunkerque, non pas comme menant un prisonnier, puisqu'il ne l'était plus, mais comme faisant une partie de promenade. Goujon, très persuadé de ce qu'on lui faisait accroire, fut fort content de son sort, ainsi que tous les officiers du régiment, qui n'en savaient pas plus que lui, et qui vinrent en foule à la prison pour le féliciter et lui souhaiter un bon voyage. Enfin, il monte à cheval avec ses deux archers, et se met en chemin. A quelque distance de la ville, un des archers affecta quelque nécessité, et se tint derrière Goujon, tandis que l'autre était devant. Étant arrivés dans cette disposition dans les dunes, au milieu d'un chemin creux et étroit, l'archer qui allait devant tourne brusquement bride sur Goujon le pistolet à la main, lui disant qu'il lui casserait la tête, s'il faisait la moindre résistance. Pendant que cet archer tenait ainsi Goujon en respect, l'autre, qui s'était préparé, lui attacha les jambes sous le ventre du cheval, et lui mit les fers aux mains. On peut juger de l'affliction de ce jeune homme, qui s'imagina d'autant plus facilement qu'on allait le faire mourir, qu'ayant demandé aux archers sa destinée, ils lui répondirent brutalement, qu'il la connaîtrait lorsqu'il serait sur les lieux. Ils arrivèrent dans cet état à Dunkerque, et conduisirent Goujon sur notre galère, et le livrèrent à l'argousin, qui le fit dépouiller de ses habits galonnés, et revêtir d'une casaque rouge. Ensuite on lui coupa les plus beaux cheveux que j'aie vus de ma vie, et on le mit à la chaîne dans un banc. Cependant les recommandations qui venaient de toutes parts à notre capitaine en sa faveur, lui firent adoucir ses peines. Le capitaine ordonna qu'on le mît au paillot pour distribuer les vivres à la chiourme et à l'équipage, et l'exempta d'aucune autre manœuvre. Il fut aussi déchaîné nuit et jour, et on lui laissa seulement un anneau au pied comme une marque de servitude. Je fis bientôt connaissance avec lui ; c'était un garçon d'esprit et d'une agréable conversation. Je n'avais su d'abord son histoire qu'en gros ; j'en appris seulement les particularités, lorsqu'en 1709, on me mit au paillot avec lui, comme je l'ai déjà dit.

Goujon et moi, nous restâmes amis et camarades de paillot, jusques en l'année 1712, au mois de juillet, qu'il se sauva des galères. La manière dont il s'y prit, et qu'il exécuta heureusement, mérite la curiosité du lecteur. J'ai déjà dit que Goujon avait de puissants parents et amis, qui s'intéressaient à sa disgrâce, et sollicitaient sans relâche pour lui procurer sa délivrance. Monsieur son père, vénérable vieillard, fut se jeter aux pieds du Roi avec ses deux autres fils, implorant la clémence de Sa Majesté pour celui qui était en galère. Il exprima avec tant de force la tendresse d'un père pour ses enfants, en promettant à ce monarque, d'aller, tout vieux qu'il était, à la tête de ses trois fils, répandre gaiement son sang pour son service ; il parla d'une façon si touchante et si pathétique, que tous ceux qui étaient présents en furent attendris jusqu'aux larmes. Il ne put cependant fléchir le Roi, qui refusa constamment la grâce de Goujon ; ce qui fait bien voir que les injures que l'on fait aux grands, sont des taches pénétrantes qui ne s'effacent pas aisément. Malgré le mauvais succès de cette dernière démarche, on essaya cependant encore une nouvelle tentative pour la liberté de Goujon. L'on fit agir M. le maréchal de Noailles ; il revenait du siège de Gironne, dont il s'était rendu le maître avec beaucoup de gloire. Le Roi, à qui il fut rendre compte de sa conduite, l'approuva d'une manière fort gracieuse. L'occasion était favorable pour demander et obtenir quelque faveur de Sa Majesté. Cependant M. de Noailles se borna à demander la grâce de Goujon. Le Roi lui dit qu'il était fâché de la lui refuser, et qu'il avait juré de ne l'accorder jamais. Goujon qui en fut informé, vit bien qu'il ne pourrait obtenir sa délivrance tant que le Roi vivrait, et ne se consolait que dans l'espérance, que sa mort, ou celle du Roi, le délivrerait de cet esclavage. Dans un si fâcheux état il ne laissait pas que de jouir de quelques agréments. Son père lui envoyait ce qui lui était nécessaire, et ses amis de son régiment, tant officiers que soldats, le venaient souvent visiter ; car tout le monde peut entrer dans les galères. Le comite n'en refuse l'entrée à personne. Comme il fait vendre du vin à son profit, et que tous ceux qui viennent sur les galères pour voir leurs connaissances, y boivent ordinairement bouteille, il est de son intérêt d'y laisser entrer tous ceux qui se présentent.

Vers le mois de mai de l'année 1712, un sergent des grenadiers du régiment d'Aubesson, pour lors en garnison à Nieupoort, vint voir Goujon, à qui il était fort attaché. Après plusieurs complaintes sur son esclavage, et sur le peu d'espérance d'en sortir, ce sergent lui parla ainsi : « Je viens exprès ici, Monsieur, de la part de vos amis du régiment, pour vous proposer, si moi et quatre grenadiers, gens de cour et à toute épreuve, pouvons vous procurer votre liberté, soit à force ouverte ou autrement, vous n'avez qu'à nous indiquer le moyen de vous servir, et vous connaîtrez que nous sommes tous cinq à votre disposition, au péril de notre vie. On est informé au régiment que vous avez souvent occasion d'aller en ville. Si vous croyez que nous puissions vous y enlever, je vous proteste qu'aucun danger ne pourra nous empêcher de le faire. Faites vos réflexions sur ce que j'ai l'honneur de vous dire, et comptez sur notre discrétion et notre courage. Il serait inutile que vous me demandiez qui est celui ou ceux qui nous mettent en œuvre ; vous pouvez le deviner sans que je vous le dise. En un mot, continua-t-il, je viendrai de temps en temps prendre langue et consulter avec vous sur les résolutions que vous aurez prises. »

J'étais présent à cette conversation ; nous étions si intimement liés, Goujon et moi, que nous n'avions rien de caché l'un pour l'autre. Goujon, charmé de la proposition, remercia ce sergent de sa bonne volonté, et lui dit qu'une entreprise aussi périlleuse demandait du temps et beaucoup de réflexions ; qu'il y penserait mûrement, afin de ne rien entreprendre qu'il ne fût certain de la réussite, et qu'aussitôt qu'il verrait jour à sortir heureusement de cette affaire, il lui communiquerait ses idées, pour prendre ensemble de plus justes mesures, s'il était nécessaire. Après cette première conversation, le sergent prit congé de nous, et dès ce moment, Goujon n'eut plus autre chose dans l'esprit que de chercher le moyen de se sauver. La chose n'était pas facile. Il est vrai qu'il avait souvent occasion d'aller en ville, à cause de l'emploi qu'il avait de distribuer les vivres à la chiourme ; mais il n'y allait jamais seul, et lorsqu'il était obligé de sortir, soit pour aller chez le commissaire des vivres, ou chez le magasinier, l'argousin l'enchaînait avec un turc qui était dans ses intérêts, et lui donnait pour garde un nommé Guillaume, qui était fort rigide et qui l'accompagnait ordinairement ; l'argousin ne se fiant à aucun autre pour la garde de Goujon. Il faut remarquer qu'il y avait une défense générale de laisser entrer dans les maisons publiques aucun couple de forçats qui allaient en ville pour leurs affaires, soit pour acheter ou pour vendre leurs ouvrages, à peine de trois ans de galère pour le garde, et de mille écus d'amende pour ceux qui les laisseraient entrer chez eux. Le privilège qu'avait Goujon d'aller en ville ne pouvait donc lui servir pour l'exécution de son dessein. Il était impossible de l'enlever dans la rue, en plein jour et à la vue d'un grand nombre de soldats et de l'équipage des galères. D'ailleurs la ville était remplie d'une nombreuse garnison, qui avait partout des corps de garde et des sentinelles ; en un mot, la chose ne paraissait pas praticable. Il n'y avait qu'un seul moyen pour réussir, qui était d'apprivoiser le garde à force de libéralités, et de faire en sorte d'obtenir de lui la permission d'entrer dans un cabaret. Ce fut celui dont se servit Goujon, qui était persuadé que, s'il pouvait obtenir de son garde cette grâce pour une seule fois, il viendrait facilement à bout de son entreprise. Ayant formé ce projet, il écrivit à son père pour le prier de lui faire tenir une bonne somme d'argent dont il avait besoin pour une affaire de conséquence. Le bon homme ne manqua pas de la lui envoyer, et il ne l'eut pas plutôt reçue, qu'il commença à faire jouer ses batteries.

Un jour du mois de juin, qu'il faisait fort chaud, Goujon fut en ville avec Guillaume, son garde ordinaire. Après avoir fait plusieurs messages relatifs à son emploi, comme ils passaient dans une petite rue écartée, devant un cabaret à bière et à eau-de-vie, Goujon, voyant que son garde pâmait de soif, fit aussi l'altéré, et le pria de faire venir un pot de bière devant la porte du cabaret, afin de se rafraîchir. Guillaume, qui ne voyait là rien de contraire à la défense, l'accepta volontiers. La cabaretière leur porta un pot de bière dans la rue, et s'étant aperçue que la fatigue leur faisait chercher de quoi s'asseoir, elle leur dit : « Mes amis, voilà un banc dans mon vestibule, servez-vous-en, et même entrez sous la porte, où étant visibles comme dans la rue, on n'aura rien à me dire par rapport à la défense. » Ils ne se firent pas beaucoup prier ; Goujon y régala son garde et le turc à merveille, et après y avoir passé deux ou trois heures, il demanda à la cabaretière à combien montait l'écot. Elle lui dit qu'il se montait à une trentaine de sous. « Tenez, ma bonne, dit-il, voilà un écu de cinq livres ; je vous fais présent du reste. » Cette femme, qui n'était pas fort opulente, se sentit si obligée de cette libéralité, qu'elle lui offrit de le laisser entrer dans sa maison lorsqu'il lui plairait. « Non, lui dit Goujon, je ne veux pas vous exposer, non plus que mon garde ; c'est un devoir que je me fais et que j'observerai toujours. » Sur cela ils sortirent pour retourner à la galère. Mais avant d'y arriver, Goujon mit un écu de cinq livres dans la main de Guillaume, par reconnaissance, disait-il, de la permission qu'il lui avait donnée de se rafraîchir à ce cabaret. Guillaume fut si extasié de ce présent qu'il ne savait où il en était. Ces gardes ont de petits gages, et depuis trois années on ne les payait pas, ni personne de l'équipage, de sorte que cet écu de cinq livres était un trésor pour lui, ce qui l'engagea de dire à Goujon, que par la suite il lui donnerait plus de liberté que ci-devant, et qu'en prenant certaines précautions, il n'y aurait aucun danger pour personne.

Goujon fut fort content de son coup d'essai, qu'il me raconta dans toutes ses parties et qui lui fit concevoir de grandes espérances. Il ne tarda pas longtemps à retourner en ville. Il sentait combien il lui était nécessaire de se concilier de plus en plus ses gens et de ne pas laisser refroidir leur bonne volonté par une négligence qui aurait pu causer quelque contre-temps et rompre ses mesures. Après donc avoir fait les affaires qu'il avait prétextées, ils furent déjeuner à leur cabaret. La femme les fit entrer dans son vestibule et leur donna ce qu'ils avaient besoin, pendant que la servante se tenait en sentinelle à la porte de la rue, pour observer s'il ne paraissait pas quelques personnes suspectes.

Après le déjeuner, la cabaretière, soit par intérêt ou autrement, leur dit : « Mes amis, vous et moi nous sommes toujours en appréhension que quelqu'un ne vous découvre dans ce vestibule ; il y aurait un moyen de nous tirer de cette inquiétude ; j'ai, continua-t-elle, une chambre tout à fait au bout de ma maison ; vous pourriez vous y tenir en repos, et lorsque vous voudrez y venir, il n'y aura seulement qu'à observer, en sortant ou en entrant, s'il n'y a personne dans la rue qui puisse vous apercevoir. » Goujon, ne voulant pas témoigner la joie qu'il avait de cette proposition, n'y répondait pas ; mais Guillaume, qui, outre l'espérance qu'il avait de venir plus souvent et plus sûrement faire bonne chère, comptait encore sur les générosités de Goujon, dit d'abord que la cabaretière avait fort bien imaginé et qu'il fallait voir la chambre. Elle fut trouvée fort commode. Guillaume, pour sa propre sûreté, et Goujon pour l'exécution de son dessein, se réunirent facilement pour en faire l'accord. « Je ne prétends pas, dit ce dernier à l'hôtesse, que pour nous obliger vous y perdiez ; il pourrait arriver que lorsque nous viendrons ici, votre chambre serait occupée par d'autres personnes qui viennent y dépenser leur argent, et il ne serait pas juste que vous vous privassiez de ce profit. Arrangeons-nous de sorte que nous soyons tous deux contents ; louez-moi cette chambre par mois ; pour lors elle sera toujours à notre disposition quand nous viendrons chez vous. — Parbleu, dit Guillaume, on voit bien, M. Goujon, que vous avez de l'esprit ; on ne peut, au monde, rien imaginer de mieux. » La cabaretière laissa le louage de la chambre à la discrétion de Goujon, qui, toujours libéral, le fixa à vingt livres par mois, dont il en paya un d'avance, et donna une pareille somme à Guillaume, en lui disant que, puisqu'il courait les mêmes risques que cette femme, il était juste qu'il eût le même profit. « Au reste, ajouta Goujon, cet argent que je vous donne à présent, ne vous exclut pas de mes libéralités, chaque fois que nous ferons la partie de venir ici. » Il donna aussi la pièce au turc, afin qu'il ne jasât pas à l'argousin; après quoi ils sortirent pour revenir à la galère, les uns et les autres fort contents des événements de cette journée. Guillaume et Goujon avaient arrêté, que le surlendemain ils iraient faire la dédicace de cette chambre. A cet effet, Guillaume alla audit cabaret par ordre de Goujon, pour y ordonner un bon dîner, et le jour marqué ils s'y rendirent et se régalèrent parfaitement. Ce manège continua jusqu'à la consommation de l'entreprise, qui arriva vers la fin du mois de juillet, comme je vais le décrire.

Le sergent des grenadiers, qui se nommait la Rose, ne manquait pas de venir de temps en temps voir Goujon, qui lui faisait part de ce qui se passait, et l'assurait que l'affaire allait un bon train. « Quelque chose m'embarrasse, lui dit un jour la Rose; je n'entrevois aucun moyen pour que moi et mes quatre grenadiers puissions entrer dans cette chambre dont vous m'avez parlé. Car la cabaretière, continua-t-il, ne voudra jamais permettre que personne y entre, tandis que vous y serez, dans la crainte d'être décelée; et d'ailleurs votre garde, par la même raison, s'y opposerait fortement. — Ne te mets pas en peine de cela, lui dit Goujon, j'ai pensé avant toi à cette difficulté, et j'y ai pourvu. Lorsqu'il en sera temps, je te communiquerai le plan que j'ai formé, et les mesures qu'il faudra prendre pour réussir. Laisse-moi le soin de prendre les arrangements convenables. Je ne te demande à toi et à tes quatre fidèles grenadiers, que de la constance dans vos résolutions, de la fermeté et du courage pour l'exécution. » Le sergent l'assura de nouveau, qu'il pouvait compter sur eux. Après quoi il retourna à sa garnison. Cependant Goujon et Guillaume allaient se régaler souvent chez leur mère (c'est ainsi qu'ils appelaient la cabaretière), et se rendirent si familiers dans ce cabaret, que l'hôtesse les regardait comme s'ils eussent été de sa famille. Enfin Goujon, jugeant qu'il était temps de mettre son projet à exécution, donna ses derniers ordres à la Rose, qui l'était venu voir. Après lui avoir dit que le temps était venu de mettre son courage à l'épreuve, il lui donna le plan de l'entreprise par écrit, afin qu'il n'en oubliât rien, et lui indiqua le jour et l'heure qu'il devait se trouver à Dunkerque avec ses quatre grenadiers. Ce plan, qu'il me fit voir, me charma, tant par son invention, que par les moyens qu'il avait pris, pour empêcher que, dans cette force ouverte, il n'y eût du sang répandu ; aussi n'y en eut-il pas. Le lecteur aura une idée de ce plan, par le récit que je vais faire de son exécution.

Le jour marqué pour l'enlèvement de Goujon étant arrivé, le sergent et les quatre grenadiers ne manquèrent pas de se trouver à Dunkerque, après avoir appris chacun leur rôle par cœur, afin de mieux jouer cette tragi-comédie. Goujon, s'étant apprêté pour aller en ville, m'embrassa les larmes aux yeux : « Priez Dieu pour moi, mon cher ami, me dit-il. C'est aujourd'hui que sera l'époque de mon bonheur, ou de la fin de ma vie : car s'il arrive quelque traverse à ma fuite et que j'aie une épée en main, je ne me laisserai jamais reprendre, sans en coucher quelques-uns sur le carreau ; ainsi, si je ne meurs pas en défendant ma liberté, et que je sois vaincu, je perdrai la vie par la main du bourreau. Cet adieu m'effraya, et m'attendrit tellement que je le suppliai, par notre tendre amitié, d'abandonner son entreprise, et d'attendre patiemment sa délivrance d'une occasion qui serait pour lui moins dangereuse. « Non, me dit-il, le vin est tiré, il faut de boire. J'ai un pressentiment d'une favorable issue, qui m'engage à ne plus temporiser davantage. » Il m'embrassa de nouveau, essuya ses larmes, et alla se faire enchaîner avec son turc pour aller en ville sous la garde de maître Guillaume.

Goujon avait donné pour signal au sergent, qu'il passerait vers les neuf heures du matin devant la maison de ville, et que, s'il n'y avait point de contre-temps pour l'exécution du projet, il tirerait son mouchoir de la poche, et qu'alors il devait suivre de point en point ce qu'il lui avait prescrit. Il passa donc devant l'endroit désigné, fit semblant de ne pas voir le sergent, qui s'y était rendu pour l'observer, lui donna le signal dont ils étaient convenus, et fut déjeuner au cabaret avec son escorte ordinaire. Sur les dix heures, pendant qu'ils déjeunaient, deux de ces quatre grenadiers, passant devant le cabaret, chargés de leurs havre-sacs, l'un dit à l'autre : « Camarade, il faut que nous buvions ici un verre d'eau-de-vie. » Ils entrèrent dans le vestibule, et après que l'hôtesse leur en eut versé un verre, et qu'ils se furent assis, l'un des deux demanda à l'autre s'il n'avait pas vu leurs deux autres camarades et le sergent ; l'autre dit que non : « Que le diable les emporte, répondit celui qui avait parlé le premier, avec leur peste de Goujon ; ils seront cause que nous ne pourrons pas arriver aujourd'hui à notre garnison. » La femme, qui avait entendu nommer Goujon, curieuse de savoir s'ils parlaient de celui qui était chez elle, leur demanda s'ils connaissaient ce Goujon qu'ils venaient de nommer. « Parsembleu, dirent-ils, si nous le connaissons ? Il a été cadet dans notre régiment, et a eu le malheur, il y a quelques années, d'être condamné aux galères pour une affaire d'honneur. Mais Dieu merci, il en va être délivré. Notre lieutenant-colonel a tant sollicité en cour pour sa délivrance, qu'il a obtenu sa grâce, et un brevet de lieutenant. C'est même pour cette affaire, que notre sergent est venu à Dunkerque. Le lieutenant-colonel l'a chargé d'apporter le brevet de grâce à l'intendant des galères, pour faire délivrer ce M. Goujon, et nous autres quatre grenadiers, nous avons profité de cette occasion pour venir acheter des provisions pour nos chambrées. Le sergent, pour exécuter sa commission, s'est transporté en arrivant sur la galère où est Goujon pour le faire délivrer ; mais ne s'y étant pas trouvé, ayant été obligé d'aller chez le commissaire des vivres, notre sergent, qui ne l'a pas trouvé non plus dans ce dernier endroit, s'est détaché de nous pour le chercher, et lui porter cette bonne nouvelle. — Comment, dit l'hôtesse, Goujon va donc être délivré ? — Vraiment oui, dirent-ils, et il le serait déjà, si nous l'eussions pu rencontrer sur sa galère. » Cette femme donna dans le panneau, et courut annoncer à Goujon ce qui venait de se passer sans oublier aucune circonstance. Le tout avait tant d'apparence de vérité, que Guillaume crut aussi que Goujon allait être mis en liberté. Goujon, faisant semblant d'être transporté de joie, demanda si ces deux grenadiers étaient sortis. « Non, dit la femme, ils sont encore dans le vestibule, » Guillaume, persuadé de ce qu'il venait d'apprendre, et ne voyant plus aucun danger à être trouvé dans un cabaret, s'écria le premier, qu'il fallait les faire venir. L'hôtesse fut les prier de venir derrière. Ces deux grivois, qui savaient bien leur rôle, se jetèrent, en entrant, au cou de Goujon, et le félicitèrent de son heureuse délivrance, dont ils racontèrent toutes les particularités, ainsi que les prétendues recherches que faisait le sergent. L'on but plusieurs rasades à la santé de Goujon, et chacun prenait part à la joie qu'il témoignait ressentir, tandis que les deux autres grenadiers se préparaient à entrer aussi sur la scène. Ils ne tardèrent pas à passer à leur tour devant le cabaret; et comme s'ils s'y fussent trouvés par hasard, l'un dit à l'autre : « Regarde un peu, camarade, si nos gens ne seraient pas dans ce cabaret. » Celui-ci, regardant à la porte : « Non, dit-il, ils n'y sont pas. — Qu'ils aillent donc au diable avec le sergent, dit l'autre; nous ne perdrons plus nos peines pour les chercher. » La cabaretière, qui voyait à leurs uniformes, que ceux-ci étaient du même régiment que les autres qui étaient chez elle, leur demanda qui ils cherchaient. « Deux de nos camarades, répondirent ces grenadiers. — Vous les allez voir dans l'instant, Messieurs, leur dit-elle, ils sont chez moi; ayez la bonté d'entrer et de me suivre. » Les ayant aussitôt introduits dans la chambre où était Goujon, les embrassades et les compliments recommencèrent de plus belle. « Pour rendre la fête complète, il ne nous manque plus que le sergent, dit Goujon, si l'un de vous voulait se détacher pour l'aller chercher, il me ferait plaisir. » Le grenadier qui se chargea de la commission et qui savait où était le sergent, ne tarda pas à rentrer avec lui.

Jusqu'ici l'affaire prenait un bon train; la grande difficulté était levée;

il ne s'agissait plus que de parachever l'entreprise avec le même succès, et d'éloigner tout ce qui aurait pu y mettre obstacle. La cabaretière était veuve, et n'avait avec elle qu'une servante, qui aurait pu crier, répandre l'alarme, et rendre l'aventure périlleuse et sanglante. Goujon, qui avait prévu cet inconvénient, pour s'en défaire, dit à ces messieurs, que, puisqu'ils étaient venus trop tard pour déjeuner, il voulait les régaler avec des huîtres. Ils l'en remercièrent pour être moins suspects, et lui dirent qu'ils devaient se rendre à Nieupoort, et que s'ils s'amusaient, il serait trop tard pour y arriver. Mais enfin Goujon les persuada, en leur disant que cela serait bientôt fait; et en même temps appela la servante, à qui il donna de l'argent pour aller acheter des huîtres à la poissonnerie, qui était à l'autre bout de la ville. Peu après son départ, on appela l'hôtesse pour avoir du vin. Lorsqu'elle en eut apporté, Goujon lui dit : « Ma mère, il faut que vous buviez à ma bonne délivrance. — De tout mon cœur, mon fils, » lui dit-elle; et comme elle avait le verre à la bouche, ainsi que les autres qui s'étaient armés d'une rasade pour lui faire raison, Goujon fit son signal. Au même instant, le sergent sauta sur l'hôtesse, la baïonnette au bout du fusil, la menaçant de l'égorger, si elle criait ou faisait la moindre résistance. D'un autre côté, un grenadier se rua sur Guillaume, en lui faisant la même menace; et un autre sur le turc, qui se coucha sous la table. On jeta sur un lit la cabaretière, qui s'était évanouie de frayeur, et on ordonna à Guillaume de se coucher sans faire la moindre résistance; ce qu'il fit, après avoir demandé quartier à genoux, et ne remua pas plus que s'il eût été mort. Chacun ayant son office, les deux autres grenadiers vidèrent promptement leurs havre-sacs. Il s'y trouva un habit complet, et tout ce qui était nécessaire pour habiller Goujon depuis les pieds jusqu'à la tête. S'étant munis aussi d'une petite enclume, d'un marteau et d'un repoussoir, ils l'eurent bientôt déchaîné, et habillé comme un officier avec l'épée au côté : car le sergent en avait apporté une sous son bras, disant que c'était pour un officier du régiment, qui lui avait donné la commission de l'acheter à Dunkerque. Cela étant fait, Goujon avec le sergent et deux grenadiers sortirent, et gagnèrent promptement la porte de Nieupoort. Les deux autres grenadiers restèrent un moment après eux pour veiller sur les trois patients, savoir, l'hôtesse, le garde et le turc; et se disant l'un à l'autre qu'ils voulaient prendre un doigt d'eau-de-vie, ils s'en allèrent au vestibule, et jurant comme des grenadiers qu'ils étaient, que si quelqu'un d'eux faisait le moindre mouvement, ils reviendraient sur leurs pas pour les poignarder tous trois. De cette manière les deux derniers grenadiers enfilèrent la porte, et se rendirent en diligence sur le chemin de Nieupoort, où ils joignirent leurs camarades. Nos trois patients n'avaient garde de se remuer. La frayeur leur faisait penser que les grenadiers étaient toujours dans la maison. Ils restèrent dans cette attitude, jusqu'à ce que la servante entra avec des huîtres. Les ayant trouvés couchés et pâles comme la mort, elle s'informa de ce qui leur était arrivé, et leur apprit qu'il n'y avait personne dans le vestibule ni dans la maison. Alors ils commencèrent à respirer et à reprendre courage. Guillaume, se levant promptement, s'enfuit à Nieupoort, où il savait qu'il y avait franchise dans les églises comme dans toutes celles de Brabant et de la Flandre espagnole. En arrivant, il se retira chez les capucins, et y trouva Goujon, le sergent, et les quatre grenadiers, qui s'y étaient aussi réfugiés.

Cependant j'étais fort inquiet et fort curieux d'apprendre ce qui se serait passé à l'évasion de mon ami Goujon, pour qui je craignais beaucoup, sachant que dans les entreprises de cette nature, où il y a tant de précautions à garder, souvent la moindre chose les fait échouer. Dans la perplexité où je me trouvais, je me tenais assis sur l'arrière de la galère, regardant toujours sur le quai, lorsque j'y vis venir le turc de Goujon portant sa chaîne sur l'épaule. Il n'en fallut pas davantage pour me faire juger que Goujon était déjà bien loin, ce qui me soulagea extrêmement de l'angoisse où j'étais à son sujet. L'argousin qui se tenait sur le quai, au bout de la planche de la galère, voyant venir ce turc la chaîne sur l'épaule, lui demanda avec empressement où était Goujon. « Bon, dit le turc, il est bien loin ; plus de cinq cents grenadiers sont venus avec des bombes, des canons et autres armes, nous l'enlever. » La peur avait tellement dérangé la cervelle de ce pauvre turc, qu'il en devint fou à lier et l'est resté toute sa vie. L'argousin, ne pouvant tirer rien de raisonnable de ce turc, vit bien qu'il était fou et que Goujon s'était sauvé. Sur quoi, craignant de passer par le conseil de guerre, il prit aussi la route de Nieupoort et alla avec les autres chez les capucins, se mettre en franchise. Le commandant du régiment d'Aubesson écrivit en cour pour obtenir la grâce du sergent, des quatre grenadiers et celle de Goujon. Le commandant des galères écrivit pareillement pour la grâce de son argousin et du garde. Comme en pareil cas de franchise, on n'en refuse pas ordinairement, elles furent toutes accordées, à la réserve de celle de Goujon, dont le Roi ne voulut jamais entendre parler, ni lui pardonner. Il fallut qu'on le fît sortir secrètement et déguisé de la ville de Nieupoort, et quelques jours après il m'écrivit de Bruges, me marquant qu'il était dans cette ville, en attendant que son père eût ordonné de sa destinée, dont je ne pus avoir, par la suite, aucune nouvelle. Je fus soupçonné d'avoir su son projet. On l'insinua à M. de Langeron ; mais il m'aimait trop pour faire attention à de pareilles accusations. Tout autre, cependant, aurait eu la bastonnade ; car c'est une loi des galères, que si quelqu'un sait l'évasion de son camarade ou d'un autre forçat et n'en avertit pas l'argousin, il reçoit la bastonnade sans miséricorde. De plus, si un forçat se sauve d'un banc, les cinq restants du même banc et les douze des deux bancs joignants, reçoivent tous la bastonnade. Cette loi est politique, et fait que chacun veille à empêcher qu'un autre ne se sauve ; cependant elle est très injuste, car un homme peut s'enfuir sans qu'aucun de ses voisins le sache. Mais il n'y a point de justice pour un forçat, ou du moins très peu. Je reviens à mon sujet.

Après la fuite de Goujon, on ajouta à mon emploi d'écrivain du commandant et du major, celui de distributeur des vivres de la chiourme, que j'exerçai jusqu'au premier octobre de l'année 1712, qu'on nous enleva de Dunkerque pour nous conduire à Marseille. Je raconterai dans son lieu les particularités de cet enlèvement; mais auparavant je vais rapporter une autre histoire, qui me mit, aussi bien que d'autres de nos frères, dans un extrême péril de mourir sous la bastonnade.

Il faut savoir que nos frères des Églises françaises des Provinces-Unies envoyaient de temps en temps une subvention d'argent aux réformés qui souffraient sur les galères de France. Cet argent passait ordinairement par Amsterdam, d'où un négociant le faisait tenir par un de ses correspondants aux lieux où étaient les galères. Un de mes parents d'Amsterdam, ancien de l'Église wallonne, crut me distinguer en me chargeant de la commission de le recevoir. Cet emploi est très périlleux, car si on s'en aperçoit, vous risquez qu'on vous donne la bastonnade jusqu'à la mort, à moins de déclarer le marchand qui a compté l'argent, et en ce cas un tel marchand serait ruiné de fond en comble.

Les missionnaires de Marseille, qui nous ont toujours persécutés à toute outrance, ne trouvaient aucune occasion de renouveler et d'augmenter nos souffrances, qu'ils ne l'embrassassent avec ardeur. Sachant que nos frères des pays étrangers nous faisaient tenir, de temps en temps, quelque argent pour nous aider à ne mourir pas de faim, et se persuadant que si cette ressource nous était ôtée, ils nous prendraient par famine, proposèrent en cour de donner ordre aux intendants de Marseille et de Dunkerque, et aux majors et autres officiers des galères, de tenir la main à ce qu'aucun négociant ou autre ne comptât de l'argent ou remît des lettres de change aux galériens de la religion réformée, qui étaient sur les galères. La cour ne manqua pas d'envoyer ces ordres et commanda de les faire exécuter à la rigueur, et de procéder criminellement contre les négociants ou autres qui seraient convaincus d'avoir contrevenu à la défense. On peut juger si les missionnaires, sous lesquels tout pliait, faisaient observer exactement qu'aucun secours ne nous parvînt. Leur grande attention était à découvrir quels marchands ou banquiers nous fournissaient de l'argent, par correspondance des pays étrangers, afin de les faire punir si sévèrement, qu'aucun autre, par la suite, ne s'y osât exposer. Mais par la grâce de Dieu, jamais ils n'ont pu parvenir à cette découverte, quoique ces subventions nous parvinssent très souvent ; je dois ajouter aussi, grâce à la fidélité des esclaves turcs, qui nous servaient merveilleusement bien, par pure charité et bonté pour nous.

En parlant de la fidélité et de l'affection que les turcs nous portaient, j'en dirai ici un exemple qui concerne le turc qui me servait dans ces occasions à Dunkerque. J'ai dit ci-dessus que je fus commis pour recevoir ces subventions et les distribuer à nos frères. J'étais enchaîné dans mon banc, sans avoir la liberté d'aller en ville, et cela par la malice des aumôniers des galères, qui nous empêchaient d'avoir ce privilège, que les autres forçats, condamnés pour leurs crimes, avaient bien, en payant un sou à l'argousin et autant au garde qui les y conduisait. Comment faire donc pour recevoir cet argent ? M. Piecourt m'envoya une fois ou deux, par son commis, ce qu'il avait ordre de me compter. Mais les ordres de la cour ayant été renouvelés avec de grandes menaces à l'Intendant et aux officiers qui négligeraient d'y tenir la main, le commis du sieur Piecourt n'osa plus s'y exposer. Son maître, me l'ayant fait savoir, me pria de trouver quelqu'un de toute fidélité, pour envoyer chez lui prendre cet argent à chaque remise. J'étais encore novice sur l'affection et la fidélité que les turcs nous portaient. Cependant je m'en ouvris au turc de mon banc, qui, avec joie, entreprit de me rendre service, en mettant la main sur son turban (ce qui est parmi eux signe de l'épanchement du cœur vers Dieu), en le remerciant de toute son âme de la grâce qu'il lui faisait, de pouvoir exercer la charité au péril de son sang, car ce turc savait bien, que s'il avait été pris sur le fait, en nous rendant ce service, on lui aurait donné la bastonnade jusqu'à la mort, pour lui faire avouer quel marchand nous comptait de l'argent. Ce turc donc, qui se nommait Isouf, me servit quelques années très fidèlement dans cette affaire, sans jamais avoir voulu prendre de moi le moindre salaire, m'alléguant que, s'il le faisait, il anéantirait sa bonne œuvre et que Dieu l'en punirait. Ce bon turc fut tué au combat de la Tamise. C'est celui dont le bras me resta à la main, comme je l'ai raconté. Je fus fort affligé de sa mort, et je ne savais à qui m'adresser pour me servir dans un si périlleux emploi. Je n'eus cependant pas la peine d'en chercher un, car dix ou douze, les uns après les autres, me vinrent solliciter, comme on sollicite un office lucratif dans le monde. Il faut savoir que, lorsque les turcs ont occasion d'exercer la charité ou d'autres bonnes œuvres, ils communiquent la joie qu'ils en ont à divers de leurs *papas* (c'est ainsi qu'ils appellent leurs théologiens, qui, pour toute science, savent lire l'Alcoran), leur demandant leur avis sur les bonnes œuvres qu'ils entreprennent de faire ; et quoique j'eusse instamment prié mon Isouf de ne communiquer à personne le service qu'il me rendait, il ne put s'empêcher, par principe de religion, de dire la chose à ses *papas,* comme je le sus après sa mort. Ces bonnes gens donc, voyant que je serais embarrassé pour ne savoir à qui me fier, vinrent tous, les uns après les autres, me prier de me servir d'eux, me marquant des sentiments si pieux et me témoignant tant d'affection pour ceux de notre religion, qu'ils appelaient leurs frères en Dieu, que j'en fus touché jusqu'aux larmes. J'en acceptai un nommé Aly, qui sautait de joie d'obtenir un emploi si périlleux pour lui. Il m'y rendit service pendant quatre ans, c'est-à-dire jusqu'au temps qu'on nous enleva de Dunkerque, et il s'y comporta avec un zèle et un désintéressement inexprimables. Ce turc était pauvre, et j'ai diverses fois tenté de lui faire accepter un écu ou deux, lui alléguant que ceux qui nous envoyaient cet argent, prétendaient que ceux qui nous servaient, en ressentissent quelque douceur. Il le refusa toujours constamment, disant, dans son style figuré, que cet argent lui brûlerait les mains ; et lorsque je lui disais que, s'il n'en prenait pas, je me servirais d'un autre, ce pauvre turc était comme au désespoir, me sollicitant à mains jointes de ne pas lui fermer le chemin du ciel. Ce sont ces gens que les chrétiens nomment *barbares*, et qui, dans leur morale, le sont si peu, qu'ils font honte à ceux qui leur donnent ce nom.

Il faut cependant distinguer ces turcs d'avec ceux qui, quoique de même religion, n'ont pas les mêmes mœurs. Ces derniers sont les turcs de l'Afrique, nommément ceux des royaumes de Maroc, Alger, Tripoli, etc., qui sont en général des gens de sac et de corde, fripons, cruels, parjures, traîtres et scélérats au suprême degré. Aussi n'avions-nous garde de nous y fier. Mais les turcs de l'Asie et de l'Europe, nommément ceux de la Bosnie et autres frontières de la Hongrie et de la Transylvanie, ceux de Constantinople, etc., dont il y en a beaucoup sur les galères de France, qui ont été faits esclaves par les impériaux, qui les vendaient en Italie, et que les Français achetaient des Italiens pour peupler leurs galères ; ces derniers, dis-je, sont en général très bien faits de corps, blancs et blonds de visage, sages dans leur conduite, zélés à l'observation de leur religion, gens de parole et d'honneur, et surtout charitables au suprême degré. Ils outrent même la charité. J'en ai vu qui donnaient tout l'argent qu'ils avaient, pour acheter un oiseau privé en cage, afin d'avoir le plaisir et la consolation de lui donner la liberté. Quand ils sont à prendre leur repas, tous ceux qui passent, soit chrétiens, turcs ou autres, amis ou ennemis, s'ils ne mangent pas avec eux, du moins s'ils ne goûtent pas de leurs viandes, c'est le plus grand affront qu'on puisse leur faire. Ils ne boivent jamais de vin, ni de liqueur forte, ni ne mangent jamais de chair de pourceau, parce que leur religion le leur défend. Pour les turcs de l'Afrique, que j'ai dépeints ci-dessus, et qu'on nomme ordinairement *Mores*, quoi qu'en dise leur religion, ils s'enivrent comme des bêtes, et commettent, quand ils le peuvent, les plus horribles crimes. Aussi les turcs asiatiques, qu'on nomme *Turqué fino*, ou *Turcs fins*, haïssent mortellement cette moraille africaine et ne conversent jamais avec eux. J'ai cru que je devais cette digression au lecteur de ces mémoires, pour lui donner une idée de la candeur de ces turcs fins ou asiatiques, par opposition à ceux de cette religion qui sont nés en Afrique. Je vais présentement reprendre l'histoire que j'ai promise.

J'ai insinué que, grâces à Dieu, et par la fidélité d'Isouf, et en dernier lieu du bon Aly, il ne m'arriva rien de fâcheux au sujet de la réception et de la distribution des subventions dont j'eus la charge pendant diverses années sur les galères. Mais à Marseille il en arriva autrement à l'égard d'un de nos frères qui, comme moi, avait cette fonction.

Les missionnaires, peu contents de veiller à ce qu'ils pussent attraper quelqu'un sur le fait, qui comptât de l'argent aux réformés des galères, faisaient souvent visiter et fouiller ces pauvres confesseurs, et leur prenaient, sans jamais le leur rendre, tout l'argent, livres de dévotion et lettres qu'on leur trouvait. Ces recherches se faisaient avec une très grand exactitude, et les missionnaires, s'étant aperçus ou doutés, que les réformés, attendant cette visite, donnaient à garder leurs effets aux forçats papistes de leur banc ou à quelque turc, s'avisèrent, pour les surprendre mieux, de tenir l'heure et le jour de la visite, fort cachés ; et quand ils en voulaient faire quelqu'une, ils donnaient ordre aux bas officiers des galères à l'heure marquée, que les réformés ignoraient, de se jeter, au signal qu'on leur ferait, sur ces pauvres gens pour les fouiller exactement. Tout étant ainsi disposé, on tirait, à l'heure marquée, un coup de canon de la grande réale, qui était le signal, et aussitôt les bas officiers, qui avaient chacun leur réformé en vue, se jetaient sur eux à l'improviste, et leur prenaient tout impunément, non sans coups de corde ; car c'est toujours le premier et dernier appareil. De cette manière, on nous surprenait souvent à Dunkerque, où l'on nous faisait les mêmes recherches. Mais depuis que le frère Bancilhon, qui était le garde-office de M. de Langeron, notre commandant, était devenu son favori, comme j'ai dit plus haut, que cette bienveillance eût rejailli sur tous les réformés ; ce commandant, qui recevait souvent les ordres de la cour pour faire faire de pareilles visites, en avertissait d'avance le frère Bancilhon, en lui disant : « Bancilhon, mon ami, *le coq a chanté.* » Alors nous étions bientôt tous sur nos gardes, et en nous fouillant, on ne trouvait jamais rien.

Pour revenir à Marseille, l'un de nos frères nommé Sabatier, qui avait la charge de recevoir et distribuer les subventions, en reçut une par le moyen de son turc affidé, sans obstacle pour la réception ; mais il s'agissait d'en faire la distribution aux autres frères, chacun sur leur galère, et il fallait que le bon turc en fît la fonction fort prudemment comme il avait accoutumé. Sabatier pliait la portion d'argent de chaque galère, dans une liste des noms des participants, qu'il envoyait par son turc à un frère de chaque galère. Or, il arriva que comme le turc, par sa fonction, était souvent obligé d'aller auprès de Sabatier dans son banc, pour prendre ses commissions, l'argousin ou le comite, s'apercevant de cette fréquentation, se douta du fait, et en ayant averti le major des galères, celui-ci ordonna d'observer le turc lorsqu'il irait auprès de Sabatier, et d'attendre que ledit turc sortît de la galère, et pour lors de se saisir de lui et de le visiter ; ce qui ne manqua pas d'arriver ; car le turc ayant reçu le petit paquet pour l'apporter sur une des galères, il fut saisi comme il en sortait, et on lui trouva le paquet qui consistait en l'argent, et la liste de ceux à qui il le fallait distribuer. On demanda au turc de qui il avait reçu cet argent. Il n'en voulut jamais rien dire ; mais on n'avait pas besoin de sa déposition. On avait vu que cela venait de la part de Sabatier, qui avoua franchement qu'il avait donné ce paquet au Turc. L'intendant, qui eut d'abord avis de cette trouvaille, en fut ravi, espérant qu'on découvrirait enfin le banquier qui comptait l'argent aux réformés ; et comme l'intendant se trouvait pris de la goutte, et qu'il ne pouvait pas se transporter sur la galère où était Sabatier, pour lui faire avouer par le tourment de la bastonnade ce qu'il désirait avec tant de passion de savoir ; il ordonna qu'on enchaînât Sabatier en couple avec un turc, et qu'un garde de la galère le lui amenât chez lui : ce qui fut fait. Sitôt qu'il vit Sabatier, il lui parla d'abord assez amiablement, lui disant que, puisqu'il disait faire profession de la vérité, il espérait qu'il la lui dirait sur ce qu'il allait lui demander. Sabatier lui dit qu'il la disait hardiment sur tout ce qui concernait sa personne, au hasard d'encourir les plus rudes tourments et même au péril de sa propre vie. « Or çà, dit l'intendant, si tu me confesses la vérité, tu n'auras aucun mal. »

Premièrement l'intendant lui demanda si ce paquet et l'écrit qui l'enveloppait venaient de lui. « Oui, Monseigneur, » répondit Sabatier. Ensuite, à qui il envoyait ledit paquet. Sabatier répondit qu'il l'envoyait à un tel, l'un de ses frères de foi, pour distribuer cet argent à divers autres qui étaient sur cette liste. « A quel usage est cet argent ? » lui demanda l'intendant. Sabatier répondit, que c'était une charité qu'on leur faisait, pour s'en aider dans leur misérable esclavage. « D'où vous vient cet argent ? demanda l'intendant. — De Genève, Monseigneur, répondit Sabatier. — En recevez-vous souvent de cette manière ? dit l'intendant. — Quelquefois, répondit Sabatier, lorsque nos amis prévoient le besoin que nous en aurons. — Par quelle voie le recevez-vous ? continua l'intendant. — Par un banquier de Genève, qui par correspondance nous le fait compter par un banquier de Marseille, répondit Sabatier. — Quel est ce banquier, qui vous le compte ? lui demanda l'intendant. — C'est jusque-là, Monseigneur, dit fermement Sabatier, que j'ai pu vous dire la pure vérité. J'ai promis à Votre Grandeur de la dire en tout ce qui me concerne, et si vous trouvez que ce que j'ai dit et fait soit criminel, punissez-m'en de la manière que vous voudrez, Mais de dénoncer un homme qui n'a agi que par bonté et pour nous faire plaisir, et dont je sais que ma déposition causerait, la perte, c'est ce que je ne ferai jamais. — Comment, malheureux, tu oses me nier ce que tu avoues toi-même de savoir, lui dit l'intendant; je te ferai expirer sous la corde, ou tu me le diras. — Faites-moi mourir, dit Sabatier, dans les tourments les plus horribles, je ne le dirai jamais. »

L'intendant, transporté de rage, ordonna au garde qui avait conduit Sabatier, de l'assommer de coups de bâton en sa présence. Le garde, qui connaissait Sabatier pour l'avoir fréquenté plusieurs années, attendri de son malheureux sort, répondit à l'intendant en propres termes : « Monseigneur, c'est un si brave homme; je ne saurais le battre. — Coquin, dit l'intendant, donne-moi ton bâton; » ce que le garde ayant fait, ce cruel intendant fit approcher Sabatier de son fauteuil, et lui rompit le bâton sur le corps, sans que le pauvre Sabatier se plaignit le moins du monde, ni qu'il changeât d'attitude pour esquiver les coups de ce furieux. Ensuite ne pouvant plus le battre, les forces lui manquant, il fit reconduire Sabatier sur la galère, et donna ordre au Major de lui faire donner la bastonnade jusqu'à la mort, ou qu'il eût dit le nom du banquier qui lui avait compté l'argent; ce qui s'exécuta sur-le-champ sans autre forme de procès. Sabatier souffrit constamment ce plus que barbare traitement, et tant que la parole lui resta pendant ce supplice, il ne fit qu'invoquer Dieu, le priant de lui accorder la grâce de résister jusqu'à la mort, à laquelle il s'attendait, et de recevoir son âme en sa divine miséricorde. La parole et le mouvement lui ayant manqué, on frappait cependant à toute outrance ce pauvre corps déchiré. Le chirurgien de la galère, attentif s'il respirait encore, dit au Major, que, s'il continuait à le faire frapper tant soit peu, il mourrait infailliblement et son secret avec lui; mais que si on tâchait de le faire revenir, on pourrait recommencer, pour lui faire avouer ce qu'on désirait de savoir. Le Major y acquiesça. On lui frotta le dos tout déchiré avec du fort vinaigre et du sel. La douleur que lui causa cet appareil, le fit revenir, mais si faible, qu'on ne pouvait plus recommencer son supplice, qu'en le tuant du premier coup. C'est pourquoi on trouva à propos de le porter à l'hôpital, pour lui redonner des forces à supporter un second supplice. Mais comme il y fut assez longtemps toujours entre la mort et la vie ; soit que le temps le fît oublier, ou que ses bourreaux mêmes eussent horreur d'un tel supplice pour une cause qui ne leur faisait pas honneur ; tant y a-t-il qu'on ne l'y exposa plus, et il en revint ; mais toujours si valétudinaire et si faible de cerveau, qu'on l'a vu diverses années dans ce pays, où il est mort, hors d'état de soutenir la moindre conversation, et ayant la parole si basse, qu'on ne pouvait presque pas l'entendre. Voilà l'exemple de cruauté inouïe suscitée par les missionnaires de Marseille que j'avais à déduire à mon lecteur. Je reprends le fil de mon histoire.

Par un effet de la divine Providence j'avais été, sans aucun danger, le distributeur des subventions, que me remettait M. Piecourt. Pour m'aider dans ce soin, j'avais fait, comme je l'ai dit ci-dessus, le choix d'un turc nommé Aly, un des plus honnêtes hommes et des plus fidèles que j'aie jamais vus. Je savais à peu près le temps qu'on envoyait la subvention, et j'envoyais seulement Aly (car les turcs vont partout sans garde) chez M. Piecourt, qui lui donnait l'argent pour me le remettre, avec une quittance pour me faire signer, que lui reportait Aly avec mes lettres pour la Hollande. Mais il arriva que M. Piecourt eut le malheur d'être dérangé dans ses affaires. Ce contre-temps fut cause que la correspondance pour nos subventions fut commise à un autre négociant de Dunkerque, nommé M. Penetrau. Ce dernier s'en était acquitté deux ou trois fois avec assez de ponctualité et de précaution, et l'avait fait avec d'autant plus de sûreté et de facilité, que mon turc entendait fort bien à faire les commissions dont je le chargeais, et que nous avions d'ailleurs sur la galère un aumônier qui était fort raisonnable à notre égard. Ce mot d'aumônier me fait souvenir de dire ici quelque chose de ceux qui ordinairement sont chargés de cette fonction sur les galères [a].

---

a. Dans le détail suivant on a ajouté quelques périodes au récit de l'auteur, pour

Ces aumôniers sont des prêtres séculiers de la congrégation que l'on nomme vulgairement *de la Mission ou de Saint-Lazare.* Comme les chefs de cette congrégation avaient eu le secret de se concilier la confiance du Roi, par un certain air de simplicité et de désintéressement, on redoutait beaucoup à Marseille le pouvoir de chacun de ses membres en particulier. Cette congrégation avait eu pour fondateur M. Vincent de Paul, qui de simple prêtre qu'il était, avait mérité (par la réputation de sainteté qu'il avait su s'acquérir) l'honneur d'être le confesseur de la Reine, mère de Louis XIV. Il fut ensuite chargé de faire des missions dans les campagnes pour l'instruction des paysans et du commun peuple. C'est ce qui donna lieu à l'établissement de sa congrégation, qui dans les commencements était peu respectable, mais qui dans la suite s'agrandit et s'établit dans les meilleures villes de France, s'acquit divers privilèges, prérogatives et bénéfices, entre autres, la direction de la nomination des curés de village, des aumôniers des troupes du Roi, des navires et galères. Enfin ces pères surent si bien s'insinuer en cour, que les ministres les regardaient comme des oracles, et les Jésuites comme des gens qui les avaient dupés, et qu'ils ne voyaient plus qu'avec des yeux d'envie et de jalousie. Malgré leur finesse, ils n'avaient pu prévoir cette élévation, dont ils avaient été eux-mêmes les principaux instruments. Ils avaient cru, en appuyant cette congrégation de leur crédit, grossir seulement le nombre de leurs partisans; mais les Lazaristes avaient de trop bons modèles devant les yeux pour suivre l'institution de leur fondateur. Ils avaient adopté les sentiments des Jésuites; ils en prirent facilement l'esprit. Parmi les ecclésiastiques l'ambition est une maladie épidémique qui n'affecte que l'intérieur : aussi ce fut sous le manteau de l'humilité que nos Lazaristes couvrirent leurs vues ambitieuses. Ils le firent avec tant d'adresse, que ceux qui les surchargeaient de grâces et des faveurs, croyaient bonnement avoir triomphé de la répugnance la plus

---

faire mieux connaître ceux dont il parle. (*Note des premiers éditeurs*, 1757.)

décidée pour les honneurs et l'agrandissement. Ils savaient combien avaient servi aux Jésuites, l'extérieur humble, l'air mortifié et composé ; pour aller plus sûrement à leurs fins, ils les imitèrent dans leur maintien et leur habillement, et renchérirent même sur leurs originaux, dont ils se distinguèrent par un collet de grosse toile blanche, un floquet de poil au menton, et une négligence étudiée ou plutôt une crasseuse malpropreté, qui jointe à un certain patelinage, en imposa si bien au public et à la cour, qu'ils ont mérité les suffrages de l'un et de l'autre, la desserte des chapelles de toutes les maisons royales, l'administration d'une infinité de séminaires, et la possession des biens immenses, dont ils jouissent actuellement. Tant il est vrai qu'on arrive souvent avec plus de facilité au but que l'on se propose, en feignant de s'en éloigner, qu'en prenant les mesures les mieux concertées pour y parvenir. C'est à cette politique que les Jésuites, et plusieurs autres congrégations, sont redevables de leurs richesses et d'un pouvoir dont ils n'abusent que trop souvent pour persécuter les pauvres réformés aux dépens de l'humanité et de la religion. Tels sont particulièrement nos Lazaristes, qui s'étaient de mon temps rendus si puissants et si redoutables à Marseille, que, si quelques officiers du Roi leur faisaient quelque déplaisir, ils obtenaient bientôt une lettre de cachet, qui les mettait en disgrâce. De cette façon ils étaient si craints, et en apparence si respectés, que tout pliait sous leur tyrannie.

Ces pères de la Mission ayant donc, comme je viens de le dire, la direction du spirituel des galères, y plaçaient les aumôniers, gens, comme eux, cruels et persécuteurs des réformés qui s'y trouvaient. Mais notre aumônier étant venu à mourir, lorsque les six galères passèrent de la Méditerranée dans l'Océan, M. de Langeron, à cause de l'éloignement qui le dispensait d'attendre la nomination des missionnaires, et qui d'ailleurs ne voulait pas manquer d'aumônier sur sa galère, prit à Rochefort un moine du couvent de l'ordre des Dominicains. Cet aumônier, dans les commencements nous faisait tous les mauvais traitements qu'il pouvait ; mais à la longue il se radoucit, et se conforma à la façon d'agir de notre capitaine, qui avait beaucoup changé en notre faveur. Aux mauvais traitements, que nous avions d'abord eu à essuyer, succédèrent des procédés obligeants pour nous tous, et particulièrement pour moi, surtout depuis que je fus devenu écrivain de M. de Langeron ; emploi qui me fournissait souvent l'occasion de converser avec lui. Pendant les trois dernières années que je restai à Dunkerque, où les galères furent toujours désarmées, il ne se passait presque point de jour, qu'il ne vînt sur la galère, où nous passions une heure ou deux ensemble, sans parler de religion, du moins fort peu. C'était un homme savant, et bon prédicateur ; et comme, par le moyen de mes amis, je recevais souvent des livres de piété, de la Hollande, entre autres divers tomes des sermons de feu M. Saurin, il me demanda un jour si je n'avais pas quelques sermons de nos auteurs à lui prêter. Quoique cette demande me parût suspecte, je hasardai cependant de lui en prêter, et je débutai par un tome des ouvrages de M. Saurin, qu'il me rendit ponctuellement. Il y trouva tant de goût, qu'ensuite je lui prêtai tous les livres que j'avais, même *les Préjugés légitimes contre le papisme*, de M. Jurieu, qu'il me rendit, ainsi que les autres, avec exactitude. Un jour dans la conversation il me demanda, si nous autres réformés ne recevions pas de l'argent de Hollande. Je jugeai à propos de lui parler négativement sur cet article, par la crainte que j'avais des conséquences. On verra par la suite de ces mémoires, qu'il n'était pas inutile que je m'étendisse un peu à l'égard de cet aumônier.

La digression que j'ai cru devoir faire au sujet du malheur de Sabatier, m'ayant écarté de mon sujet, je reviens au péril, que j'ai annoncé avoir couru moi-même dans la distribution des subventions. J'ai déjà dit, que M. Penetrau, négociant de Dunkerque, en avait la correspondance. Ce monsieur-là pensa un jour me perdre. Il reçut ordre d'Amsterdam de me compter cent écus, et il en avait, sous son couvert, la lettre d'avis pour me remettre. Il se trouva que ledit sieur était dérangé dans ses affaires, et pour ne pas montrer la corde, comme on dit, à son correspondant d'Amsterdam, il voulut chercher un prétexte plausible, pour se défendre de me compter cette somme. Quoiqu'il sût qu'il allait me sacrifier pour soutenir son crédit, il fut chez notre aumônier, et lui déclara qu'il avait ordre de la Hollande de me compter cent écus ; mais que comme les défenses de la cour lui faisaient craindre de s'attirer des affaires, il voulait premièrement lui en demander la permission. Il s'imaginait que l'aumônier, bien loin de la lui accorder, le lui défendrait absolument. Par ce moyen il aurait été tiré d'embarras, et moi j'aurais été exposé à un grand examen, qui ne se serait pas fait, sans une furieuse bastonnade pour me faire avouer, qui étaient les négociants, qui ci-devant m'avaient compté de l'argent. L'aumônier comprit d'abord les suites, que pourrait avoir cette affaire, et regardant fixement M. Penetrau, lui dit : « Je suis sûr, Monsieur, que ce n'est pas la première fois que vous avez fait de pareils paiements sans en demander la permission, et que messieurs vos correspondants de Hollande ne sont pas si imprudents que de vous confier une telle commission à la volée, et sans être bien certains par expérience, que vous vous en acquittez bien. Mais, quoi qu'il en soit, puisqu'il ne tient qu'à ma permission, je vous la donne très volontiers. » Penetrau fut fort décontenancé par cette réponse, à laquelle il ne s'était pas attendu. Il répliqua à l'aumônier, que sa permission ne le rassurait pas sur le danger, et qu'il verrait l'intendant pour lui demander la sienne. L'aumônier fut choqué de cette répartie et lui dit brusquement : « Quoi ! Monsieur, après que vous m'avez fait connaître, que mon consentement vous déterminerait, vous osez me dire, que vous vous adresserez à l'intendant. Vous en ferez comme il vous plaira : mais sachez que, si vous en parlez le moins du monde à l'intendant ou à qui que ce soit, j'ai le bras long, et que je saurai vous atteindre, pour vous en faire repentir. » Penetrau au bout de son latin, et ne sachant que faire de mieux, lui avoua qu'il était un peu obéré, et que, quoique cent écus ne pussent pas le mettre dans la dernière extrémité, cependant il ne les avait pas pour le présent ; mais que, si je voulais attendre quinze jours, sans donner avis en Hollande que je n'eusse pas reçu cette somme, il me payerait sans faute au bout de ce terme. L'aumônier lui dit, qu'il faisait bien de s'ouvrir à lui, et qu'il lui pardonnait l'irrégularité qu'il avait commise à son égard : « Mais, continua-t-il, comme je ne veux pas courir les risques d'être votre dupe ; pour m'assurer de votre ponctualité, faites-moi un billet au porteur, des cent écus, valeur de moi, payable dans quinze jours, lequel argent je remettrai à celui à qui vous auriez dû le payer, et je vous en procurerai quittance ; vous pouvez être tranquille à l'égard de ce forçat, et je vous donne ma parole qu'il n'écrira pas à Amsterdam avant l'échéance de votre billet. » Penetrau, charmé que sa démarche eût pris cette tournure, fit avec plaisir. ce billet, et en même temps remit à l'aumônier la lettre qu'il avait pour moi. Tout cela se passait à mon insu. Le même jour, l'aumônier vint sur la galère, et me fit appeler dans la chambre de poupe. En l'abordant, il me dit d'un air sérieux : « Je suis surpris, qu'un confesseur de la vérité ose mentir à un homme de mon caractère. » Je restai fort interdit à ce début, et je lui dis que je ne savais pas ce qu'il voulait dire. « Ne m'avez-vous pas assuré, me dit-il, que vous ne receviez pas d'argent de la Hollande, ni d'aucun autre endroit ? j'ai en main de quoi vous convaincre de mensonge ; » et en même temps il me montra le billet au porteur que Penetrau lui avait fait. « Connaissez-vous cela ? me dit-il. — Oui, Monsieur, je vois, lui dis-je, que c'est un effet qui vous appartient. — Il n'est point à moi, répliqua l'aumônier, mais à vous : » et en même temps il me raconta ce qui s'était passé entre Penetrau et lui, et me remit la lettre d'avis, en me reprochant encore que je lui avais menti : je pris la liberté de lui dire, qu'il était plus coupable que moi ; puisque sachant bien que ce n'était pas une chose que je pusse avouer, il m'avait obligé à la nier, en me la demandant. Il en tomba d'accord, et me dit que je n'avais qu'à me tranquilliser ; que dans quinze jours il m'apporterait les cent écus : ce qu'il fit au jour précis ; et en me les comptant, il m'offrit ses services : « Écrivez, me dit-il, à vos amis de Hollande, qu'ils peuvent m'adresser leurs remises ; et soyez persuadé, que je vous les paierai ponctuellement ; et par ce moyen vous serez hors de tout risque. » Je le remerciai de sa bonne volonté, dont je ne crus pas cependant devoir faire usage. Cette retenue de ma part n'empêcha pas que nous ne fussions toujours bons amis. Nous étions cinq réformés sur notre galère, qu'il ne chagrinait jamais ; au contraire, il nous faisait mille amitiés. Aussi ne pensait-il pas comme les Jésuites, et comme les autres aumôniers des cinq galères, qui firent en sorte de le punir d'avoir osé montrer des sentiments plus humains et plus chrétiens qu'eux. Comme rien ne coûte à ces messieurs pour se venger, ils adressèrent un mémoire à l'évêque d'Ypres, dans lequel ils accusèrent l'aumônier d'être hérétique, d'aimer et de favoriser les prétendus réformés, et de les laisser en repos, au lieu de les porter à rentrer dans le giron de l'Église romaine. L'évêque cita notre aumônier devant lui pour rendre raison de sa conduite. En conséquence de cet ordre il se rendit à Ypres, et alla se présenter à l'évêque, qui lui dit qu'on l'accusait de favoriser les réformés de sa galère, et qu'il les laissait dans une tranquille sécurité, sans porter ses soins à les convertir. « Monseigneur, lui dit l'aumônier avec fermeté, si Votre Grandeur m'ordonne de les exhorter et de les presser d'écouter et de se conformer aux vérités de l'Église romaine, c'est ce que je fais tous les jours ; et nul ne me peut prouver le contraire : mais si elle m'enjoint d'imiter les autres aumôniers, qui martyrisent cruellement ces pauvres malheureux, je partirai dès demain pour mon couvent. » L'évêque lui dit, qu'il était content de sa conduite, l'engagea à continuer, et censura ensuite les autres aumôniers sur leur méthode de conversion.

Me voilà sur la fin de ma résidence à Dunkerque, aussi bien que mes frères de souffrance. Je vais commencer la description d'un nouveau genre de peine, de fatigues et de tourments affreux, qu'on nous fit souffrir depuis le premier octobre 1712, qu'on nous enleva, ou pour mieux dire, déroba de Dunkerque, jusqu'au dix-sept janvier 1713, que nous fûmes mis sur les galères de Marseille : mais avant cela, il est nécessaire de remonter un peu plus haut.

Chacun sait qu'en cette année-là, la Reine d'Angleterre fit sa paix particulière avec la France, et qu'entre autres articles, il y fut stipulé, que les Anglais prendraient possession de la ville, fortifications, et port de Dunkerque, jusqu'à sa démolition et comblement du port. En conséquence, les Anglais vinrent à Dunkerque au mois de septembre, avec quatre à cinq mille hommes, s'emparèrent de la ville, forts et citadelle, que la garnison française évacua. Mais, comme je l'ai déjà fait remarquer, la marine de France était si dénuée, qu'on ne pouvait armer les galères pour se mettre en mer. Ainsi la France convint avec la Reine d'Angleterre, que les galères avec leurs équipages et chiourmes resteraient dans le port jusqu'à ce qu'on commençât à le combler ; ce qui ne pouvait se faire qu'après l'hiver. Il fut aussi arrêté, que rien ne sortirait du port, soit bâtiments, équipages ou chiourmes, qu'avec la permission expresse de Sa Majesté la Reine d'Angleterre. Les Anglais n'eurent pas plutôt pris possession des postes et établi la garnison dans la ville et la citadelle, qu'ils accoururent en foule sur les galères pour satisfaire leur curiosité de voir des bâtiments, que la plupart n'avaient jamais vus. Entre autres officiers, plusieurs qui étaient Français réfugiés, ayant appris qu'on tenait en galère des réformés pour le sujet de leur religion, s'informèrent d'abord s'il y en avait sur lesdites galères, et apprirent que nous étions vingt-deux. Ces officiers témoignèrent leur zèle pour leur religion dans cette occasion, en venant nous embrasser, gémir et pleurer avec nous, dans nos bancs, et ils ne pouvaient s'empêcher de donner des marques de leur indignation et de leur pitié, en considérant nos chaînes et les misères qui accompagnent ce dur esclavage. Ils restaient une grande partie du jour avec leurs chers frères souffrants, assis très incommodément, ne craignant ni vermines, ni puanteur que cette misère engendre, et se faisaient gloire, en présence des officiers des galères, qui voyaient leurs actions, de nous caresser, nous consoler et nous exhorter à la persévérance. Leur exemple attira grand nombre d'officiers anglais des plus qualifiés, qui témoignèrent leur piété par des actions dignes de vrais protestants. La soldatesque y accourut aussi en foule, et selon leur manière d'exprimer leur zèle, jurait que si on ne nous délivrait pas de bonne grâce, ils le feraient le sabre à la main.

J'ai déjà dit que tout le monde entrait librement sur les galères; mais dans cette occasion, les aumôniers prièrent M. de Langeron d'ordonner, qu'on n'y laissât plus entrer personne, vu le scandale, disaient-ils, que cela portait à la religion catholique. On essaya cette défense; mais les soldats anglais, qui se présentaient pour entrer, et qu'on priait fort civilement de s'en abstenir, pour toute réponse, mettaient le sabre à la main, disant qu'étant maîtres de la ville et du port, ils étaient aussi les maîtres des galères, et qu'ils y entreraient de gré ou de force. On fut donc contraint de laisser la planche libre à un chacun qui voulait y entrer. Dans ces entrefaites, un colonel anglais, dont j'ai oublié le nom, vint me parler, et me dit que milord Hill, qui était gouverneur de Dunkerque pour la Reine d'Angleterre, pouvait ignorer notre détention, et la cause de notre esclavage, et me conseilla de lui adresser un placet pour l'en informer, et implorer sa bonté pour notre délivrance. Je fis ce placet le mieux qu'il me fut possible, et le colonel s'en chargea, et le remit à milord Hill. Le lendemain ce milord m'envoya son secrétaire pour me dire de sa part, qu'il approuvait la connaissance que je lui donnais de notre détention, et qu'il s'emploierait avec zèle pour notre délivrance; mais que n'en étant pas le maître, il allait en écrire à la Reine, et que ses ordres, qu'il s'assurait qui nous seraient favorables, détermineraient ses actions; qu'il nous priait en attendant, de prendre patience encore pendant quinze jours. Ce secrétaire ajouta, que milord Hill nous offrait sa bourse, si nous avions besoin d'argent. Je lui répondis, que nous n'avions besoin de rien que de la protection de milord, et que j'étais très reconnaissant de la réponse qu'il faisait à mon placet, et du zèle qu'il témoignait avoir pour nous rendre service. Je fis savoir cette réponse à nos frères, qui étaient sur les six galères, en les exhortant en même temps d'être circonspects avec les soldats anglais, et d'éviter tout discours qui pourrait les animer à user de violence pour nous procurer notre liberté : qu'il fallait au contraire qu'ils leur dissent la réponse de leur gouverneur, dont la conclusion était d'attendre patiemment les ordres de la Reine. Dès lors tout se tint tranquille, et chacun de nous attendit avec patience des nouvelles d'Angleterre. Pendant les quinze jours, que le gouverneur nous avait demandés, soit qu'il eût écrit à la Reine ou non, il se rendit grand ami de M. de Langeron notre commandant. Un jour milord lui dit, qu'il ne comprenait pas comment la cour de France avait pu faire la bévue de ne nous pas faire sortir de Dunkerque avant qu'ils y fussent entrés; que cette cour ne pouvait pas ignorer, que la nation anglaise regardait avec horreur les mauvais traitements, qu'on faisait aux protestants pour cause de religion, et que même dans toutes les églises en Angleterre, on priait Dieu tous les jours pour la délivrance des réformés, qui souffraient sur les galères de France ; qu'en un mot, la cour de France aurait dû prévoir, que les Anglais étant les maîtres de Dunkerque, et ces vingt-deux protestants, qui gémissaient dans les fers pour leur religion étant sous les étendards et à la vue de la garnison anglaise, la Reine ne pouvait manquer à les faire délivrer, ne fût-ce que pour éviter le désagrément d'obéir en quelque sorte à la soldatesque, qui menaçait déjà de faire violence, si on ne délivrait pas ces gens-là.

M. de Langeron ne put s'empêcher de convenir, qu'effectivement sa cour avait fait faute en cela, et le pria d'user de prudence dans cette occasion, et de lui communiquer son avis sur ce qu'il y aurait à faire pour prévenir tout accident ; ajoutant qu'il savait, que le Roi son maître ne donnerait jamais son consentement pour la délivrance de ces réformés. Milord Hill lui dit, qu'il savait un moyen pour prévenir tout fâcheux événement : « Écrivez, lui dit-il, au ministre de votre cour, qu'il vous ordonne de les faire sortir secrètement de Dunkerque par mer. J'y donnerai les mains, et la chose sera facile et sans danger. » M. de Langeron ne manqua pas de suivre ce conseil ; et bientôt il reçut ordre d'agir de concert avec milord Hill, pour notre secret enlèvement ; ce qui se fit de la manière suivante.

Le premier octobre, fête de saint Remy, nous vîmes une barque de pêcheur, enchaînée à notre galère. On fit courir le bruit, que cette barque était confisquée pour avoir fait la contrebande ; et les Anglais, comme les autres, prirent cela pour argent comptant. Le soir on battit la retraite comme à l'ordinaire ; et chacun fut se coucher. J'étais dans mon paillot, dormant tranquillement, lorsque je fus éveillé tout à coup par notre major armé d'un pistolet, et accompagné de deux soldats de galère, qui me mirent la baïonnette à la gorge, en me menaçant que, si je faisais le moindre cri ou bruit, c'était fait de moi. Le major, qui était de mes amis, m'exhorta amiablement à ne faire aucune résistance ; sinon qu'il exécuterait les ordres qu'il avait de me tuer. « Hélas ! lui dis-je, Monsieur le Major, qu'ai-je fait, et que va-t-on faire de moi ? Tu n'as rien fait, me dit-il, et on ne te fera aucun mal, pourvu que tu sois docile. » Il me fit ensuite promptement descendre dans cette barque de pêcheur, dont j'ai parlé ; et cela sans feu ni lumière, et avec grand silence, de peur d'être aperçu de la sentinelle anglaise de la citadelle, dont nous n'étions pas fort éloignés. En entrant dans cette barque, j'y trouvai nos autres vingt-un frères, que l'on avait enlevés dans leurs bancs, de la même manière que moi. On nous enchaîna tous dans le fond de cale, en observant un grand silence ; et quoiqu'on nous eût fait coucher sur le dos comme des bêtes que l'on va immoler, chacun de nous avait un soldat de galère, qui nous tenait la baïonnette à la gorge pour nous empêcher de crier, ni même de proférer aucune parole. Ensuite la barque démarra pour sortir du port. Il fallait passer près 'd'un navire anglais, qui se tenait toujours au milieu du port, pour empêcher que rien n'en sortît. Ce navire fit venir cette barque à son bord, lui demandant où elle allait. Le maître de la barque qui était Anglais, lui répondit en cette langue, qu'il allait à la pêche pour la maison de milord Hill, dont il montra un billet. Le capitaine dudit navire prit le billet, et y lut ceci écrit et signé de la main de milord Hill : « Laissez sortir cette barque, qui va à la pêche pour ma maison. » Ce capitaine ayant lu ce billet, le visa et laissa aller la barque. Tous ceux qui commandaient les forts, tant du port que des jetées, en firent de même, et enfin nous nous trouvâmes en pleine mer. Pour lors les soldats nous quittèrent, montèrent sur le tillac de la barque, et fermèrent les écoutilles sur nous; et par là nous eûmes la liberté de nous arranger plus commodément sur le sable, qui servait de lest à cette barque. Nous savions, qu'on ne sortait jamais en mer sans avoir provision, quand ce ne serait que du pain et de l'eau; comme nous n'en avions vu aucune en entrant dans la barque, nous nous imaginâmes tous fortement, qu'on nous allait couler à fond, et que les soldats se sauveraient à terre dans la chaloupe, qui était attachée à la barque.

On peut juger de l'angoisse où nous plongeait cette idée, et l'affreuse situation où nous nous trouvions. Étant sans lumière dans ce fond de cale, ne voyant ni n'entendant personne, notre imagination échauffée par la terreur ne nous peignait que plus vivement le danger où nous croyions être. Ce fut dans cette cruelle perplexité que nous passâmes cette nuit, en ne cessant d'adresser nos prières au Seigneur, comme des gens qui attendent le coup de mort. Quelques-uns de nous, saisis de crainte, redoublaient nos alarmes, en s'écriant de temps en temps :

« Frères, nous périssons; l'eau entre dans la barque. » A ces gémissements chacun de nous redoublait ses prières, croyant être au dernier instant de sa vie. Il se trouva cependant, qu'un vieillard de septante ans ne le croyait pas aussi fermement que nous; et certainement il nous aurait fait rire, si nous nous fussions trouvés dans des circonstances moins accablantes. Il était assis sur son havresac; et entendant crier que l'eau entrait dans la barque, il se leva tout droit, tenant d'une main son havre-sac, et cherchant de l'autre avec empressement, s'il ne trouverait pas un clou pour l'y accrocher. Comme il était auprès de moi, et que son remuement interrompait ma dévotion, je lui demandai ce qu'il faisait. « Je cherche à pendre mon havre-sac, me dit-il, aussi haut que je pourrai, de peur que mes hardes ne se mouillent. — Songez à votre âme, bon homme, lui dis-je. Si vous vous noyez, vous n'avez plus besoin de hardes. — Hélas! dit-il, il n'est que trop vrai; » et aussitôt il quitta la recherche du clou. Ce trait nous fait bien voir, qu'il y a partout de l'homme, et que nous tenons toujours à la terre.

Nous sentions bien que notre barque allait à la voile; mais nous ne savions pas quel air de vent nous tenions. Lorsqu'il fut jour, on ouvrit l'écoutille; et comme je me trouvai dessous et qu'en me tenant sur les pieds, je pouvais voir sur le tillac, je me levai promptement tout droit, et la première personne que j'aperçus fut notre capitaine d'armes, qui est ordinairement le premier sergent des quatre qu'il y a dans les compagnies de marine. Il était fort de mes amis, et il n'y avait pas longtemps que je lui avais rendu service auprès de notre capitaine. « Hé! vous voilà, monsieur Praire, lui dis-je. — Oui, mon ami, me dit-il, d'un air riant; je crois que vous n'avez pas trop bien reposé cette nuit. — Mais où nous menez-vous? — Tenez, me dit-il, voilà Calais, en me montrant la ville devant laquelle nous étions; nous allons vous y débarquer, ajoutant que nous n'y serions pas un long séjour et que nous n'avions qu'à préparer nos jambes. — Mais, Monsieur, lui dis-je, vous n'êtes pas capable, ni tous les hommes du monde, de faire marcher des gens décrépits de vieillesse ou qui sont impotents ou malades comme moi (j'avais pour lors la fièvre tierce). En ce cas le Roi, qui ne demande jamais l'impossible, fait fournir des chariots aux infirmes, et je suis certain qu'on a joint à votre route un ordre de nous en faire donner. — Tenez, dit-il, en me la montrant, voyez s'il y a plus d'un chariot ordonné pour les chaînes de rechange et le bagage. » Comme je voulais voir notre destination, qu'il ne m'avait pas voulu dire, au lieu de jeter les yeux sur le commencement, je regardai à la fin et j'y lus ces lignes : « Au Havre-de-Grâce, où ils seront remis à l'Intendant jusqu'à nouveaux ordres. »

J'en avais assez vu pour satisfaire la curiosité de nos frères, à qui je dis notre destination (telle que je l'avais lue) le plus doucement qu'il me fut possible, de crainte que le capitaine d'armes ne s'en aperçût. On nous débarqua donc à Calais ; nous fûmes conduits en prison, chargés de nos chaînes, et nous reçûmes l'étape sur le pied des soldats de recrue. Le lendemain matin, l'argousin de la chaîne (car il y en avait un qui nous suivait) nous enchaîna de deux en deux, chacun par une jambe, et ensuite fit passer une longue chaîne dans les anneaux ronds des chaînes qui nous accouplaient ; de sorte que les onze couples, que nous étions, étaient toutes enchaînées ensemble. Or il faut savoir que parmi nous il y avait de vieilles gens, qui par la faiblesse de leur âge et par leurs infirmités ne pouvaient pas marcher un quart de lieue, quand même ils n'auraient pas été chargés de chaînes. Nous avions aussi des malades, et des gens usés de misère et de fatigue, et outre cela nous n'avions pas marché depuis fort longtemps. Il nous était donc impossible de faire quatre ou cinq lieues par jour, comme notre route le portait. Après qu'on nous eut enchaînés, j'appelai notre capitaine d'armes. « Voyez, Monsieur, lui dis-je, s'il est possible que nous marchions dans l'état où vous nous voyez. Croyez-moi, ajoutai-je ; faites-nous fournir un ou deux chariots pour porter les infirmes ; vous êtes en droit de les exiger partout où vous passerez. — Je sais mes ordres, me dit-il, et je les observerai. » Je me tus, et nous partîmes. Nous n'eûmes pas fait un quart de lieue, qu'une petite montagne se présentant pour la monter, il nous fut impossible de le faire : car trois ou quatre de nos vieillards et malades tombèrent par terre, ne pouvant plus faire un seul pas ; et comme nous tenions tous à une même chaîne, nous ne pouvions plus avancer, à moins que nous n'eussions eu assez de force pour les traîner. Notre capitaine d'armes avec les soldats qu'il commandait pour notre escorte, nous exhortèrent par de belles paroles à prendre courage, et à redoubler nos efforts ; mais contre l'impossible nul ne peut. Le capitaine était fort embarrassé, et ne savait quel parti prendre. Nous nous assîmes tous par terre pour donner le temps de se reposer à ceux qui étaient tombés, et reprendre ensuite la marche, si cela se pouvait. Ce moyen ne put nous aider, quoi que nous pût dire le capitaine, qui ne savait comment faire pour sortir d'embarras. Je l'appelai et lui dis que dans l'extrémité où nous étions, il fallait que de deux conseils que j'allais lui donner, il en prit un. « Faites-nous canarder à coups de fusil, lui dis-je, ou, comme je vous l'ai déjà dit, faites nous fournir des chariots pour nous conduire. Vous me permettrez de vous faire observer, que n'ayant jamais servi que sur mer, vous ne pouvez savoir ce que c'est qu'une route que le Roi ordonne par terre. Dans les ordres qu'il donne pour la marche, soit de soldats, soit de recrues, soit de criminels, il est sous-entendu, que, lorsque ceux qui sont conduits, ne peuvent absolument marcher, leurs conducteurs doivent leur faire donner des voitures, qu'ils prennent de la part du Roi dans les bourgs, villes ou villages, où ils se trouvent. Vous êtes dans ce cas, Monsieur, continuai-je ; envoyez un détachement de vos soldats au premier village, enlever autant de chariots que vous en avez besoin pour porter les infirmes ; et pour vous faire voir notre soumission pour les ordres de Sa Majesté à l'égard de la route qu'elle nous fait faire, nous vous donnerons six livres par jour pour le louage d'un chariot ; ce qui sera pour vous un profit réel ; car de la part du Roi pouvant avoir des chariots gratis, ces six livres vous demeureront. » Le capitaine m'écouta, et quelques-uns de ses soldats, qui en savaient plus que lui, confirmèrent ce que je venais de lui dire. Ce qui le détermina à prendre le parti que je lui conseillais. Les paysans lui fournirent deux chariots jusqu'à la première couchée, et ainsi d'endroit en endroit jusqu'au Havre-de-Grâce.

Ce capitaine d'armes était un bon homme, qui n'avait pas (comme on dit) inventé la poudre. On lui avait fait faire serment à Dunkerque de ne point déclarer, ni à nous ni à qui que ce soit, l'endroit où il avait ordre de nous rendre. La crainte, que quelque parti de la garnison d'Aire, qui faisait des courses jusqu'à Calais et à Boulogne, ne nous enlevât, avait fait prendre cette précaution. Or un jour étant en chemin, ce capitaine, qui allait toujours à cheval, s'approcha du chariot où j'étais, et lia conversation avec moi. En parlant de choses indifférentes, je lui demandai le lieu de notre destination. Voyant qu'il faisait le réservé, je lui dis que cela était inutile, puisque je le savais aussi bien que lui. Il me défia de le lui dire ; ce que je fis sur-le-champ, en lui récitant ce que j'avais vu et lu à la fin de la route, qu'il m'avait montrée avant de débarquer à Calais. Ce bon homme, n'ayant point fait attention au coup d'œil que j'avais jeté sur le dernier article de sa route, lorsqu'il me l'avait montrée, fut si étonné de me voir aussi savant que lui sur ce sujet, n'y ayant personne de sa troupe qui sût son secret, qu'il me demanda naïvement, si j'étais sorcier ou prophète. Je lui dis, que j'étais trop honnête homme pour être sorcier, et trop grand pécheur pour être prophète : « D'ailleurs, lui dis-je, il n'y a personne de nous, qui n'en sache autant que moi à cet égard, et vous faites un grand secret d'une chose, qui est publique parmi nous. » Je le raillai un peu sur sa prétendue circonspection ; et je remarquai, par les précautions qu'il prenait tous les jours, qu'il croyait sérieusement qu'il y avait en nous du surnaturel. Nous n'eûmes cependant pas lieu de nous plaindre de lui pendant la route; étant au contraire fort exact à nous faire donner l'étape à chaque logement, comme aux soldats de recrue; mais ne pouvant agir outre ses ordres, il ne pouvait nous donner pour logement que des prisons ou des écuries, s'il ne se trouvait pas de prisons dans les endroits où nous arrivions.

Enfin nous parvînmes au Havre-de-Grâce, où nous eûmes un logement plus distingué et plus commode que ceux que nous avions eus sur la route. Il est bon de savoir, que dans cette ville il y a beaucoup de nouveaux convertis, qui, malgré leur chute forcée, sont toujours fort zélés pour la religion réformée. Ces messieurs, prévenus de notre arrivée, et sachant que nous devions être remis à l'intendant de la marine, furent chez lui le prier d'avoir quelques égards pour nous, lui faisant considérer, que ces pauvres enchaînés avaient été ci-devant leurs frères de foi, qui n'avaient commis d'autre crime que d'avoir témoigné de la fermeté et de la constance pour la religion de leurs pères; ajoutant, que, s'il voulait avoir la bonté de les bien traiter, ils lui en auraient beaucoup d'obligation, et qu'ils répondaient sur leur tête, que pas un de nous n'abuserait pour s'évader, du soulagement qu'il voudrait nous procurer. Comme ceux qui avaient été chargés de cette espèce de députation, étaient les plus riches négociants de la ville, l'intendant leur répondit fort gracieusement, qu'à leur considération, il nous ferait traiter le mieux qu'il lui serait possible. « J'ai ordre de la Cour, dit-il, de les faire mettre en lieu de sûreté. Ces ordres ne portant pas que ce soit en prison, je ferai en sorte de leur faire donner un logement plus commode; et comme la Cour m'ordonne simplement de leur faire donner du pain et des fèves, vous pouvez compter qu'ils en auront du même que celui que l'on sert sur ma table. Quant au reste, vous aurez toute liberté de les voir et de les assister. » Les choses étaient dans ces heureuses dispositions, lorsque nous arrivâmes au Havre-de-Grâce. On nous fit descendre devant l'arsenal du Roi, où l'intendant nous avait fait préparer une grande chambre appartenant à la Corderie, et y avait fait mettre des paillasses, matelas et couvertures pour coucher. En entrant dans cette chambre qui était de plain-pied, nous y trouvâmes l'intendant et nos protecteurs, qui étaient, comme je l'ai déjà dit, de notre religion. Ces messieurs nous firent de grands embrassements, les larmes aux yeux, sans craindre de se commettre en la présence de l'intendant, qui en parut tout attendri. Le beau de l'affaire est, que, pendant que ces messieurs nous caressaient, les commis de la Douane arrivèrent, et demandèrent à l'intendant la permission de nous fouiller. Il la leur accorda, en haussant les épaules et leur dit, que, selon les apparences, ils prendraient plus de poux que de butin. Cependant ils nous fouillèrent partout, et comme on peut juger, sans rien trouver. Mais voyant parmi nos hardes une petite caisse fermée à clef, où nous avions tous nos livres de dévotion, ils demandèrent à la visiter. J'avais la clef de cette caisse, et je ne voulais pas la donner, craignant le feu pour notre petite bibliothèque. L'intendant s'en apercevant, me dit : « Mon ami, donnez cette clef sans rien craindre ; ces messieurs doivent faire leur devoir. » L'ayant donnée en tremblant, un des commis l'ouvrit, et ne voyant que des livres, il s'écria : « Voici la bibliothèque de Calvin ; au feu, au feu. » Ce que voyant l'intendant, il lui dit : « Coquin, de quoi t'ingères-tu ? Fais ton devoir, et ne passe pas outre, ou je t'apprendrai à chercher ce que tu dois chercher. » Le commis ne demanda pas son reste, referma la caisse, et passa la porte.

Dès que nous fûmes installés dans notre nouvelle habitation, l'on nous ôta la grande chaîne qui nous tenait tous ensemble, nous laissant seulement celle qui nous accouplait deux à deux. L'intendant était tellement prévenu en notre faveur, qu'il eut l'attention de nous demander si nous étions contents de nos gardes. Nous lui dîmes, que nous n'avions reçu d'eux pendant la route, que tout le bon traitement, qu'ils avaient pu nous donner. « Eh bien, dit-il, je vous les laisse, » et en même temps, établit leur corps de garde dans une chambre qui était vis-à-vis la nôtre, et nous fit apporter du pain de sa table ; nous disant que c'était là le pain d'ammunition qu'il nous destinait. Nos protecteurs lui dirent, que dorénavant, avec sa permission, ils prendraient soin de nous fournir la nourriture, et lui demandèrent avec instance, qu'il leur fût permis de nous venir voir de temps en temps. Là-dessus l'intendant appela le capitaine d'armes, et lui ordonna de laisser entrer tous les jours dans notre chambre indifféremment tous ceux qui se présenteraient, depuis neuf heures du matin jusqu'à huit heures du soir, et de n'empêcher aucun de nos exercices de piété. Le capitaine d'armes se conforma à ces ordres, et dès lors notre chambre ne désemplissait pas de personnes de tout sexe et de tout âge. Nous faisions la prière soir et matin ; et après avoir lu de bons sermons que nous avions avec nous, nous chantions des psaumes ; de sorte que notre prison n'avait pas mal l'air d'une petite église. On n'entendait que les pleurs et les sanglots de ces bonnes gens, qui nous venaient voir, et qui ne nous quittaient presque plus. En voyant les chaînes dont nous étions chargés, et notre résignation à les porter, ils se reprochaient leur faiblesse, et se plaignaient de n'avoir pas résisté jusqu'à la mort aux maux qu'on leur avait fait souffrir, ou aux charmes dont on s'était servi pour les faire renoncer à la vraie religion. Hélas ! je puis dire, que c'était plutôt la vue de notre misère qui les attendrissait ; ou pour parler plus juste encore, que c'étaient plus les cris de leur propre conscience, que ce ne pouvaient être nos exhortations et nos prédications ; car nous n'étions pas appelés à un si digne ministère, et nous n'étions nullement capables de l'exercer. La conduite de ces nouveaux convertis fait bien connaître, que l'Église romaine, au lieu de convertir, ne fait que de véritables hypocrites. Le zèle de nos faibles frères à nous venir visiter, fut cependant cause que, dès le lendemain de notre arrivée au Havre-de-Grâce, toutes les églises de cette ville, et surtout la paroissiale, se trouvèrent vides de nouveaux convertis, quelques prières et quelques menaces qu'eût pu leur faire le curé, qui s'en plaignit à l'intendant. Mais ce dernier se contenta de lui répondre, qu'il ne pouvait forcer les consciences, et qu'il valait mieux un hérétique déclaré, qu'un hypocrite caché ; que cette occasion procurait ce bien, que désormais on pouvait distinguer au Havre les bons catholiques d'avec ceux qui ne l'étaient pas. Ces raisons, toutes valables qu'elles étaient, ne satisfirent point ce curé, qui venait quelquefois nous voir et trouvait toujours notre chambre pleine de ses nouveaux prosélytes, qui ne craignaient pas de lui dire : « Voilà, monsieur le curé, de braves gens (et cela en nous désignant), de bons chrétiens, qui ont eu plus de fermeté que nous. » On peut juger, si de pareils discours devaient plaire à ce curé.

Personne ne pouvait approfondir, quelle était la politique de la Cour, de nous avoir fait transporter au Havre-de-Grâce. Plusieurs pensaient, que c'était pour nous envoyer en Amérique ; et j'ai toujours cru que c'était le premier dessein des Ministres. Car si leur première résolution eût été de nous envoyer à Paris pour nous joindre à la chaîne des galériens, à quoi servait-il de nous mettre hors de route, et de nous faire conduire au Havre, qui est aussi éloigné de la capitale que Dunkerque ? C'était nous faire faire le double de chemin ; puisque de Dunkerque à Paris, il y a aussi loin que de Dunkerque au Havre. Il est à présumer, que le scandale que nous causions aux catholiques de cette dernière ville, est ce qui fit changer de sentiment à la Cour. Il n'y eut pas de moyen, que n'employât le curé du Havre pour nous faire partir de cette ville. Nous avons su depuis, qu'il avait écrit en Cour, que notre séjour avait beaucoup dérangé les nouveaux convertis, qui depuis notre arrivée avaient déserté son église. Il n'en fallut pas davantage pour engager les Ministres à envoyer ordre à l'intendant de nous faire partir le plus secrètement que faire se pourrait, de peur d'exciter quelque soulèvement. Certes il n'était pas besoin de prendre ces précautions. Les réformés du Havre n'étaient point dans l'intention de nous enlever de force ; et pour nous autres, nous nous laissions mener comme des moutons à la boucherie. Mais le curé de la ville nous avait dépeints les uns et les autres avec des couleurs si noires, que la Cour ne pouvait qu'en prendre ombrage. Avant que de détailler ce second enlèvement, qui ne se fit pas moins mystérieusement que celui de Dunkerque, je vais régaler mon lecteur d'un petit incident, assez surprenant par sa singularité, et qui acheva de confirmer le capitaine d'armes dans l'idée que nous étions des prophètes.

Le quinzième jour de notre résidence au Havre, sur les neuf heures du soir, comme nous commencions à souper, et que nos gardes en faisaient autant, je me sentis frapper sur l'épaule. En tournant la tête pour voir qui c'était, je vis une jeune demoiselle de considération, fille d'un des premiers banquiers de la ville, à qui j'avais prêté quelques jours auparavant un tome de sermons. Elle était enveloppée d'une écharpe, qu'elle ouvrit pour me dire fort précipitamment et toute en pleurs : « Tenez, cher frère ; voilà votre livre, que je vous rends. Dieu soit avec vous dans toutes vos épreuves ! On vous enlève, continua-t-elle, cette nuit à douze heures. Quatre chariots sont ordonnés à cet effet, et la porte blanche restera ouverte pour votre sortie de la ville. » Je la remerciai de la peine qu'elle avait voulu prendre, de venir elle-même nous donner cet avis à une heure si indue, et lui demandai comment elle avait pu s'introduire dans notre chambre. « Ce détail, me dit-elle, ne vous touche en rien ; il est plus expédient de vous dire, chers confesseurs, qu'on va vous conduire à Paris dans l'affreuse prison de la Tournelle, pour vous joindre à la grande chaîne, qui se rend de cette ville, tous les ans, à Marseille. J'ai bien voulu, continua-telle, vous annoncer cette triste nouvelle, afin que vous n'ayez pas d'inquiétude sur votre destinée, et que vous vous prépariez à souffrir constamment cette nouvelle épreuve. » Cela dit, elle s'en alla aussi invisiblement qu'elle était entrée, sans qu'aucun de nos gardes s'en aperçût. Il est très apparent, que cette demoiselle obtint du garde de l'arsenal la permission d'entrer par sa maison, qui communiquait à la Corderie où nous étions. Quoi qu'il en soit, cela arriva de la manière que je viens de le dire.

Nous continuâmes à souper fort tranquillement ; après quoi, au lieu d'étendre nos matelas pour nous coucher à l'ordinaire, nous nous mîmes à plier notre petit bagage. Pendant que nous étions dans cette occupation, notre capitaine, suivant sa coutume, passa dans notre chambre pour discourir une heure avec nous, en fumant sa pipe ; et nous voyant ramasser notre bagage, au lieu de préparer nos lits, il nous demanda ce que nous faisions. « Nous nous préparons à partir à minuit, Monsieur, lui dis-je ; et vous n'avez qu'à en faire autant. Vous êtes fou, me dit-il ; d'où vous vient cette frénésie ? — Je vous dis, répliquai-je, qu'à minuit précis, quatre chariots se trouveront à la porte de l'arsenal pour nous faire sortir porte blanche, qui restera ouverte à cet effet ; et vous continuerez à nous conduire jusques à Paris, et nous livrerez aux prisons de la Tournelle pour y joindre la grande chaîne de Marseille. — Je vous dis, repartit-il, que vous êtes fou, et qu'il n'y a rien de tout ce que vous venez de dire. J'ai été prendre les ordres de l'intendant à huit heures, comme j'ai coutume de faire, et il m'a dit qu'il n'y avait rien de nouveau. — Eh bien, Monsieur, lui dis-je, vous le verrez. » Comme nous finissions ce discours, le laquais de l'intendant entra pour lui dire d'aller sur l'heure lui parler. Il ne tarda pas à revenir, et entra dans notre chambre, en faisant des exclamations et joignant les mains. « Au nom de Dieu, me dit-il, dites-moi si vous êtes sorciers ou prophètes. Je crois cependant, que c'est Dieu qui vous favorise ; car vous êtes trop dévots et trop honnêtes gens pour implorer le secours du diable. — Non, lui dis-je, Monsieur, nous ne sommes ni l'un ni l'autre ; et il n'y a rien que de très naturel dans ce qui cause votre surprise. — Je n'y comprends donc rien, dit le capitaine ; car j'ai appris de la bouche de l'intendant même, que personne dans la ville ne sait rien de votre départ que lui et moi ; et quoi que vous puissiez dire, on ne m'ôtera jamais de l'esprit, que Dieu est avec vous autres. — Je l'espère, » lui dis-je ; et lui et nous continuâmes à nous préparer au départ.

Il me semble entendre le lecteur demander, comment cette demoiselle pouvait savoir ce secret. Je l'ignorerais moi-même encore, si le père de cette demoiselle ne nous l'eût dit dans la prison de Rouen, où il vint exprès pour nous remettre le montant d'une collecte, qu'on avait faite pour nous au Havre-de-Grâce, dans la vue de nous procurer du soulagement dans la pénible route que nous allions faire de Paris à Marseille. Il nous dit donc, que sa fille était recherchée en mariage par le secrétaire de l'intendant du Havre-de-Grâce : que l'intendant ayant reçu son paquet de la Cour la veille de notre départ, le secrétaire y lut l'ordre qui nous regardait ; et comme il savait, nous dit-il, que ma fille vous affectionnait, il accourut d'abord lui porter cette nouvelle. Quant à son entrée mystérieuse dans la Corderie où vous étiez, je n'en sais pas plus que vous, ne lui ayant point fait de question sur cet article.

Je reviens à notre départ du Havre. A minuit les quatre chariots ne manquèrent pas de venir nous prendre. Nous riions en nous-mêmes du secret mystérieux, qu'on observa pour nous enlever. Les roues des chariots, ainsi que les chevaux qui les tiraient, étaient déferrés, afin que l'on ne nous entendît pas passer dans la rue. On couvrit chaque chariot d'une voile, comme s'ils n'eussent contenu que des balles ou des paquets de marchandise ; et sans lanternes ni fanaux, l'on nous fit sortir de la ville. Il ne nous arriva rien de remarquable jusqu'à Rouen. En y arrivant, nous fûmes conduits devant la maison de ville pour recevoir du magistrat l'ordre pour notre logement, qui fut à l'ordinaire une prison. Mais nous fûmes bien surpris de nous voir refusés par le geôlier de celle où l'on nous mena. Le capitaine d'armes lui montra l'ordre du magistrat, lui faisant des instances pour l'engager à nous recevoir : ce que le geôlier refusa constamment de faire, disant qu'il aimait mieux quitter son office que de nous prendre sous sa garde. On nous envoya à une autre, où il en fut de même ; finalement on nous mit dans une tour destinée pour les plus insignes criminels. Le geôlier, qui ne nous reçut qu'à son corps défendant, nous fit entrer dans un cachot affreux, et à l'aide de cinq ou six guichetiers, qui avaient le sabre à la main, il nous enferra les pieds sur de grosses poutres, de manière que nous ne pouvions nous remuer ; et sans nous donner ni lumière, ni pain, ni quoi que ce fût, il referma le cachot et s'en alla avec ses guichetiers. Nous avions faim et soif, et nous criâmes à tue-tête plus de deux heures, pour qu'on nous apportât quelque nourriture pour notre argent. Enfin quelqu'un vint au guichet, et nous entendîmes que l'on disait : « Ces gens-là parlent bon français. » Ce discours nous fit juger, qu'il y avait quelque malentendu, et quelque mystère dans la conduite que l'on tenait à notre égard. Nous nous mîmes encore à crier, et à prier qu'on nous aidât pour notre argent, que nous étions prêts de donner d'avance. Là-dessus le geôlier ouvrit la porte, et entra accompagné de ses six guichetiers ; et après nous avoir examinés les uns après les autres, il nous demanda, si nous étions Français de nation. Nous lui dîmes que oui. « Mais pourquoi donc n'êtes-vous pas chrétiens, nous dit-il, et adorez-vous le diable, qui vous rend plus méchants que lui ? » Nous lui répondîmes, qu'il voulait apparemment badiner, et qu'il nous ferait plus de plaisir de nous donner à boire et à manger. Et en même temps je lui donnai un louis d'or, le priant instamment de nous donner pour cet argent ce qui nous était nécessaire, et ajoutant, que, s'il n'y en avait pas assez, je lui en donnerais d'autre. « Vraiment, dit le geôlier, vous ne me paraissez pas tels qu'on vous a dépeints. Dites-moi donc franchement ce que vous êtes ; car depuis huit jours que l'on vous attend ici, on ne fait que parler de vous comme de gens, qui êtes du pays du Nord, tous sorciers, et si méchants, qu'on n'a jamais pu vous vaincre sur les galères de Dunkerque, et qu'on vous envoie à Marseille pour vous mettre à la raison ; ce qui a été la cause que je vous ai reçus avec tant de répugnance dans cette prison. »

A ce trait de noirceur, qui avait si bien prévenu en notre faveur, je reconnus facilement, qu'il venait des Jésuites, qui avaient semé ce bruit, pour nous mettre en horreur et exécration dans la ville de Rouen, où il y a beaucoup de bons réformés. Dans cette idée, je me mis à converser avec ce geôlier. Je lui racontai notre petite histoire, et lui dis la raison pour laquelle nous allions de Dunkerque à Marseille. Sur ce propos, notre capitaine d'armes arriva dans le cachot pour nous faire donner notre étape. Le geôlier le tira à part, et lui demanda si nous étions aussi dociles que nous le paraissions. « Oui certainement, dit le capitaine; j'entreprendrais de les conduire moi seul par toute la France; et tout leur crime est d'être huguenots. — N'y a-t-il que cela ? dit le geôlier; les plus honnêtes gens de Rouen sont de cette religion. Je ne l'aime pas, ajouta-t-il; mais j'aime les personnes qui en sont; car ce sont de braves gens. » Et s'adressant à nous, il nous dit : « Vous séjournez ici demain; j'aurai soin d'avertir divers de vos gens, qui ne manqueront pas de vous venir voir, et mes portes leur seront toujours ouvertes. » Il ordonna ensuite à ses guichetiers de nous déferrer, et de nous laisser seulement nos chaînes ordinaires, pendant qu'il nous allait chercher des rafraîchissements. Le lendemain il nous tint parole et nous amena plusieurs personnes de la religion réformée, qui bientôt rendirent publique la nouvelle de notre arrivée; de sorte que ce jour-là, notre cachot qui était assez grand, ne désemplit pas. Ce fut là, que le père de cette demoiselle du Havre-de-Grâce, nous apporta la collecte, dont j'ai parlé ci-dessus. Je n'ai jamais vu de personnes si zélées que ces messieurs de Rouen. Ils nous rendaient confus par les éloges, même outrés, qu'ils donnaient à la constance de notre foi. Ils nous exhortaient d'une façon si pathétique à la persévérance, que nous ne pouvions retenir nos larmes. Leur ardeur fut si grande, qu'une partie de ces messieurs voulaient absolument (après en avoir demandé la permission au capitaine d'armes) nous conduire publiquement à notre départ, jusqu'à une lieue de la ville, pour nous aider à porter nos chaînes sur leurs épaules : ce que nous ne voulûmes jamais souffrir, tant par l'humilité dont nous faisions profession, que pour leur épargner de s'attirer de mauvaises affaires. Nous partîmes donc de Rouen, toujours en chariot. Je ne puis assez exprimer les bontés, que nous témoigna notre capitaine pendant cette route. Car outre les gratifications, qu'il reçut à Rouen de nos amis, il se persuadait fermement, que nous étions des saints favorisés de Dieu, et que nous avions le don de prophétie. Lorsque l'argousin prenait ses précautions ordinaires, soit en visitant nos chaînes ou autrement, il lui disait qu'il prenait des soins inutiles, et que nous voulions bien aller volontairement, où le Roi voulait ; qu'autrement, ni ses précautions, ni toutes celles des hommes, ne nous sauraient tenir. Nous avions beau le vouloir désabuser de cette opinion, nous ne pouvions le dissuader, qu'il y avait en nous du surnaturel.

Ce fut le dix-sept novembre 1712, sur les trois heures de l'après-midi, que nous arrivâmes à Paris. Nous descendîmes devant le château de la Tournelle, qui était autrefois une maison de plaisance de nos Rois, et qui sert présentement de lieu d'entrepôts aux malheureux, condamnés aux galères pour toute sorte de crimes. On nous fit entrer dans le vaste mais lugubre cachot de la grande chaîne. Le spectacle affreux, qui s'y présenta à nos yeux, nous fit frémir, d'autant plus, qu'on nous allait joindre aux acteurs qui le représentaient. J'avoue, que, tout accoutumé que j'étais aux cachots, entraves, chaînes, et autres instruments, que la tyrannie ou le crime ont inventés, je n'eus pas la force de résister au tremblement qui me saisit, et à la frayeur dont je fus frappé, en considérant cet endroit. Ne pouvant en exprimer toute l'horreur, je me contenterai d'en donner une faible idée. C'est un grand cachot, ou pour mieux dire, une spacieuse cave, garnie de grosses poutres de bois de chêne, posées à la distance, les unes des autres, d'environ trois pieds. Ces poutres sont épaisses de deux pieds et demi, et sont rangées et attachées de telle sorte au plancher, qu'on les prendrait à la première vue pour des bancs, mais qui ont un usage beaucoup plus incommode. Sur ces poutres sont attachées de grosses chaînes de fer, de la longueur d'un pied et demi, et à la distance les unes des autres de deux pieds ; et au bout de deux de ces chaînes est un collier de même métal. Lors donc que les malheureux galériens arrivent dans ce cachot, on les fait coucher à demi, pour que la tête appuie sur la poutre. Alors on leur met ce collier au col ; on le ferme, et on le rive sur une enclume à grands coups de marteau. Comme ces chaînes à collier sont distantes les unes des autres de deux pieds, et que les poutres en ont la plupart quarante de longueur, on y enchaîne vingt hommes à la file, et aux autres à proportion de leur grandeur. Cette cave faite en rond est si grande, qu'on peut y enchaîner de la manière susdite, jusqu'à cinq cents hommes. Il n'y a rien de si affreux, que de voir l'attitude et la posture de ces malheureux ainsi enchaînés. Car figurez-vous, qu'un homme ainsi attaché, ne peut se coucher de son long ; la poutre, sur laquelle il a la tête, étant trop élevée ; ni s'asseoir et se tenir droit, cette poutre étant trop basse ; si bien que je ne puis mieux dépeindre la posture d'un tel homme, qu'en disant, qu'il est à demi couché, et à demi assis, partie de son corps sur les carreaux ou planchers, et l'autre partie sur cette poutre.

Ce fut aussi de cette manière qu'on nous enchaîna ; et tout endurcis que nous étions aux peines, fatigues et douleurs, trois jours et trois nuits, que nous fûmes obligés de passer dans cette cruelle situation, nous avaient tellement roué le corps et tous nos membres, que nous n'en pouvions plus, surtout nos pauvres vieillards, qui s'écriaient, à tout moment, qu'ils se mouraient, qu'ils n'avaient plus la force de supporter un pareil supplice. L'on me dira peut-être ici : « Comment ces autres misérables, que l'on amène à Paris des quatre coins de la France, et qui sont quelquefois obligés d'attendre trois ou quatre, souvent cinq ou six mois, que la grande chaîne parte pour Marseille, peuvent-ils supporter si longtemps un pareil tourment ? » A cela je réponds, qu'une infinité de ces infortunés succombent sous le poids de leur misère ; et que ceux qui échappent à la mort par la force de leur constitution, souffrent des douleurs, dont on ne peut donner une juste idée. On n'entend dans cet antre horrible que gémissements, que plaintes lugubres, capables d'attendrir tout autre les gens féroces commis pour la garde de ce terrible lieu. Les plaintes sont un soulagement pour les malheureux ; mais on ôte encore cette douceur aux esclaves dignes de pitié, qui y sont enfermés ; car toutes les nuits cinq ou six bourreaux de guichetiers font la garde dans ce cachot, et se ruent sans miséricorde sur ceux qui parlent, crient, gémissent et se plaignent, les assommant avec barbarie à coups de nerf de bœuf. A l'égard de la nourriture, ils l'ont assez bonne. Des espèces de béguines, que l'on nomme Sœurs Grises, y apportent tous les jours à midi de la soupe, de la viande, et de bon pain, qu'on leur donne suffisamment. A propos de ces béguines, il faut pour désennuyer un peu mon lecteur, que je raconte ici un trait de la mère supérieure de celles qui desservent la prison de la Tournelle. Leur congrégation n'est pas fort ancienne, et a pour fondateur celui des pères de la Mission. Leur fonction est de servir les pauvres des paroisses de Paris, à qui elles portent tous les jours le nécessaire, leur donnant même les médicaments dont ils peuvent avoir besoin. Elles ont outre cela la direction de plusieurs hôpitaux, surtout de ceux qui sont fondés pour les militaires ; et par leur règle elles sont obligées de visiter les prisonniers et de les soulager. Dans quelques endroits elles sont aussi chargées d'instruire les jeunes personnes de leur sexe ; on va bientôt juger par ce que je vais dire, si elles en sont bien capables.

La mère supérieure, qui venait tous les jours dans notre cachot pour distribuer la soupe aux galériens, s'arrêtait toujours un quart d'heure avec moi, et me donnait plus à manger que je n'en avais besoin. Les autres galériens m'en raillaient souvent, m'appelant le favori de la mère abbesse. Un jour, après m'avoir donné ma portion, elle me dit entre autres choses, que c'était bien dommage, que nous ne fussions pas chrétiens. « Qui vous l'a dit, ma bonne mère ? lui dis-je ; nous sommes chrétiens par la grâce de Dieu. — Eh ! oui, dit-elle, vous l'êtes ; mais vous croyez à Moïse. — Ne croyez-vous pas, lui demandai-je, que Moïse était un grand prophète ? — Moi ! dit-elle, croire à cet imposteur, à ce faux prophète qui a séduit tant de Juifs, comme Mahomet a séduit les turcs ; moi ! croire à Moïse, oh ! que non. Grâces au Seigneur, je ne suis pas coupable d'une pareille hérésie. » Je haussai les épaules à un discours aussi ridicule, et me contentai de lui dire, que ce n'était pas le lieu ni le temps de discuter cette matière ; mais que je la priais seulement de se confesser de ce qu'elle venait de dire, et qu'elle verrait que son confesseur lui dirait certainement, s'il était plus savant qu'elle, que ce qu'elle avait dit de Moïse était un très grand péché. L'on peut juger à présent, si ces bonnes filles sont en état de donner des instructions à la jeunesse.

Je reviens à ce qui nous arriva dans la Tournelle. J'ai dit plus haut que nous ne restâmes que trois jours et trois nuits enchaînés sur les poutres. Voici comment nous en fûmes délivrés si tôt. Un bon protestant de Paris, nommé M. Girardot de Chancourt, riche négociant, ayant appris notre arrivée à la Tournelle, fut prier le gouverneur de ce château de lui permettre de nous voir et de nous assister dans nos besoins. Le gouverneur, tout son ami qu'il était, ne voulut jamais lui permettre d'entrer dans le cachot pour nous parler ; car on n'y laisse jamais entrer que des ecclésiastiques. M. Girardot donc ne put obtenir de nous voir de plus près que de la cour de ce château, au travers d'un double grillage de fer dont les croisées du cachot étaient garnies. Il ne put même nous parler, la distance qu'il y avait de lui à nous étant trop grande, et ce n'était qu'avec peine qu'il pouvait entrevoir quelqu'un de nous, qu'il ne distinguait que par notre casaque rouge. Mais nous voyant dans l'attitude affreuse où nous étions, la tête clouée sur ces poutres, il demanda au gouverneur, s'il n'y aurait pas moyen de nous enchaîner par la jambe comme quelques-uns des autres galériens qu'il voyait être près des grillages des croisées en dedans du cachot. Le gouverneur lui dit que ceux qu'il voyait ainsi payaient pour cela par mois un certain prix fait. « Si vous vouliez, Monsieur, lui dit M. Girardot, mettre ces pauvres gens dans cette liberté, et faire le prix avec eux, je vous le paierai d'abord à leur défaut. » Le gouverneur lui dit qu'il verrait s'il y avait place au grillage, et qu'en ce cas il le ferait : sur quoi M. Girardot se retira. Le lendemain au matin le gouverneur entra dans le cachot et demanda au premier de nous qui s'offrit à sa vue, qui était celui qui était chargé de la dépense. On me montra. Le gouverneur vint à moi et me demanda si nous serions bien aises d'être à la grille, la chaîne au pied. Je lui dis que nous ne demandions pas mieux ; et enfin nous convînmes de lui payer cinquante écus pour le temps que la chaîne resterait à la Tournelle. Je payai sur-le-champ cette somme de la bourse commune dont j'étais le trésorier. Aussitôt le gouverneur nous fit décramponner de ces affreuses poutres et nous fit mettre le plus proche possible de la grille qu'il put, la chaîne au pied. Depuis plusieurs années nous étions accoutumés à cette dernière espèce d'enchaînure ; c'est pourquoi nous nous trouvâmes fort soulagés. Notre chaîne, qui était attachée au plancher et qui nous tenait à un pied, était de la longueur de deux aunes ; de sorte que nous pouvions être droits sur nos pieds, assis ou couchés tout de notre long ; et vu l'état où nous avions été sur les poutres, nous nous trouvions dans une très heureuse situation. M. Girardot nous vint visiter et nous parla avec beaucoup de facilité au travers du grillage, mais avec prudence et circonspection, à cause des autres galériens qui nous environnaient. Nous ne jouîmes de ce repos qu'un mois, au bout duquel nous partîmes avec la chaîne le dix-sept décembre. Le lecteur ne sera pas fâché de lire la description de ce départ que je vais lui donner.

Les Jésuites ont la direction du spirituel du château de la Tournelle.

Huit jours avant le départ de la chaîne, un de leurs novices, qui nous parut un grand ignorant dans ses prédications, y vint prêcher tous les jours, pour préparer ces misérables galériens à se confesser et à recevoir le Saint Sacrement. Ce prédicateur prenait toujours le même texte, c'était ce précepte de l'Évangile : « Venez à moi, vous tous qui êtes chargés et travaillés, et je vous soulagerai. » Il soutenait et s'efforçait à prouver par divers passages des Pères, que le Sauveur, par les paroles de ce texte, enseignait qu'on ne pouvait venir à lui que par la confession auriculaire. Nous entendions ses sermons, et nous étions outrés de ses absurdités ; mais nous n'eûmes jamais l'occasion de lui pouvoir parler ; car il craignait notre conversation comme le feu, croyant que nous étions tous des ministres huguenots très dangereux et très propres à surprendre les bons catholiques, comme le bruit s'en était répandu dans Paris. De sorte que ce pauvre novice, soit en entrant, soit en sortant du cachot, prenait toujours un grand détour pour nous éviter. Cependant plusieurs Pères jésuites confessèrent tous ces malheureux et leur apportèrent le Saint Sacrement qu'ils leur firent prendre dans cette effroyable attitude, la tête clouée sur la poutre ; action qui paraissait si indécente, même à nous qui n'avions pas la foi pour ce mystère, que nous en avions horreur. Je remarquai qu'après leur avoir donné l'hostie, on leur faisait boire un peu de vin dans un calice. Je demandai à l'un d'eux s'ils recevaient la communion sous les deux espèces. Il me répondit que non, et que le vin qu'on leur donnait dans ce calice n'était pas consacré, que ce n'était qu'une précaution qu'on prenait à la Tournelle, pour leur faire avaler l'hostie, et cela depuis qu'un malheureux galérien, au lieu de l'avaler, l'avait gardée, ayant fait un pacte avec le diable, par lequel il s'obligeait de lui fournir une hostie, à condition que sur la route il mettrait tous les galériens en liberté ; ce que le diable n'avait pas manqué de faire une belle nuit ; car ayant rompu les fers de toute la chaîne, tous les forçats, au grand étonnement des gardes, s'étaient sauvés. J'aurais pu embarrasser celui qui venait de me faire ce récit, en lui demandant quel usage pouvait faire le diable de cette hostie, puisque, selon leur communion, elle renfermait réellement le corps et le sang du Christ, le Sauveur du monde, qui était venu établir sur la terre le règne de Dieu, et précipiter Satan jusques au fond de l'abîme. Mais j'aimai mieux me taire et ne me pas attirer quelque mauvaise affaire de la part des Jésuites, qui s'efforcent de faire accroire cette fable, tout absurde qu'elle soit, et ne la croient pas eux-mêmes.

Je crois avoir dit plus haut que le départ de la chaîne fut fixé au dix-sept décembre. En effet, ce jour-là, à neuf heures du matin, on nous fit tous sortir du cachot et entrer dans une spacieuse cour devant le château. On nous enchaîna par le cou, deux à deux, avec une grosse chaîne de la longueur de trois pieds, au milieu de laquelle il y avait un anneau rond. Après nous avoir ainsi enchaînés, on nous fit tous mettre à la file, couple devant couple; et alors on passa une longue et grosse chaîne dans tous ces anneaux, si bien que nous nous trouvâmes tous enchaînés ensemble. Notre chaîne faisait une très longue file, car nous étions environ quatre cents. Ensuite on nous fit tous asseoir par terre, en attendant que le Procureur général du Parlement vînt pour nous expédier et nous mettre entre les mains du capitaine de la chaîne. C'était pour lors un nommé Langlade, exempt du guet, ou de M. d'Argenson, lieutenant de police de Paris. Sur le midi le Procureur général et trois Conseillers du Parlement vinrent à la Tournelle, nous appelèrent tous par nos noms, nous lurent à chacun le précis de notre arrêt de condamnation, et les remirent tous en main du capitaine de la chaîne. Cette formalité nous arrêta trois bonnes heures dans la cour, pendant lesquelles M. Girardot, qui ne s'endormait pas à notre égard, fut supplier M. d'Argenson de nous recommander au capitaine de la chaîne; ce qu'il fit fortement, ordonnant audit capitaine de nous distinguer des autres, de nous procurer tous les soulagements qui dépendraient de lui, et de lui rapporter, après son retour de Marseille, un certificat par lequel nous attesterions que nous étions contents de lui. Il lui ordonna de plus de régler avec M. Girardot ce qui concernait notre soulagement durant la route. Pour cet effet, M. Girardot vint dans la cour de la Tournelle, alla saluer le Procureur général et le pria d'avoir la bonté de permettre qu'il entretînt et assistât ces vingt-deux réformés qui étaient à la chaîne ; ce que le Procureur général lui ayant accordé avec beaucoup de douceur, il vint nous embrasser tous avec une affection digne des sentiments de christianisme qui le faisaient agir. Ensuite il s'entretint avec le capitaine, qui lui dit qu'il était nécessaire de lui remettre l'argent que nous pourrions avoir, parce qu'au premier logement où la chaîne s'arrêtait on la fouillait, et qu'alors l'argent que l'on trouve aux galériens est perdu pour eux. M. Girardot nous demanda si nous voulions confier au capitaine l'argent que nous avions. Nous lui dîmes que nous ne demandions pas mieux ; et comme notre argent était dans une bourse commune que je gardais, je la remis sur-le-champ entre les mains de M. Girardot, qui compta au capitaine cet argent, lequel consistait en sept ou huit cents livres. Après cela le capitaine dit à M. Girardot qu'y ayant parmi nous des malades et des infirmes, il était de toute nécessité que nous fussions pourvus d'un ou de deux chariots, suivant le besoin que nous pourrions en avoir pendant la route. Il ajouta qu'il ne pouvait faire à ses frais cette dépense qu'après avoir chargé de coups de bâton ceux qui ne pouvaient marcher, pour s'assurer qu'ils ne faisaient pas les malades exprès pour se faire voiturer. M. Girardot comprit d'abord ce que ce discours signifiait, et aussitôt accorda que nous paierions audit capitaine cent écus, et cela sur-le-champ, afin que, lorsque nous nous plaindrions de ne pouvoir marcher, on nous mît sur des chariots sans nous donner de coups, ou faire d'autres mauvais traitements ; de sorte qu'à proprement parler, les cent écus qu'il prit de notre bourse commune étaient pour nous racheter des coups de bâton pendant la route. Pour notre sûreté, M. Girardot fit signer un reçu au capitaine, avec promesse qu'en nous remettant notre argent et la caisse de nos livres (que nous conditionnâmes qu'il ferait voiturer jusques à Marseille sur le marché des cent écus) il rapporterait quittance du tout avec notre attestation que nous étions contents de lui. Cela fait et le capitaine ayant reçu ses ordres et ses expéditions pour le départ de la chaîne ; sur les trois heures après midi on nous fit sortir de la Tournelle et traverser une partie de la ville de Paris, pour aller coucher à Charenton. Une grande quantité de gens de la religion réformée se tenaient dans les rues par où la chaîne passait, et malgré les bourrades que nos brutaux d'archers leur portaient pour les empêcher de nous approcher, ils se jetaient sur nous pour nous embrasser, car nous étions reconnaissables à nos casaques rouges. D'ailleurs nous vingt et deux étions tous ensemble à la queue de la chaîne.

Ces bonnes gens, parmi lesquels il y en avait beaucoup de distinction, nous criaient tout haut : « Courage, chers confesseurs de la vérité ; souffrez constamment pour une si belle cause, pendant que nous ne cesserons de prier Dieu, qu'il vous fasse la grâce de vous soutenir dans vos rudes épreuves ; » et autres discours de ce genre, très consolants pour nous. Quatre messieurs, gros marchands de Paris, nous accompagnèrent même jusques à Charenton, avec la permission du capitaine, grand ami de l'un d'eux, et firent promettre audit capitaine de leur permettre de nous donner à souper à Charenton et qu'il nous détacherait de la grande chaîne, pour pouvoir être en particulier avec ces messieurs, dans une chambre de l'hôtellerie, où la chaîne logerait. Nous arrivâmes à Charenton sur les six heures du soir au clair de la lune. Il gelait, comme on dit, à pierre fendre. La peine que nous avions à marcher, et l'excessive pesanteur de nos chaînes [a] nous avait réchauffés du grand froid que

---

a. L'édition originale de 1757 ajoute entre parenthèses : « qui était de cent cinquante livres pesant pour chacun, suivant le dire du capitaine même » ; ce chiffre est évidemment impossible, puisque chaque forçat aurait alors été obligé de porter autant que son propre poids, ce qui ne peut se faire sur une si grande distance. Il faut

nous avions enduré dans la cour de la Tournelle ; mais échauffés à tel point, qu'arrivant à Charenton, nous étions en sueur, comme si on nous avait plongés dans l'eau. Étant donc arrivés à Charenton, on nous logea dans l'écurie d'une hôtellerie : mais quel logement, hélas ! et quel repos nous préparait-on pour nous refaire de cette grande fatigue ! La chaîne était clouée au râtelier, de manière que nous ne pouvions nous coucher ni même nous asseoir que difficilement sur le fumier et les immondices des chevaux ; car, comme le capitaine conduit la chaîne à ses dépens jusques à Marseille, moyennant vingt écus par tête, de ceux qu'il livre à Marseille, il épargne jusques à la paille, et nous n'en avons pas eu pendant toute la route. On nous laissa donc ainsi reposer (si tant est que ce repos ne soit pire que la fatigue que nous avions eue) jusque sur les neuf heures du soir pour nous préparer une autre scène la plus cruelle qu'on puisse s'imaginer, comme je vais la dépeindre. Cependant nos quatre messieurs de Paris, qui nous avaient suivis jusques à Charenton, logèrent dans la même hôtellerie, où était la chaîne, y arrêtèrent la plus grande chambre, et ordonnèrent le souper pour trente personnes, pour nous régaler ; comptant que le capitaine leur tiendrait parole. Mais quel régal, bon Dieu ! autre qu'ils ne s'attendaient, n'eûmes-nous pas et eux aussi, par la vue d'un spectacle, qui me fait frémir toutes les fois que je me le rappelle. Le voici.

A neuf heures du soir, qu'il faisait un grand clair de lune, et une gelée, par un vent de bise, que tout glaçait, on décramponna la chaîne, et on nous fit tous sortir de l'écurie dans une spacieuse cour, close d'une muraille, qui régnait devant cette hôtellerie. On fit arranger la chaîne à un bout de cette cour ; ensuite on nous ordonna, le nerf de bœuf à la main, qui tombait comme grêle, sur les paresseux, de nous dépouiller entièrement de tous nos habits, et de les mettre à nos pieds. Il fallut

---

peut-être attribuer l'erreur à Daniel de Superville, qui a revu le manuscrit, ou à une exagération méridionale du capitaine. (ThéoTEX)

obéir; et nous vingt et deux, ni plus ni moins que toute la chaîne, nous subîmes ce cruel traitement. Après donc que nous fûmes dépouillés, nus comme la main, on ordonna à la chaîne de marcher de front jusques à l'autre bout de la cour, où nous fûmes exposés au vent de bise pendant deux grosses heures; pendant lequel temps, les archers fouillèrent et visitèrent tous nos habits, sous prétexte d'y chercher couteaux, limes, et autres instruments propres à couper ou rompre les chaînes. On peut juger, si l'argent, qui se trouva, échappa des mains de ces harpies. Ils prirent tout ce qui les accommodait, mouchoirs, linge (s'il était un peu bon), tabatières, ciseaux, etc., et gardèrent tout, sans jamais en avoir rien rendu; et lorsque ces pauvres misérables leur demandaient ce qu'on leur avait enlevé, ils étaient accablés de coups de bourrade de leurs mousquetons, et de coups de bâton. La visite de nos hardes étant faite, on ordonna à la chaîne de remarcher de front jusques à la place, où nous avions quitté nos habits. Mais, ô spectacle cruel! la plupart de ces malheureux, de même que nous, étions si roides du grand froid que nous avions souffert, qu'il nous était impossible de marcher, quelque petit espace qu'il y eût de l'endroit où nous étions jusques à nos habits. Ce fut alors que les coups de bâton, et de nerf de bœuf, plurent; et ce traitement horrible ne pouvant animer ces pauvres corps, pour ainsi dire, tout gelés, et couchés les uns roide morts, les autres mourants, ces barbares archers les traînaient par la chaîne de leur col, comme des charognes, leur corps ruisselant du sang des coups qu'ils avaient reçus. Il en mourut ce soir-là, ou le lendemain, dix-huit. Pour nous vingt-deux, on ne nous frappa ni traîna, grâces à Dieu, et à nos cent écus, que nous éprouvâmes dans cette occasion, avoir été bien employés. Les archers nous aidèrent à marcher, et en portèrent même quelques-uns, entre leurs bras, jusques où étaient nos habits, et par une espèce de miracle, il n'y eut aucun de nous, qui y pérît, ni pendant la route, où on nous fit encore trois fois cette barbare visite en pleine campagne, avec un froid aussi grand et même plus rude qu'il n'était à Charenton. Il est à remarquer, que pendant qu'on nous fit ce cruel traitement à Charenton, ces quatre messieurs de Paris le voyaient des fenêtres de leur chambre, qui donnait dans cette cour. Ils criaient, et se lamentaient, demandant au capitaine, les mains jointes, de nous épargner ; mais il ne les écoutait pas, et tout ce que ces bons messieurs purent faire, ce fut de nous crier de nous recommander à Dieu, comme on fait à des patients, à qui on va faire subir le dernier supplice ; et depuis nous ne les avons jamais revus ; car on nous recloua nos chaînes au râtelier de l'écurie, comme auparavant. Jugez, je vous prie, si ces messieurs eurent l'appétit et le courage de se régaler du grand souper qu'ils avaient fait préparer pour nous. Le capitaine ne voulut même jamais permettre, qu'ils entrassent dans l'écurie pour nous voir, et nous secourir dans l'accablant état où nous étions, ni qu'on nous apportât le moindre rafraîchissement, et il fallut nous contenter d'un morceau de pain, d'une once de fromage, et d'un demi-setier de mauvais vin pour chacun, que le capitaine nous fit distribuer. Ce qui nous aida le plus à nous réchauffer, et qui vraisemblablement, après Dieu, nous sauva la vie, ce fut le fumier des chevaux de cette écurie, sur lequel nous étions assis ou à demi couchés. Pour moi, je me souviens que j'eus la facilité de m'y enterrer entièrement. Ceux qui purent le faire s'en trouvèrent bien, se réchauffèrent, et se remirent bientôt. Tout extrême et vilain que ce remède était, nous rendîmes grâces à Dieu, de bon cœur, de nous l'avoir procuré.

Le lendemain au matin, nous partîmes de Charenton. On mit sur les chariots quelques-uns de nous vingt-deux, qui le requirent, sans qu'on les maltraitât le moins du monde ; mais les autres malheureux, accablés de leurs souffrances du soir précédent, et quelques-uns à l'article de la mort, ne purent obtenir cette faveur, qu'après avoir passé par l'épreuve du nerf de bœuf ; et pour les mettre sur les chariots, on les détachait de la grande chaîne, et on les traînait par celle qu'ils avaient au col, comme des bêtes mortes jusques au chariot, où on les jetait comme des chiens, leurs jambes nues, pendantes hors du chariot, où dans peu elles se gelaient, et leur faisaient souffrir des tourments inexprimables ; et, qui pis est, ceux qui se plaignaient ou lamentaient sur ces chariots des maux qu'ils souffraient, on les achevait de tuer à grands coups de bâton. On demandera ici, pourquoi le capitaine de la chaîne n'épargnait pas plus leur vie, puisqu'il recevait vingt écus par tête pour ceux qu'il livrait vivants à Marseille, et rien pour ceux qui mouraient en chemin. La raison en est claire. C'est que le capitaine devant les faire voiturer à ses dépens, et les voitures étant chères, il ne trouvait pas à beaucoup près son compte à les faire charrier. Car, à faire charrier, par exemple, un homme jusques à Marseille, il lui en aurait coûté plus de quarante écus, sans la nourriture ; ce qui fait voir, qu'il lui était plus profitable de les tuer, que de les faire voiturer. Il en était quitte d'ailleurs, en laissant au curé du premier village, qui se présentait, le soin d'enterrer ces corps morts, et en prenant une attestation dudit curé. Enfin nous traversâmes l'Île-de-France, la Bourgogne et le Maconnais jusques à Lyon, faisant tous les jours trois et quatre lieues ; ce qui est beaucoup, chargés de chaînes, comme nous étions, couchant tous les soirs dans des écuries sur le fumier, mal nourris, et, quand le dégel vint, toujours dans la boue jusques à mi-jambes, et souvent la pluie sur le corps, qui ne se séchait qu'avec le temps sur nos corps mêmes, sans compter les poux et la gale, inséparables d'une misère pareille. Nous n'ôtions cette vermine de nos corps qu'à pleines mains ; mais pour la gale, dont tous ces misérables de la chaîne étaient ulcérés, nous vingt-deux en fûmes exempts, et pas un de nous ne la gagna, quoique pendant la route nous eussions été séparés les uns des autres, et que plusieurs de nous fussent accouplés avec quelques-uns de ces malheureux. Pour moi, je l'étais avec un, qui était condamné pour désertion. C'était un bon enfant. On l'accoupla avec moi à Dijon en Bourgogne, parce que le réformé, qui était enchaîné avec moi, était incommodé d'un pied, et qu'il fut mis sur un chariot. Ce pauvre déserteur donc était si infecté de la gale, que tous les matins c'était un mystère, pour me dépêtrer d'avec lui. Car comme le pauvre misérable n'avait qu'une chemise à demi pourrie sur son corps, que la gale traversait sa chemise, et que je ne pouvais m'éloigner de lui tant soit peu, il se collait tellement à ma casaque, qu'il criait comme un perdu lorsqu'il fallait nous lever pour partir ; et qu'il me priait, par grâce, de lui aider à se décoller d'avec moi. Cependant je ne gagnai pas cette incommode maladie, qui se prend si facilement. En arrivant à Lyon, on mit toute la chaîne dans de grands bateaux plats pour descendre le Rhône jusques au pont Saint-Esprit : de là par terre à Avignon, et d'Avignon à Marseille, où nous arrivâmes le dix-sept janvier 1713, tous vingt-deux, grâces à Dieu, en bonne santé. Des autres il en était mort beaucoup en chemin, et il y en avait très peu, qui ne fussent malades, dont divers moururent à l'hôpital de Marseille. Voilà la fin de notre route de Dunkerque à Marseille ; route qui m'a fait plus souffrir, principalement depuis Paris, que pendant les douze années précédentes de ma prison et de mon séjour sur les galères. Dieu soit loué, que d'ici en avant, je n'aurai plus à raconter que les événements, qui précédèrent et accomplirent enfin notre chère liberté : événements qui n'ont, Dieu merci, rien de tragique, mais qui méritent bien la curiosité du lecteur. On y verra la malice noire et la haine invétérée des missionnaires de Marseille, et la grâce de Dieu envers ses enfants triompher de leurs implacables ennemis.

On nous mit tous vingt-deux sur la galère, nommée la Grande Réale, qui servait d'entrepôt aux nouveaux venus et aux infirmes des trente-cinq galères, qui étaient pour lors dans le port de Marseille. Ces nouveaux venus n'y restent que peu, on les partage bientôt sur les autres galères ; mais nous vingt-deux ne fûmes pas partagés, parce qu'on comptait que les six chiourmes de Dunkerque reviendraient à Marseille, et qu'on nous remettrait alors chacun sur les galères, d'où nous étions sortis. Nous grossîmes donc le nombre de nos frères qui se trouvaient sur cette Grande Réale, si bien que nous y étions au delà de quarante réformés. Ces chers frères nous reçurent avec embrassements, et larmes de joie et de douleur tout ensemble : de joie, de nous voir tous sains et saufs, constants et résignés à la volonté de Dieu ; et de douleur, des souffrances que nous avions eues, louant la divine Providence de nous avoir soutenus dans de si longues et douloureuses épreuves.

Le supérieur des missionnaires de Marseille, nommé le Père Garcin, s'était trouvé à Paris dans le temps que nous y étions. Il nous était venu voir dans le cachot de la Tournelle, et nous y avait exhortés de son mieux par des promesses mondaines à changer de religion ; car c'est là presque toujours le texte de leur mission. « Vous êtes ici, nous disait-il, à portée d'être délivrés dans deux fois vingt-quatre heures, si vous voulez changer, et je me fais fort d'obtenir dans ce peu de temps votre délivrance. A quoi vous allez-vous exposer ? continua-t-il. Il y a toute apparence, que les trois quarts de vous périrez d'ici à Marseille dans la rude saison où nous sommes ; et puis, quand ceux de vous, qui en échapperont, seront à Marseille, ils feront comme tous les autres protestants, qui étaient en galère, et qui ont tous fait abjuration entre mes mains. » Nous lui répondîmes, que ceux qu'il disait n'avaient rien fait pour nous, ni nous rien pour eux, et que chacun devait prendre garde à son propre salut. Il s'en alla, et fut plus tôt de retour à Marseille que nous. Ce même Père Garcin donc nous vint voir le lendemain de notre arrivée sur la Grande Réale, et nous ayant tous fait venir dans la poupe de la galère, il nous compta, et ayant trouvé le même nombre qu'il avait vu à Paris : « C'est bien merveille, dit-il, que vous ayez tous échappé. N'êtes-vous pas encore las de souffrir ? — Vous vous trompez fort, lui dis-je, Monsieur, si vous croyez que les souffrances affaiblissent notre foi. Nous éprouvons au contraire ce que dit le Psalmiste, que plus nous souffrons de maux, et plus il nous souvient de Dieu. — Chansons, dit-il. — Ce n'est pas tant chanson, lui repartis-je, que celle que vous nous chantiez à Paris, que tous nos frères des galères de Marseille avaient fait abjuration entre vos mains. Il n'y en a pas un qui l'ait fait, et si j'étais à votre place, j'aurais honte toute ma vie de m'être exposé à avancer une chose, qui me convaincrait d'imposture. — Vous êtes un raisonneur, » me répondit-il brusquement, et s'en alla.

Deux ou trois mois se passèrent depuis notre arrivée à Marseille, sans qu'il nous arrivât rien de particulier ; mais environ le commencement d'avril, les missionnaires firent une exhortation générale à nous tous pour nous persuader de changer de religion, employant à cela plutôt des promesses mondaines que des arguments démonstratifs. Ils se flattaient, que du moins ils en gagneraient quelques-uns, ne fût-ce qu'un ou deux, pour exécuter un dessein diabolique qu'ils avaient formé, comme on le verra bientôt. Je dois remonter un peu plus haut pour en donner l'intelligence.

Pendant le congrès d'Utrecht pour la paix générale, nous vivions en espérance que cette paix nous procurerait notre délivrance. Nous savions que les puissances protestantes s'y intéressaient fortement. Mais la France n'en voulant point entendre parler, la paix. se conclut sans faire mention de nous ; si bien que toute espérance du côté des hommes nous étant ôtée, nous la tournâmes toute du côté de Dieu, et nous nous résignâmes à sa sainte volonté. Nous étions dans ces termes lors de l'exhortation des missionnaires, qui se persuadaient qu'ayant perdu toute espérance humaine, il leur serait facile de nous tenter par leurs belles promesses, et d'en séduire quelqu'un pour jouer leur rôle ; mais par la grâce de Dieu ils ne réussirent pas.

Nous ne savions rien de ce qui se passait en Angleterre en notre faveur : mais les missionnaires qui savent tout, avaient avis que la Reine Anne était fortement sollicitée d'employer ses bons offices pour nous auprès du Roi de France ; et en bons politiques, ils se persuadaient, que si la Reine nous demandait, le Roi, pour les raisons qu'un chacun sait, ne la refuserait pas. C'est ce qui fit prendre la résolution à ces messieurs de s'opposer, par toutes sortes de voies, à notre liberté, en faisant accroire au Roi, de qui ils étaient très écoutés, que les hérétiques qui étaient sur les galères, rentraient tous dans le giron de l'Église romaine ; afin que le Roi eût cette raison à opposer aux sollicitations que la Reine Anne lui pourrait faire pour notre délivrance. Mais n'ayant pu persuader aucun de nous de se rendre, et ayant besoin de quelqu'un pour exécuter leur projet, que firent ces fourbes pour en imposer au Roi ? Ils sollicitèrent deux malheureux forçats, qui étaient condamnés, l'un pour vol, l'autre pour désertion, tous deux catholiques romains d'origine, et qui, depuis plusieurs années, qu'ils étaient aux galères, avaient fait constamment profession de cette religion ; ils les sollicitèrent, dis-je, à feindre qu'ils étaient de la religion réformée, et à se faire ensuite catholiques ; après quoi ils leur promettaient leur délivrance. La condition était flatteuse pour ces deux malheureux. Aussi ne se firent-ils pas tirer l'oreille pour y acquiescer. Nous ignorions parfaitement cette manigance, et nous fûmes tout surpris, qu'un dimanche, lorsqu'on disait la messe sur les galères, ces deux soi-disant réformés se plièrent dans leur capote, et se couchèrent dans leur banc, à la manière des véritables. réformés, en qui l'on tolérait cette manière d'agir, qui désignait qu'ils n'avaient aucune foi pour la messe.

Mon lecteur sera, je m'assure, bien aise, que je sorte pour un moment de mon sujet pour lui dire, aussi brièvement qu'il me sera possible, l'origine de cette tolérance, qui surprend sans doute ceux qui ne la savent pas, et qui connaissent l'esprit des ecclésiastiques romains, surtout des missionnaires, peu disposés à souffrir impunément une telle indécence à l'égard d'un mystère, qu'ils exaltent si fort. La voici.

Après la paix de Ryswick, les missionnaires entreprirent de forcer les protestants des galères, lorsqu'on dirait la messe, de se mettre à genoux, tête nue, et dans la posture de dévotion, que les catholiques romains observent. Pour y réussir, ils n'eurent pas beaucoup de peine à mettre dans leur parti M. de Bonbelle, major-général des galères, le plus grand et le plus acharné des persécuteurs. Ils conclurent avec lui de faire donner la bastonnade à tous les réformés, jusqu'à ce qu'ils eussent consenti à se tenir dans cette posture, lorsqu'on dirait la messe. Et pour rendre cette exécution d'autant plus effrayante qu'elle durerait plus longtemps, on convint que le major commencerait à un bout des galères (il y en avait quarante), et ferait donner la bastonnade, à une ou deux galères par jour, et ainsi jusqu'à l'autre bout, pour recommencer encore par ceux qui resteraient opiniâtres, et continuer ainsi jusqu'à ce qu'ils se soumissent ou mourussent sous la corde. Bonbelle commença cette effroyable exécution, et chaque jour, il la continuait d'une galère à l'autre ; et les termes favoris dont il se servait pour exhorter ces pauvres martyrs à obéir, étaient ceux-ci, qui font frémir d'horreur : « Chien, disait-il, mets-toi à genoux quand on dira la messe, et dans cette posture, si tu ne veux pas prier Dieu, prie le diable, si tu veux ; que nous importe ? » Tous ceux qui furent exposés à ce supplice, y résistèrent saintement et courageusement, en louant Dieu, au milieu de leurs peines. Cependant quelques bonnes âmes en informèrent les ambassadeurs des puissances protestantes, qui étaient à la cour de France, et qui, frappés d'une injustice aussi atroce, présentèrent des mémoires au Roi, où ils alléguaient entre autres, qu'il était du dernier injuste que des gens, qui souffraient actuellement la peine des galères, pour n'avoir pas voulu se conformer à l'Église romaine, fussent violentés par de nouvelles peines pour les y porter. Le Roi avoua, que cela était très injuste, et déclara qu'on avait commis cette violence, sans ses ordres, et envoya incontinent ordre à

Marseille, de cesser ces excès, et d'en faire réparation aux prétendus réformés des galères ; ce qui se fit assez faiblement, en disant que c'était un malentendu, qui n'arriverait plus. Et depuis ce temps-là on toléra, que les réformés se couchassent dans leur banc, quand on disait la messe sur les galères, comme je l'ai dit plus haut.

Je reprends le fil de l'histoire des deux faux réformés, que les missionnaires faisaient agir. Ces malheureux s'étant donc couchés dans leur banc pendant la messe, le comite, qui avait le mot et qui observe ordinairement que chacun fasse son devoir en pareil cas, les voyant ainsi hors de la posture convenable, leur en demanda la raison. Ces misérables lui répondirent, en jurant, qu'ils étaient huguenots, à cause que leurs parents l'étaient aussi. Les comites en avertirent les aumôniers ; car c'était sur deux galères différentes, que se passait cette scène. Les aumôniers les exhortèrent de rentrer dans le giron de l'Église. Ils se firent un peu tirer l'oreille, et enfin se rendirent. Nous jugions bien que c'était un tour de politique des missionnaires ; mais nous ne pénétrions pas à quoi tout cela aboutirait, et nous ne le développâmes que quelques jours après, que les missionnaires eux-mêmes le mirent au jour, comme on le va voir.

Ces deux faux huguenots ayant fait leur abjuration publique et solennelle, pour donner plus de relief à cette belle conversion, reçurent peu de jours après leur grâce de la cour, et furent sur-le-champ mis en pleine liberté. Le jour même de leur délivrance, le Père Garcin, et un autre missionnaire, allèrent de galère en galère annoncer cette faveur du Roi, qu'ils disaient faite à deux de nos frères. Ils vinrent donc aussi sur la Grande Réale, où nous étions, comme je l'ai déjà dit, au delà de quarante réformés. Ils ordonnèrent à l'argousin de nous déchaîner tous pour leur aller parler dans la chambre de poupe. Nous nous y rendîmes, et après les flatteuses civilités, à quoi ces Pères ne manquent jamais, ils commencèrent leurs harangues dans ce sens : « Messieurs, nous dirent-ils, vous savez les peines et les soins, que nous nous sommes toujours donnés pour votre conversion, nommément en dernier lieu, que nous vous avons fait à tous une exhortation générale, sans en tirer pourtant tout le fruit que nous avions espéré. Mais, comme Dieu dispense ses grâces à qui il lui plaît, deux des vôtres, à qui le Seigneur a donné de nous écouter plus docilement, ont embrassé les vérités que nous leur avons enseignées, et ont fait leur abjuration avec grand zèle entre nos mains. Et comme nous savons que rien ne peut faire un plus grand plaisir à Sa Majesté, que la conversion de ses sujets errants, nous n'avons pas manqué de lui apprendre cette bonne nouvelle ; et voici ce qu'Elle a ordonné à M. de Pontchartrain, son ministre, de nous écrire. » Sur quoi il nous lut la lettre de ce ministre, qui contenait en substance, que Sa Majesté était bien aise d'avoir appris, que deux des principaux hérétiques calvinistes des galères avaient fait abjuration de leurs erreurs, entre leurs mains, et que Sa Majesté espérait, suivant les assurances qu'ils lui en donnaient, que tous les autres, qui se trouvaient encore sur les galères, suivraient bientôt ce bon exemple ; qu'en ce cas Sa Majesté leur promettait, non seulement leur délivrance, mais aussi ses faveurs royales, comme à de bons sujets. Il nous fut facile de juger par cette lettre, que les missionnaires avaient fait jouer ce ressort pour persuader Sa Majesté, que ces deux derniers convertis étaient, pour ainsi dire, les arcs-boutants qui soutenaient les autres, et que, dans cette idée, Sa Majesté n'écouterait aucune sollicitation pour nous, y opposant toujours, que nous étions tous convertis, ou en train de l'être. Voyez, je vous prie, la hardiesse de ces missionnaires, qui tâchaient, par cette fourberie insigne, d'en imposer au Roi. Considérez aussi l'impiété de ces imposteurs, qui se jouent impunément de la religion, et qui sacrifient la vérité à leur exécrable mensonge : mais rien ne coûte à ces messieurs, pourvu qu'ils viennent à bout de leurs pernicieux desseins. Impiété, mensonge, hypocrisie, cruautés, et enfin tous les crimes les plus atroces ne sont chez eux que peccadilles, pourvu qu'ils les exercent pour la destruction de ce qu'ils appellent hérésie, et pour assouvir leur haine et leur vengeance contre leurs ennemis, qui ne le sont que parce qu'ils ne pensent pas comme eux. Voilà un échantillon du caractère de ces fameux directeurs des consciences, qui sont en même temps les plus cruels, et les plus formidables ennemis des pauvres réformés. Le lecteur verra par la suite de ces mémoires de quoi ils sont encore capables.

Après que le Père Garcin, supérieur des missionnaires de Marseille, nous eut fait la lecture de cette lettre de M. de Pontchartrain, il nous harangua fort pathétiquement, nous exaltant la bonté du Roi pour ses sujets, qui ne s'arrêtait pas seulement à leur procurer les biens temporels, mais qui portait son attention à sauver leurs âmes ; que cette lettre, qu'il avait ordonné à son ministre d'écrire, en était une preuve plus que suffisante. Il s'étendit ensuite sur la bonté et la douceur de l'Église romaine, qui, à l'exemple du Sauveur du monde, ne forçait personne que par la persuasion de la vérité du saint Évangile. « Et ne nous alléguez pas, s'écria ce Père, que nous vous persécutons pour vous faire rentrer dans le giron de l'Église ; arrière de nous cette maxime de persécuter, que vous nous objectez si souvent. Nous vous déclarons que nous la détestons, et nous convenons qu'il n'appartient à personne, suivant le précepte de l'Évangile, de persécuter les autres pour cause de religion. Rentrez donc en vous-mêmes, continua ce Père, et rendez-vous à la royale et sainte sollicitation de Sa Majesté, et à la douce persuasion des vérités que nous vous annonçons de tout notre cœur, et avec un vrai zèle pour votre salut. » Ayant fini son discours, l'un de nous prit la parole, et témoigna, que nous étions très sensibles aux offres pleines de bonté que Sa Majesté nous faisait faire par son ministre ; que nous persisterions toute notre vie dans les sentiments de véritables et de bons sujets de Sa Majesté ; et quant à notre sainte foi, que nous étions tous résolus aussi, avec la grâce de Dieu, d'en faire profession de cœur et de bouche, jusqu'à la fin. Ici le

Père Garcin lui coupa la parole, en lui disant qu'il ne pouvait répondre pour tous ; que d'ailleurs il ne nous demandait pas sur l'heure de réponse, laissant à chacun de nous à réfléchir en particulier sur ce qu'il nous avait dit. Ne pouvant rien dire de plus à ces Pères (car ils étaient deux), nous sortîmes de la chambre de poupe où ils restèrent encore un peu, apparemment pour voir, si du moins quelques-uns de nous n'iraient pas leur déclarer, qu'ils étaient convaincus. Les argousins se mirent à nous renchaîner chacun dans nos bancs : mais comme nous étions au delà de quarante, et qu'il se passa une bonne heure avant que cela fût fini, je liai conversation avec trois de nos frères, attendant que notre tour vînt pour nous enchaîner. Je leur dis, que je ne pouvais plus retenir ce qui se passait dans mon cœur ; que je désirais de répondre à l'imposture du Père Garcin, qui osait soutenir, que nous n'étions pas persécutés. Ces frères me représentèrent, que je connaissais bien le caractère dur et cruel de ces Pères ; que nos répliques, quelque humbles qu'elles fussent, n'aboutiraient qu'à nous faire maltraiter. « Messieurs, leur dis-je, nous avons tant souffert de mauvais traitements, que Dieu nous a fait la grâce de supporter, avec joie, pour sa cause, que quelque chose de plus ne nous étonnera point, et que, moyennant la continuation de la grâce divine, nous le souffrirons encore, s'il le faut. C'est pourquoi je vous prie, que nous rentrions à nous quatre dans la chambre où sont encore ces Pères, afin que j'exhale en votre présence ce que j'ai sur le cœur. Je porterai la parole, et je vous promets qu'aucune invective, ou malhonnêteté de ma part, ne leur fournira le prétexte de nous maltraiter. » Ils se laissèrent persuader, et nous entrâmes dans la chambre de poupe, où ces Pères étaient encore. Dès qu'ils nous virent revenir à eux, ils prirent un air gai qui nous persuada qu'ils croyaient que nous avions fait de sérieuses réflexions sur leur harangue, et que nous venions nous avouer vaincus. Ils nous saluèrent le plus amiablement du monde, nous présentant des sièges. J'avais promis à nos trois frères qui m'accompagnaient, que je parlerais ; aussi fis-je, d'abord que le Père Garcin m'eut demandé de quoi il s'agissait, et si nous avions fait réflexion sur ce qu'il nous avait dit, et sur la promesse du Roi, au cas que nous fissions abjuration de nos erreurs. Je lui répondis, que nous étions pleinement persuadés de la bonté et de la sincérité de Sa Majesté ; et qu'il ne s'agissait plus que de nous lever quelque scrupule ; que nous rentrions vers eux pour les prier de nous donner quelque éclaircissement sur ce que nous leur allions proposer. J'avoue que je fis, en quelque manière, un peu l'hypocrite, par l'air que je me forçai de prendre, en leur faisant ce début, pour leur faire accroire que nous venions capituler, pour nous rendre ensuite. J'imaginai cette ruse pour les faire donner dans le piège que je leur tendais, et j'eus le plaisir de voir qu'ils y tombèrent, comme je l'avais désiré. Je voulais leur faire avouer tacitement, que nous étions persécutés pour cause de religion ; et voici comment je m'y pris. Les trois frères qui m'accompagnaient, étaient cependant dans une grande inquiétude au sujet de mon début, dont je ne les avais pas instruits, faute de temps ; mais l'issue leur donna beaucoup de joie.

Je dis donc à ce Père, que nous avions fait une sérieuse réflexion sur ce qui venait de se passer ; mais qu'il nous restait, entre autres, un grand obstacle à ce qu'ils appelaient notre conversion ; que nous venions le lui proposer, et lui demander de le lever. « Voilà comme il faut faire, s'écria tout joyeux le Père Garcin. Parlez, Monsieur, me dit-il, et vous serez satisfait sur tous vos scrupules. »

Là-dessus je pris la parole sur le même ton, et lui dis : « Je puis vous certifier, Monsieur, que grâces à Dieu et à mes parents, j'ai été élevé et instruit assez bien dans les principes de la religion réformée. Mais il faut que je vous avoue que rien ne m'y fortifie davantage que de me voir persécuté à cause d'elle ; car lorsque je considère que Jésus-Christ, ses apôtres et tant de fidèles chrétiens ont été persécutés, suivant la prophétie de ce divin Sauveur, je ne puis que me croire dans le vrai chemin du salut, puisque je suis persécuté comme eux. Ainsi, Monsieur, continuai-je, si vous pouvez me prouver que nous ne sommes pas persécutés, comme vous le souteniez tantôt, je vous avoue que vous gagnerez beaucoup sur moi. — Je suis ravi, répliqua le Père Garcin, que vous me découvriez si clairement votre scrupule, et d'autant plus ravi, qu'il n'y a rien de si facile que de vous le lever, en vous prouvant que vous n'êtes pas persécutés pour cause de religion, et voici comment : Savez-vous, me demanda-t-il, ce que c'est que persécution ? — Hélas ! Monsieur, lui dis-je, mon état et celui de mes frères souffrants nous l'a fait assez connaître. —- Bagatelle, dit-il, c'est ce qui vous trompe ; et vous prenez châtiment pour persécution, et je vais vous en convaincre. »

« Pourquoi, me demanda-t-il, êtes-vous aux galères, et quel est le motif de votre sentence ? » Je lui répondis que me voyant persécuté dans ma patrie, j'avais voulu sortir du royaume pour professer ma religion en liberté, et qu'on m'avait arrêté sur les frontières, et pour cela condamné aux galères. « Ne voilà-t-il pas, s'écria le Père Garcin, ce que je viens de vous dire, que vous ne savez pas ce que c'est que persécution ? Je vous l'apprends donc, en vous disant que persécution, en fait de religion, c'est lorsqu'on vous maltraite pour vous obliger à renoncer la religion que vous professez. Or, dans votre fait, la religion n'y a aucune part, et en voici la preuve. Le Roi a défendu à tous ses sujets de sortir du royaume sans sa permission, vous en avez voulu sortir, on vous châtie pour avoir contrevenu aux ordres du Roi. Cela regarde la police de l'État, et non l'Église ni la religion. » Il s'adressa ensuite à un de nos frères là présent, pour lui demander aussi pourquoi il était aux galères. « Pour avoir prié Dieu, Monsieur, dans une assemblée, lui répondit ce frère. — Autre contravention aux ordres du Roi, reprit le Père Garcin : Le Roi a défendu, dit-il, de s'assembler en aucun lieu pour prier Dieu, que dans les paroisses et autres églises du royaume. Vous faites le contraire, et vous êtes puni pour avoir contrevenu aux ordres du Roi. » Un autre de nos frères lui dit qu'étant malade, le curé était venu à son lit prendre sa déclaration s'il voulait vivre et mourir dans la religion réformée ou dans la catholique romaine; qu'il avait répondu dans la réformée; qu'étant guéri de cette maladie, on l'avait pris et condamné aux galères. « Autre contravention encore aux ordres du Roi, dit le Père Garcin. Sa Majesté veut que tous ses sujets vivent et meurent dans la religion romaine. Vous avez déclaré ne pas vouloir le faire, c'est contrevenir aux ordres du Roi. Ainsi, Messieurs, dit-il, tous tant que vous êtes, vous avez contrevenu aux ordres du Roi, l'Église n'y a aucune part; elle n'a ni assisté ni présidé à votre procès; tout s'est passé, en un mot, hors d'elle et de sa connaissance. » Je vis bien que j'aurais de la peine à le faire convenir que nous étions persécutés pour cause de religion, si je ne continuais pas mon air hypocrite. Je fis donc le benêt et lui dis que j'étais content de l'explication qu'il nous avait faite de ce que c'est que persécution, qu'il s'agissait à présent de savoir si en attendant un entier éclaircissement des autres doutes qui me restaient, on ne me délivrerait pas avant que de faire mon abjuration. « Non assurément, répondit le Père Garcin; vous ne sortirez jamais des galères que vous ne l'ayez faite dans toutes les formes. — Et si je fais cette abjuration, lui dis-je, puis-je espérer d'en sortir bientôt ? — Quinze jours après, dit le Père Garcin, foi de prêtre; car vous voyez qu'en tel cas le Roi vous le promet. » Pour lors je repris mon air naturel pour lui dire d'un grand sérieux que j'expérimentais aujourd'hui la force de la vérité, qui perce au travers du plus adroit mensonge. « Vous vous êtes efforcé, Monsieur, continuai-je, par tous vos raisonnements sophistiques de nous prouver que nous n'étions pas persécutés pour cause de religion; et moi sans aucune philosophie ni rhétorique, par deux simples et naïves demandes, je vous fais avouer que c'est la religion qui me tient en galère avec mes frères; car vous avez décidé que si nous faisons abjuration dans les formes, nous en sortirons d'abord; et au contraire qu'il n'y aura jamais de liberté pour nous si nous n'abjurons. » J'aurais poussé plus loin mes réflexions sur son aveu, pour lui faire voir le ridicule de ses sophismes ; mais ce Père se vit si bien pris par sa propre bouche, que la fureur s'emparant de ses sens, il rompit la conversation avec brutalité et précipitation, nous appelant méchants, entêtés, et cria à l'argousin de nous aller enchaîner dans nos bancs, lui défendant de nous soulager le moins du monde de nos chaînes.

On peut voir par là le caractère diabolique de ces missionnaires fourbes et cruels. Je passe à ce qui occasionna notre liberté.

La paix d'Utrecht étant conclue sans qu'on eut pu rien obtenir pour nous, le marquis de Rochegude, gentilhomme français, réfugié chez les louables cantons suisses, et qui avait été envoyé de la part desdits cantons à Utrecht, pour solliciter en faveur des pauvres confesseurs sur les galères de France, voulut tenter de frapper un dernier coup, avec des peines et des fatigues surnaturelles à son grand âge. Il part d'Utrecht pour le Nord, obtient du Roi de Suède, Charles XII, une lettre de recommandation à la Reine d'Angleterre, une de même des Rois de Danemark, de Prusse, et de divers Princes protestants, des États généraux des Provinces-Unies, des cantons suisses protestants, et enfin de toutes les puissances de la même religion, nous recommandant à la puissante intercession de Sa Majesté Britannique, pour notre délivrance. Le marquis repassa la mer, demanda à milord Oxford (pour lors grand trésorier d'Angleterre) qu'il lui procurât audience de Sa Majesté : milord lui demanda quelle affaire il avait à proposer à la Reine. « J'ai, dit le marquis, toutes ces lettres à présenter à Sa Majesté, en les lui nommant toutes. — Donnez-les-moi, répondit milord, je les appuierai fortement. — Je ne le puis, dit le marquis, car j'ai ordre de toutes ces puissances de les remettre en main propre à Sa Majesté, sinon de les leur rapporter incessamment. » Sur quoi milord Oxford lui procura l'audience demandée. Il remit donc toutes ces lettres à Sa Majesté, en lui disant de la part de qui elles venaient. La Reine les fit recevoir par le secrétaire d'État, et dit au marquis qu'elle les ferait examiner et lui ferait donner réponse. Sur quoi le marquis se retira. Il se passa bien quinze jours que le marquis n'entendait parler de rien. Au bout de ce temps, ayant appris que la Reine devait aller faire un tour de promenade au parc de Saint-James, il s'y rendit pour se faire voir de Sa Majesté, ce qui réussit ; car la Reine l'ayant aperçu, le fit appeler et lui dit : « Monsieur de Rochegude, je vous prie de faire savoir à ces pauvres gens sur les galères de France, qu'ils seront délivrés incessamment. » Cette pieuse et favorable réponse ne souffrait aucune équivoque. Aussi le marquis ne manqua-t-il pas de nous la faire savoir par la voie de Genève. Nous reprîmes alors l'espérance, que nous avions tout à fait perdue du côté des hommes, et louâmes Dieu de cet heureux événement. Peu après, il vint un ordre de la Cour à l'intendant de Marseille d'envoyer en cour une liste de tous les protestants qui étaient sur les galères ; ce qui fut exécuté : et peu de jours après, vers la fin de mai, l'ordre vint audit intendant de faire délivrer cent trente-six de ces protestants, dont on envoya la liste nom par nom ; on ne sait par quelle politique la Cour ne fit pas délivrer tout, car nous étions au delà de trois cents, souffrant pour la même cause. Cependant les autres ne furent délivrés qu'un an après. L'intendant ayant reçu cet ordre, le communiqua aux missionnaires, qui jetèrent feu et flamme, disant qu'on avait surpris le Roi, et que nous délivrer ce serait une tache éternelle à l'Église romaine. Ils prièrent en même temps l'intendant de suspendre l'exécution de ses ordres et de leur accorder quinze jours de temps pour qu'ils envoyassent un exprès à la Cour pour la porter à retirer ces ordres, et cependant de les tenir secrets jusques à la réponse qu'ils attendraient. L'intendant, qui ne pouvait rien refuser à ces Pères sans s'attirer leur haine, leur accorda leur demande, et tint secret l'ordre qu'il avait de délivrer ces cent trente-six protestants. Mais dès le lendemain, nous en fûmes informés secrètement par un homme de l'intendant, qui nous fit tenir sur la *Grande Réale*, à diverses reprises, les noms de ceux qui étaient sur la liste. Je fis du mauvais sang dans ce temps-là ; car comme j'étais le dernier nommé, et qu'on ne nous envoya cette liste que par lambeaux, je fus trois jours dans la plus grande inquiétude du monde, ignorant si j'y étais ou non. Enfin, je fus consolé comme les autres participants de cette faveur. Mais jugez de l'affliction de nos autres frères qui ne s'y trouvaient pas. Ils se consolaient cependant, en quelque manière, dans l'espérance que leur tour viendrait, puisque la Reine d'Angleterre nous avait tous demandés et obtenus. Mais que ne souffre-t-on pas entre la crainte et l'espérance ! Nous fûmes pendant trois semaines dans le même cas nous cent trente-six, c'est-à-dire, entre la crainte et l'espérance ; car celui qui nous avait envoyé la liste, nous fit savoir en même temps que les missionnaires avaient écrit en Cour pour tâcher de faire retirer ces ordres et empêcher notre délivrance. Nous savions par plus d'une expérience que ces messieurs avaient les mains longues, et qu'on les écoutait au point de ne leur rien refuser. Qu'on juge si notre crainte était mal fondée. Elle nous tourmentait au point de n'en dormir ni nuit ni jour. L'exprès des missionnaires arriva enfin de retour à Marseille ; mais au grand étonnement de ces messieurs, il n'apporta aucune réponse, ni bonne, ni mauvaise ; ce qui fit juger à l'intendant que le Roi voulait qu'il exécutât ses ordres. Cependant les missionnaires ne perdant pas toute espérance, demandèrent à l'intendant encore huit jours pour attendre un autre exprès qu'ils avaient envoyé après le premier. Cet exprès arriva avec le même silence de la Cour. Comme pendant ce temps-là nous n'avions pu tenir secret ordre qui était venu d'en délivrer cent trente-six, les missionnaires qui se flattaient de le faire contremander, venaient nous trouver sur les galères, nous disant à chaque instant que nous étions bien loin de notre compte, et que certainement nous ne serions pas délivrés. Après l'arrivée de ce dernier exprès, ils furent confondus et n'en déployèrent pas moins leur malice pour s'opposer encore à notre délivrance. Ils demandèrent à l'intendant de quelle manière il voulait nous délivrer. L'intendant leur ayant répondu : « Liberté entière pour aller où bon nous semblerait, », ils se récrièrent si fort sur cet article et soutinrent si vivement que des hérétiques comme nous, se répandant dans tout le royaume, pervertiraient, non seulement les nouveaux convertis, mais même les bons catholiques, qu'ils portèrent l'intendant à déclarer que c'était à condition de sortir sur-le-champ, par mer, hors du royaume pour n'y plus rentrer, sous peine d'être remis aux galères perpétuelles. C'était encore une fine et maligne politique ; car comment sortir par mer ? Il n'y avait pas de navire dans le port pour nous porter en Hollande ou en Angleterre. Nous n'avions pas le moyen d'en fréter un d'un port suffisant pour tant de gens ; car cela aurait coûté une somme considérable que nous n'avions pas. C'était aussi ce que les missionnaires prévoyaient et qui leur semblait ne nous laisser aucune ressource.

C'est l'ordinaire que, quand on veut délivrer les galériens, on le leur annonce quelques jours à l'avance. Un jour donc les argousins des galères reçurent ordre de l'intendant de nous conduire, nous cent trente-six, à l'arsenal de Marseille ; ce qui fut fait. Et l'intendant nous ayant appelés chacun par nos noms, nous déclara que le Roi nous accordait notre délivrance à la sollicitation de la Reine d'Angleterre, à condition de sortir du royaume par mer à nos frais. Nous représentâmes à l'intendant que cette condition nous était très onéreuse et même presque impossible à effectuer, n'ayant pas de quoi fréter des navires pour nous transporter. « Ce sont vos affaires, dit-il, le Roi ne veut pas dépenser un sou pour vous. — Cela étant, lui dîmes-nous, Monseigneur, ordonnez, s'il vous plaît, que nous puissions vaquer à chercher quelque voie pour sortir par mer. Cela est juste, » dit-il ; et sur-le-champ il donna ordre aux argousins de nous laisser aller par tout le long du port avec un garde, pour chercher un fret toutes fois et quantes que nous le souhaiterions. Cependant les missionnaires, pour porter plus d'obstacle à notre délivrance, inventèrent un autre projet. Ce fut de nous faire déclarer à tous où nous voulions aller; et voici leur vue. Ils savaient que nous avions chacun nos parents ou nos habitudes hors du royaume, les uns en Hollande, les autres en Angleterre, d'autres en Suisse et ailleurs; et ils pensaient ainsi : Celui qui dira, en Hollande, on lui déclarera qu'il doit attendre qu'il y ait des navires hollandais dans le port de Marseille pour l'y porter; celui qui dira en Angleterre, de même; et pour ceux qui diront en Suisse, ou à Genève, on leur dira de se faire transporter en Italie; mais ils s'attendaient que ces derniers seraient le plus petit nombre. Suivant ce projet que nous ignorions, ç'aurait été, comme on dit, la mer à boire, de pouvoir sortir de leurs griffes. Mais par hasard, plutôt par une secrète permission de Dieu, qui avait déterminé notre délivrance, ces méchants missionnaires furent trompés dans leur attente, car nous ayant fait venir à l'arsenal pour exiger cette déclaration d'un chacun de nous, ce que nous ne savions pas, on nous fit monter sur une galerie, au bout de laquelle était le bureau du commissaire de la marine, qui y était avec deux de ces révérends Pères. Cette galerie étant assez étroite, nous étions là à la file, l'un derrière l'autre, attendant ce qu'on voudrait nous annoncer. Or il se trouva par bonheur que celui des cent trente-six qui était à la tête de la liste avait ses habitudes à Genève. On l'appela donc, et lui ayant demandé où il voulait aller, il dit : « A Genève. » Celui qui se tenait derrière lui crut qu'il fallait dire tous : A Genève; et se retournant, il dit à celui qui était près de lui : « Passez la parole, et que tous disent : A Genève; » ce qui fut fait; car le commissaire en ayant appelé plusieurs et entendant qu'ils répondaient tous : A Genève, dit : « Je crois qu'ils veulent aller tous à Genève. Oui, Monsieur, dîmes-nous tous à la fois, à Genève. » Ce que le commissaire nota, et nous annonça que nous n'avions qu'à nous pourvoir de vaisseaux pour nous porter en Italie; car on ne peut, comme tout le monde sait, aller de Marseille à Genève par mer, ne nous étant pas permis de passer par la France, nous ne pouvions prendre d'autre route que par l'Italie ; ce qui est un très grand détour ; mais il n'y avait pas d'autre voie. Cependant ce hasard de dire tous : A Genève, nous facilita le moyen d'être bientôt délivrés, comme on va le voir.

Nous nous occupâmes donc à chercher quelque vaisseau pour l'Italie. Un jour que nous étions fort intrigués de n'en pouvoir pas trouver, un pilote de la galère *la Favorite* nommé patron Jovas, s'adressa à un de nos frères, de sa galère. Ce pilote avait une tartane, espèce de barque, qui navigue dans la mer Méditerranée. Ce patron dit donc à ce frère, qu'il entreprendrait volontiers de nous passer de Marseille à Villefranche, qui est un port de mer du comté de Nice, appartenant au duc de Savoie, depuis Roi de Sardaigne, par conséquent hors de France ; et que de là nous pourrions aller à Genève par le Piémont. Nous goûtâmes cet avis, et nous fîmes marché avec ce patron pour le passage de nous cent trente-six à raison de six livres par tête, en nous pourvoyant des vivres qui nous seraient nécessaires. Nous étions ravis d'aise, d'avoir trouvé cette occasion ; et le patron Jovas y trouvait son compte ; car c'était un bon fret pour un si court passage : Villefranche n'étant éloigné de Marseille que d'environ vingt ou vingt-cinq lieues. Il fut question d'aller avertir l'intendant, que nous avions trouvé passage. Un des nôtres y alla avec le patron. L'intendant en fut content, et dit qu'il allait nous faire expédier nos décharges ou passe-ports. Nous nous attendions d'être délivrés le lendemain ; mais ces malheureux missionnaires y mirent obstacle. Ayant été informés que nous avions fait marché pour Villefranche, ils furent trouver l'intendant, et lui représentèrent, que cette place était trop proche des frontières de la France ; que nous y rentrerions tous, et qu'il fallait qu'on nous transportât à Gênes, Livourne, ou Oneille. Pure méchanceté et animosité de ces cruels missionnaires, qui voulaient nous persécuter encore de loin, comme ils l'avaient fait de près ; car ils savaient bien, que de Villefranche la route jusqu'à Genève était une fois plus courte que celle de Livourne ou de Gênes ; outre la grande difficulté des chemins de ces dernières places, ayant à traverser toutes les affreuses montagnes des Alpes, inaccessibles pour nous, qui avions, dans notre troupe, des vieillards décrépits, des paralytiques, et quantité de perclus ; et chacun sait qu'aucune sorte de voiture ne peut aller dans ces hautes montagnes, et qu'à peine les mules, animaux faits à ces routes-là, y peuvent grimper. Ces cruels savaient bien aussi, qu'il était très naturel que nous ne cherchassions pas à rentrer en France, si nous en étions une fois dehors ; et que nous avions plutôt raison de nous en éloigner et de la fuir, étant, pour ainsi dire, encore tout ensanglantés des plaies qu'on nous y avait faites. L'intendant, aussi bien que tout le monde, voyait bien que c'était un prétexte malin des missionnaires pour nous tourmenter. Mais il faut que tout plie à leur volonté, et sans répliques. L'intendant donc nous fit dire, que l'accord, que nous avions fait avec le patron Jovas, ne pourrait avoir lieu, à cause de la proximité de Villefranche, comme je l'ai dit plus haut. Nous voilà donc encore déroutés et aussi éloignés de notre départ qu'au premier jour. Nous annonçâmes cette fâcheuse nouvelle au patron Jovas, qui ne fulmina pas peu contre ces *barbets*. C'est ainsi qu'il traitait les missionnaires, qui sont haïs et craints de tout le monde, aussi bien des communes gens que des grands. Cependant le patron Jovas nous consola ; car, soit par dépit contre les missionnaires, ou par bonté pour nous, ou qu'il y vît son profit, il nous dit, que notre marché avec lui subsisterait, et qu'il nous porterait pour le prix convenu de six livres par tête, où les barbets voudraient, fût-ce au fond de l'archipel. Il pria en même temps, que quelqu'un de nous fût avec lui chez l'intendant pour lui en faire la déclaration ; ce qui fut fait. L'intendant en parut encore fort content, ravi d'être débarrassé de cette affaire ; car nous apprîmes qu'il avait dit aux missionnaires, que sa tête ne tenait qu'à un filet de n'exécuter pas les ordres si précis du Roi ; et que si la Reine d'Angleterre s'en plaignait, il passerait mal son temps. Il nous dit donc, que nous pouvions faire état d'être délivrés incessamment. Mais les barbares missionnaires, toujours acharnés à nous persécuter, et espérant encore quelque contre-ordre de la Cour, inventèrent une autre ruse. Ils dirent à l'intendant, que la tartane du patron Jovas était trop petite pour contenir dans son fond de cale cent trente-six hommes, et qu'il faudrait en souffrir la plus grande partie sur le tillac; qu'alors nous serions maîtres de cette barque; que nous jetterions dans la mer le patron et ses mariniers; que nous naviguerions où bon nous semblerait; et qu'ils ne pouvaient donner leur consentement à un péril si évident des corps et des âmes de ce patron et de ses mariniers; qu'en un mot, il fallait que nous fussions sur des bâtiments propres à nous enfermer dans le fond de cale. Que vous dirai-je? l'intendant voyait bien l'absurdité de ce prétexte, mais il n'osait y résister. Nouveaux ordres de sa part de nous pourvoir de vaisseaux capables de nous contenir tous à fond de cale. Autre avis de ce contre-temps au patron Jovas, qui n'en fut pas peu intrigué, et indigné contre les barbets, vomissant contre eux, mais en secret, mille imprécations; mais cela n'aidait de rien. Il fallut chercher un autre moyen. Ce patron toujours porté de plus en plus à venir à bout de nous passer en Italie, protesta que, quand il devrait n'y rien gagner, et même y mettre du sien, il n'en aurait pas le démenti. Il nous laissa dans cette espérance pour aller penser à exécuter son entreprise. Le lendemain il ne manqua pas de nous apporter la bonne nouvelle, qu'il avait agi efficacement, et ne croyait pas que les barbets eussent rien de plus à y opposer. C'était qu'à ses frais et risques, il avait loué deux barques plus grandes que la sienne, lesquelles pourraient facilement contenir chacune cinquante hommes dans leur fond de cale, et que la sienne en contiendrait trente-six. Il fallut aller encore chez l'intendant, qui pour le coup pensa tout de bon à nous délivrer incessamment; mais pour ôter aux missionnaires tout prétexte de retardement, il envoya son secrétaire pour visiter ces trois tartanes, et s'assurer, si elles pourraient nous contenir dans leur fond de cale. Nous graissâmes, comme on dit, la patte à ce visiteur, pour qu'il fît un rapport favorable ; ce qu'il fit en effet ; et il fut conclu par l'intendant, que les trente-six que le patron Jovas devait prendre dans sa tartane, seraient délivrés à deux jours de là, qui était le dix-sept juin 1713, et que les deux autres barques seraient expédiées à trois jours d'intervalle de l'une à l'autre, chacune avec les cinquante hommes, qui lui seraient destinés. Cela arrêté, et les missionnaires étant à bout de leurs stratagèmes, ils ne s'opposèrent plus à notre départ, qu'en faisant encore une tentative pour tâcher d'intimider les patrons des barques. Ce fut de leur faire ordonner de signer une soumission portant qu'ils s'obligeaient solidairement de ne nous pas débarquer à Villefranche, mais à Oneille, Livourne ou Gênes, sous peine de quatre cents livres d'amende, confiscation de leurs barques, et peine arbitraire de leur corps aux contrevenants : ce que les patrons signèrent de bonne grâce. Pour lors les missionnaires abandonnèrent entièrement leurs poursuites ; et le Père Garcin, leur supérieur, en eut tant de dépit, qu'il s'absenta de Marseille, pour ne pas avoir la triste et affligeante vue de notre délivrance.

Le dix-sept donc de juin, jour heureux, et où la grâce de Dieu se manifesta si visiblement en nous par le triomphe qu'elle nous obtint sur nos implacables ennemis, on fit venir à l'arsenal les trente-six hommes, nommés pour la barque du patron Jovas, dont j'étais un. Le commissaire de la marine nous lut les ordres du Roi, insérés et imprimés dans chacun de nos passe-ports. On lut de même au patron Jovas, qui était présent, la soumission qu'il avait signée. Cela fait, le commissaire ordonna à un argousin de nous déchaîner entièrement ; ce qui fut incontinent fait ; et ledit commissaire, ayant remis tous nos passe-ports, ou décharges comme on les nomme, au patron Jovas, lui dit qu'il le chargeait de nos personnes, et qu'il nous pouvait emmener dans sa barque, et partir le plus tôt possible. Nous sortîmes donc de l'arsenal, libres de tous liens, et suivîmes, comme un troupeau d'agneaux, notre patron qui nous mena à l'endroit du quai, où était sa barque. Nous nous mettions en devoir d'y entrer et de descendre au fond de cale, où il n'y avait rien que du sable pour ballast ; mais le vent était contraire pour sortir du port, et la mer fort orageuse, tellement qu'il était impossible de mettre à la voile. Le patron Jovas voyant donc que nous allions résolument entrer dans sa barque, pour y être enfermés suivant la volonté des missionnaires, nous dit : « Croyez-vous, Messieurs, que je vous sois aussi cruel que les barbets, et que je veuille vous enfermer comme des prisonniers dans ma barque, pendant que vous êtes libres ? Nous ne pouvons sortir du port, continua-t-il, que le vent ne change, et Dieu sait quand il changera. Croyez-moi, dit-il, allez-vous-en tous dans la ville, loger et coucher dans de bons lits ; au lieu que dans ma barque il n'y a que du sable. Je n'ai garde, continua-t-il, de me figurer, que vous m'échapperez. Je sais, au contraire, que vous me rechercherez et m'importunerez pour vous tirer d'ici, hors de la main de vos ennemis. Je réponds de vous, dit-il, et pourvu que je vous porte où mes ordres sont, je n'ai rien à craindre. Allez, continua-t-il, partout dans la ville. Il m'est inutile de savoir où vous logerez. Observez seulement le temps, et lorsque vous verrez que le vent aura changé, rendez-vous à ma barque pour partir. » Qu'on juge de la malice. des missionnaires par la bonté de ce rustique, mais en même temps, raisonnable patron, qui, quoique chargé de nous garder en sûreté, comprend que la nature de notre situation même nous garde, et le met hors de tout risque, et que les barbets ne nous ont fait tant de difficultés et de chicanes que pour nous tourmenter malicieusement. Nous suivîmes donc le conseil, que la bonté de notre patron nous donnait, et nous fûmes tous les trente-six loger dans la ville dans différentes auberges. Cependant nous n'étions pas sans inquiétude de voir, que nous ne pouvions pas sortir par le vent contraire, craignant toujours quelque anicroche de la part des missionnaires. C'est pourquoi dès le lendemain au matin, nous fûmes chez le commissaire de la marine pour lui faire notre soumission, et le prier qu'on n'imputât notre retardement à partir qu'au temps qui nous empêchait d'obéir ponctuellement aux ordres du Roi. Le commissaire nous reçut fort gracieusement, et témoigna nous savoir gré de notre de marche, ajoutant d'un air de bonté : « Le Roi ne vous a pas délivrés pour vous faire périr en mer : restez dans la ville aussi longtemps que le temps vous empêchera de partir : mais je vous conseille, ajouta-t-il, de ne pas sortir les portes, et aussitôt que le temps le permettra, mettez-vous en mer. Dieu veuille vous donner un bon et heureux voyage ! » Il faut savoir, que ce commissaire était réformé d'origine.

Le temps continua contraire pendant trois jours ; au bout desquels le vent changea, et devint bon pour sortir du port : mais encore fort impétueux, et la mer en tourmente. Nous nous rendîmes cependant sur le port à notre barque. Nous y trouvâmes le patron Jovas, qui nous dit, qu'à la vérité nous pouvions sortir du port, mais que nous trouverions un gros temps à la mer. Nous lui dîmes, que s'il jugeait qu'il n'y eût pas grand péril en mer, nous le priions de nous y mettre ; que nous aimions mieux être entre les mains de Dieu, qu'en celles des hommes. « Je le savais bien, nous répondit-il, que vous m'importuneriez pour sortir d'ici, et que vous êtes toujours plus prêts à me suivre, que moi à vous conduire. Allons, dit-il, embarquez-vous, et nous mettrons en mer à la garde de Dieu. » Nous embarquâmes quelques provisions avec nous, et nous mîmes en mer. Mais, bon Dieu ! que nous nous repentîmes bien de n'avoir pas suivi le conseil de notre patron, et attendu un temps plus favorable ! La mer était furieuse, et quoique le vent fut assez bon pour faire route, notre barque était si agitée par les vagues, que nous croyions à tout moment de périr ; et nous fûmes tous si malades du mal de mer, que nous vomissions jusques au sang ; ce qui émut notre patron d'une si grande compassion pour nous, qu'arrivant devant Toulon, il y relâcha à la grande rade à l'abri du gros temps, pour nous y laisser un peu rétablir. Nous croyions dans cette grande rade être hors de portée à toute recherche, mais nous fûmes trompés. Car, vers les cinq heures du soir, un sergent et deux soldats de la marine de Toulon, dans une chaloupe, abordèrent notre barque, et sommèrent le patron d'aller avec un d'eux parler à l'intendant pour rendre raison de son voyage. Nous frémîmes de crainte, en faisant réflexion, que sur nos passe-ports il était spécifié de sortir du royaume sans y plus rentrer, sous peine d'être remis en galère pour le reste de nos jours ; et en considérant, que si nous trouvions un intendant mal disposé à entendre nos raisons, il nous ferait provisionnellement arrêter ; et que, s'il faisait savoir notre détention aux missionnaires de Marseille, qui n'est qu'à dix lieues de Toulon, ceux-ci nous accuseraient de désobéissance et contravention aux ordres du Roi, et que cela nous mettrait dans un grand labyrinthe. Le patron Jovas en était aussi fort intrigué. Il prit cependant nos passe-ports, et descendit dans la chaloupe des soldats pour aller parler à l'intendant. Nous le priâmes de permettre que quelqu'un de nous l'y accompagnât, ce qu'il fut bien aise de nous accorder. J'y fus moi quatrième. Pendant que nous ramions vers le port, il me vint une pensée, qui nous fut salutaire par la grâce de Dieu. La voici. Il faut savoir, que dans ce temps-là, la peste régnait dans le Levant ; ce qui faisait prendre la précaution à tous ceux qui sortaient de Marseille soit par mer, ou par terre, de se munir d'une lettre de santé, et notre patron n'avait pas oublié cette précaution. Le clerc du bureau de la santé qui ne voyait pas assez de place pour tous nos noms dans les attestations imprimées, que l'on donne en pareil cas, et où l'on laisse quelques lignes en blanc pour y mettre le nom de ceux qui en requièrent, mit pour abréger : « Laissez passer trente-six hommes, qui vont en Italie, par ordre du Roi, et qui sont en santé, etc. » Je fondai là-dessus mon projet. Je dis donc au patron d'essayer, si, en montrant cette attestation seule à l'intendant, cela ne suffirait pas ; ce qu'il approuva. Étant arrivés, l'intendant demanda au patron, d'où il venait, où il allait, et de quoi il était chargé. « De trente-six hommes, Monseigneur, lui répondit le patron ; et voilà leur destination, en lui montrant la lettre de santé. L'intendant conçut d'abord la croyance, que c'était une expédition secrète de la cour, et qu'il ne lui appartenait pas de l'approfondir.

Il paraissait en effet, dans cette affaire, un air mystérieux ; car nous quatre, qui étions devant l'intendant, ayant, à Marseille, quitté nos habits de forçats, nous nous étions habillés, comme nous avions pu, à la friperie ; si bien que l'intendant crut que nous étions déguisés. Il dit donc au patron, qu'il n'en voulait pas : savoir davantage, et, nous adressant la parole, il ajouta que nous pouvions nous reposer, et séjourner dans la ville, autant que nous trouverions à propos, et qu'il nous offrait ses services pour nous y défrayer, si nous le souhaitions. Nous le remerciâmes de sa bonté, et nous nous retirâmes fort contents de la réussite de notre petit stratagème. Nous priâmes ensuite le patron de faire débarquer tous nos gens pour venir coucher dans la ville, et s'y refaire du mal que nous avions souffert dans cette barque ; ce qu'il fit ; et le lendemain, de grand matin, nous nous rembarquâmes dans notre tartane pour poursuivre notre route.

Ce patron nous fit naviguer fort agréablement pendant trois jours que dura notre voyage jusqu'à Villefranche, au bout duquel temps nous arrivâmes à la rade de ce dernier port de mer. J'ai déjà dit, que Villefranche était hors de France, et que cette ville, qui est du comté de Nice, était de la dépendance du Roi de Sardaigne. Ayant donc mouillé dans cette rade, nous demandâmes à notre patron, s'il lui plaisait de nous débarquer à Villefranche pour y coucher, et nous y rafraîchir pour cette nuit-là, et que le lendemain matin nous nous rembarquerions à ses ordres. « Je veux bien, nous dit-il, Messieurs, vous faire ce plaisir, dans l'espérance que vous n'abuserez pas de ma bonté ; car, étant là, vous êtes les maîtres de ne vous pas rembarquer, et si vous me jouiez ce tour-là, vous me mettriez dans le plus grand embarras du monde ; car vous savez la soumission que j'ai signée, de ne vous pas débarquer dans ce port ! » Nous lui donnâmes parole d'honnêtes gens de nous soumettre à ses ordres, et de partir quand il voudrait. Il se fia à nous sans le moindre scrupule, et nous débarqua. Nous fûmes loger dans quatre ou cinq auberges, qu'il y avait proche du port. Le lendemain, qui était un dimanche, nous nous disposions à nous rembarquer ; mais notre patron nous dit, qu'il avait à parler à quelqu'un dans la ville de Nice (qui n'est éloignée de Villefranche, que d'une petite lieue), qu'il s'y en allait, qu'il y entendrait la messe ; et qu'il nous viendrait rejoindre à Villefranche pour nous embarquer. Je lui dis que, s'il voulait, j'irais avec lui pour voir la ville de Nice. « Très volontiers, me dit-il, et trois autres de nos frères se joignant à moi, nous fûmes tous cinq à cette dernière ville. En y entrant le patron nous dit, qu'il irait entendre la messe, et que nous l'attendissions dans le premier cabaret, que nous trouverions. Nous nous y accordâmes. Là-dessus nous enfilâmes une grande rue ; et comme c'était un dimanche, que toutes les boutiques et maisons étaient fermées, on ne voyait presque personne. Nous ne laissâmes pas d'apercevoir un petit bonhomme, qui venait à nous. Nous n'y faisions pas d'abord attention ; mais lui s'approchant de nous, nous salua très civilement, et nous pria de ne prendre pas en mauvaise part, s'il nous demandait d'où nous venions. Nous lui répondîmes, que nous venions de Marseille. Alors il s'émut, n'osant pas d'abord nous demander, si nous venions des galères ; car c'est faire un grand affront à un homme, à moins que ce ne soit pour cause de religion, de lui dire qu'il a été aux galères. « Mais, je vous prie, Messieurs, continua-t-il, en êtes-vous sortis par ordre du Roi ? — Oui, Monsieur, lui répondîmes-nous ; nous venons des galères de France. — Hélas, bon Dieu ! dit-il ; seriez-vous de ceux qu'on y a délivrés il y a quelques jours pour fait de religion ? » Nous le lui avouâmes. Cet homme, tout transporté de joie, nous pria de le suivre. Nous le fîmes, sans balancer, de même que notre patron, qui craignait quelque embûche pour nous; car il n'y a pas à se fier aux Italiens.

Cet homme nous mena dans sa maison, qui ressemblait plutôt au palais d'un grand seigneur, qu'à celle d'un négociant. Étant entrés, et ayant refermé la porte, il nous sauta au cou, nous embrassant en pleurant de joie; et appelant sa femme et ses enfants: « Venez, leur dit-il, voir et embrasser nos chers frères, sortis de la grande tribulation des galères de France. » Sa femme, deux fils et deux filles, nous embrassèrent, à qui mieux mieux, louant Dieu de notre liberté. Après quoi M. Bonijoli le père (c'était son nom), nous pria de nous mettre décemment pour assister à la prière, qu'il allait faire. Nous nous mîmes tous à genoux, le patron Jovas aussi bien que les autres; et M. Bonijoli fit une prière au sujet de notre délivrance, la plus zélée et la plus pathétique que j'aie jamais entendue. Nous fondions tous en larmes, le patron comme les autres; et il nous assura depuis qu'il croyait être en paradis. Après la prière, on prépara le déjeuner; et après plusieurs discours pieux sur la grâce puissante de Dieu, qui nous avait fait triompher de nos ennemis en nous donnant la constance de soutenir la vérité de son saint Évangile, il nous demanda combien de nous avaient été délivrés. Nous lui dîmes. « Trente-six. — Cela s'accorde avec ma lettre, nous dit-il. Où sont donc les autres? — A Villefranche, » dîmes-nous. De là nous lui racontâmes toute notre histoire, et par quel hasard nous nous trouvions dans Nice. « Mais à votre tour, Monsieur, lui dîmes-nous, informez-nous, s'il vous plaît, qui vous êtes, et par quel hasard vous nous avez en quelque manière reconnus en rue. — Je suis, dit-il, de Nîmes en Languedoc. J'en sortis après la révocation de l'Édit de Nantes; et sous la protection du duc de Savoie, à présent Roi de Sardaigne, je me vins, établir dans cette ville, où j'ai négocié si heureusement, qu'avec la bénédiction de Dieu, j'ai acquis un bien assez considérable, et que quoiqu'il n'y ait dans cette ville aucun protestant que moi et ma famille, j'y vis dans une parfaite tranquillité par rapport à la religion. Il est vrai, que notre Souverain m'y a toujours protégé, ne voulant pas qu'aucun de ses sujets, soit ecclésiastiques, ou laïques, m'inquiète le moins du monde. Et pour vous satisfaire, ajouta-t-il, sur l'autre demande que vous me faites, je vous dirai, qu'un de mes correspondants de Marseille m'a écrit le propre jour de votre délivrance, et m'a prié, si le hasard voulait que vous passassiez par ici, de vous assister de mon mieux. Vous avez vu ce matin, par quel hasard je vous ai trouvés en rue, et je suis assuré que c'est la Providence divine qui a dirigé cette heureuse rencontre, et qui m'a inspiré de sortir de ma maison ce matin, moi qui n'en sors jamais le dimanche. » Enfin après nous être édifiés les uns les autres, en admirant les secrètes voies dont Dieu se sert pour manifester sa puissance, aussi bien que sa grâce et sa miséricorde, à ceux qui le craignent, et qui invoquent son saint nom, nous raisonnâmes sur ce qu'il y aurait à faire pour tâcher de continuer notre route pour Genève. Les inconvénients, qui s'y trouvaient, parurent d'abord impossibles à surmonter. Le patron Jovas produisit copie de la soumission qu'il avait signée à Marseille, et qui lui défendait sous les peines que j'ai dites plus haut, de nous débarquer à Villefranche. Il n'aurait pas été difficile de justifier ce qu'il avait fait par le prétexte d'un temps contraire, par lequel les navigateurs sont toujours excusés. Mais de ne pas poursuivre de là sa route par mer jusqu'à Oneille, Livourne ou Gênes, suivant ses ordres, cela emportait une contravention manifeste. Il est vrai, que nous pouvions nous moquer impunément du patron Jovas, étant hors de la domination de la France et à l'abri de toute contrainte. Mais notre honneur et notre conscience s'y opposaient. D'un autre côté, M. Bonijoli paraissait extrêmement alarmé pour nous, si nous allions débarquer dans un de ces trois ports de mer, Oneille, Livourne ou Gênes. Il nous représentait, que de là à Genève nous aurions des peines et des difficultés, qui lui paraissaient insurmontables, vu les montagnes nombreuses et impraticables à nos vieillards et à nos infirmes; joint à ce que nous ne pourrions trouver des montures pour une si grosse troupe, qu'à des prix excessifs, et au-dessus de nos forces; et que nous trouvant sans aide ni secours de personne, nous serions réduits à embrasser le moyen que nous avions évité à Marseille, qui était de fréter un vaisseau pour nous porter en Hollande ou en Angleterre; ce qui nous serait trop onéreux et d'un grand retardement. Que faire donc pour remédier à tant de difficultés? Il n'y avait, ce semble, d'autre parti à prendre que celui de manquer à la foi promise au patron Jovas. Mais nous ne le voulions pas faire, au péril même de notre vie. Ce pauvre homme, pendant le conseil, que nous tenions en sa présence, était toujours en posture de suppliant, appréhendant sans cesse, que notre conclusion ne le perdît, et que les missionnaires ne le poursuivissent à toute outrance, si nous prenions notre route de Nice à Genève. M. Bonijoli et nous le rassurâmes, en protestant devant Dieu, que nous l'affranchirions de tous risques par rapport à ses ordres; que nous préférerions toujours son bien-être à notre propre soulagement; et que si nous ne voyions aucune autre voie pour sa décharge et sa sûreté, nous nous rembarquerions incontinent dans sa barque. Après cette assurance, notre patron se tranquillisa; mais nous, nous restions à nous regarder l'un l'autre sans pouvoir rien conclure; lorsque tout à coup M. Bonijoli s'écria, qu'il pensait à un moyen qu'il croyait sûr, et qu'il l'allait sur-le-champ tenter.

Il faut savoir qu'à la paix d'Utrecht, le Roi de France avait rendu la ville et le comté de Nice au duc de Savoie, et qu'après en avoir fait l'évacuation, il laissa dans Nice un commissaire pour régler les affaires soit de dette ou autres qui étaient en discussion entre la cour de France et celle de Turin. Ce commissaire français se nommait M. Carboneau. C'était un jeune gentilhomme, qui, quoiqu'il ne fût pas Gascon de naissance, savait parfaitement bien s'en donner les airs. Chacun sait, que les gens de cette province affectent extrêmement la générosité, et qu'ils sont toujours prêts à offrir et à rendre leurs services à ceux qu'ils adoptent pour leurs amis de cour. Il était en ces termes avec M. Bonijoli ; car, comme ce dernier était le seul Français qui fût à Nice, que d'ailleurs ses fils et ses filles, parfaitement bien élevés, étaient à peu près de l'âge du commissaire, ce dernier s'était si bien impatronisé chez M. Bonijoli, et était si bon ami de lui et de sa famille, qu'il était avec eux comme l'enfant de la maison. Ce fut au souvenir de ce commissaire français, que M. Bonijoli forma le projet qu'on va voir, et qui réussit à merveille.

Il pria le patron Jovas de lui confier la copie de sa soumission ; ce que le patron fit volontiers. Il nous pria ensuite de patienter un peu ; après quoi il sortit, et revint une heure après accompagné du commissaire français. Ce commissaire interrogea le patron Jovas avec un air d'autorité, que sa charge lui donnait. Il lui demanda, d'où il venait, d'où il était, et de quoi sa barque était chargée. Le patron lui ayant répondu à tout, ce commissaire lui ordonna de la part du Roi de France, de débarquer ses trente-six hommes et de les conduire à Nice ; lui défendant sous peine de désobéissance, de sortir du port de Villefranche avec sa barque, que par ses ordres. Le patron s'y soumit, alla à Villefranche sur-le-champ et conduisit le reste de nos frères à Nice. M. Bonijoli, après leur avoir fait un accueil digne de son zèle, les logea dans différentes auberges, à ses frais, ordonnant de les bien traiter. Pour nous quatre, il nous retint dans sa maison, nous faisant la meilleure chère qu'il lui fut possible pendant trois jours, que nous séjournâmes dans cette ville. Ces trois jours furent employés à satisfaire la vanité du commissaire. Il nous faisait venir tous les matins devant sa maison, et se tenant sur un balcon en robe de chambre, avec une liste de nos noms à la main, il nous appelait l'un après l'autre, nous demandait, d'un air d'autorité et de petit-maître, qui nous faisait rire en nous-même, d'où nous étions, le nom de nos parents, quel âge nous avions, et autres inutilités semblables ; le tout pour faire voir sa petite autorité, qu'il estimait très grande, à une foule de bourgeois de la ville, qui s'assemblaient devant sa maison, pour voir ce que c'était. M. Bonijoli nous avait prévenus, que ce sieur commissaire s'en faisait un peu accroire, et il nous exhorta à nous soumettre par politique à ce qu'il exigerait de nous; quoiqu'en vérité sa suffisance fût un peu outrée; car il nous faisait tenir une heure ou deux devant lui, le chapeau bas, avec un air de soumission, que nous n'étions pas obligés d'avoir à son égard, et que nous n'aurions pas pris, étant hors de la domination de la France, sans l'espérance que nous avions, que ce commissaire nous aiderait efficacement à poursuivre notre route de Nice à Genève. En effet, le troisième jour de cet exercice, et après s'être rassasié de l'encens qu'il s'était donné, il fit venir chez lui le patron Jovas et lui mit un papier en main, lui disant de le lire, et de lui dire s'il en était content. Ce papier, très authentique, étant honoré des armes du Roi imprimées, et portant en grosses lettres un *de par le Roi,* disait que lui commissaire ordonnateur pour Sa Majesté Très-Chrétienne, ayant appris qu'il était entré dans le port de Villefranche, une barque française, qui avait été chassée et poursuivie, jusqu'à l'entrée dudit port, par deux corsaires napolitains; il s'était rendu audit Villefranche, et avait trouvé cette barque être de Marseille, chargée de trente-six hommes, délivrés des galères de France, allant en Italie, et qu'ayant visité et examiné, tant la barque que les hommes, il avait trouvé qu'ils étaient dénués de tous vivres, et qu'ils n'avaient pas le moyen de s'en pourvoir; que d'ailleurs les deux corsaires napolitains attendaient en mer à la vue de Villefranche, que cette barque sortît pour s'en saisir; que cette considération, et celle de l'état où ces trente-six hommes se trouvaient sans vivres, ni argent, avait porté lui commissaire, toujours attentif aux intérêts de la nation française, à ordonner, de la part du Roi, au patron de cette barque nommé Jovas, de débarquer ces trente-six hommes pour qu'ils prissent de là leur route pour Genève, lieu de leur destination; et que, malgré la protestation, que ledit patron avait faite, en vertu d'une soumission qu'il avait signée à Marseille, s'engageant sous de grosses peines à ne les pas débarquer à Villefranche, lui commissaire l'y avait contraint et forcé, en vertu de l'autorité, que Sa Majesté lui avait confiée dans le comté de Nice, etc.

Ayant remis cette déclaration au patron Jovas, il lui demanda s'il en était content. « Très content, Monsieur, répondit le patron. — Eh bien, repartit le commissaire, tu peux faire voile pour Marseille, quand tu voudras, et tu n'as qu'à jeter sur moi toute la faute qu'on t'imputera, comme t'ayant forcé à m'obéir. » On peut juger, si ce patron était satisfait. Il se voyait affranchi d'un plus long voyage, et son argent, que nous lui payâmes d'abord, facilement gagné. Il partit donc pour Marseille, et en prenant congé de nous, il nous promit d'avertir les deux autres barques, qu'il rencontrerait sur sa route, de venir à Villefranche pour y recevoir le même traitement que lui, de cet honnête commissaire, qui n'avait pas dédaigné d'inventer tant de prétextes faux pour lui faire plaisir, et à nous. La suite a fait voir que le patron Jovas nous tint parole; car les deux barques suivantes furent à Villefranche, et firent le même manège que lui. Ainsi tous les cent trente-six délivrés débarquèrent dans ce dernier port, et de là firent route pour Genève.

Après le départ du patron Jovas, M. Bonijoli se prépara à nous faire partir. Il loua trente-six montures, la plupart des mules, pour nous porter, à ses frais, jusqu'à Turin, avec un postillon ou guide pour nous y conduire. Nous partîmes donc de Nice, au commencement de juillet, nous trente-six, chacun sur sa monture. Nous avions quelques vieillards décrépits, qui nous donnèrent bien de la peine, ne pouvant se tenir à cheval. Nous traversâmes avec beaucoup de fatigue, quantité d'affreuses montagnes, nommément celle qu'on appelle le col de Tende, dont la cime est si haute, qu'elle paraît toujours être dans les nues; et quoique nous fussions dans le plus chaud de l'été, et qu'au bas de cette montagne on brûlât de chaleur, étant arrivés sur sa cime nous souffrions un tel froid, qu'il nous fallut descendre de cheval, et marcher pour nous réchauffer. La neige et le verglas est toujours là d'une hauteur prodigieuse. Cependant on n'a pas de peines à monter cette montagne, toute haute et escarpée qu'elle est ; car elle a trois lieues de montée, et l'on y a pratiqué un chemin fort commode, en zigzag, par lequel on monte sans s'apercevoir de la roideur de la montagne. Nous la redescendîmes pour entrer dans la plaine du Piémont, le plus beau et agréable pays du monde. Sans m'arrêter à décrire les villes, bourgs et villages, par où nous passâmes, et dont aussi bien les noms me sont la plupart échappés, nous arrivâmes à Turin, capitale du Piémont, et la résidence de Sa Majesté Sardinoise. Nous logeâmes dans des auberges, et dès le lendemain au matin nous eûmes la visite de plusieurs Français protestants, dont il y en a toujours bon nombre, qui font leur résidence dans cette ville, pour leur commerce, et qui vont dans les vallées prochaines des Vaudois, assister au service divin. Ces messieurs, à qui M. Bonijoli avait annoncé notre arrivée, nous reçurent avec zèle et cordialité, nous : défrayant de tout pendant trois jours, que nous séjournâmes dans cette grande ville ; après quoi nous ayant préparé des montures pour poursuivre notre route, ils furent supplier le Roi de Sardaigne de nous faire donner un passe-port pour traverser ses États jusqu'à Genève. Sa Majesté, qui était pour lors Victor-Amédée, voulut nous voir. Six de nous furent admis à son audience. Les ambassadeurs de Hollande et d'Angleterre s'y trouvèrent. Sa Majesté nous fit un favorable accueil, et pendant une demi-heure nous interrogea sur le temps que nous avions été sur les galères, la cause pourquoi, et les souffrances que nous avions endurées. Et après que nous lui eûmes succinctement répondu, il se tourna vers les ambassadeurs ; et leur dit : « Voilà qui est cruel et barbare. » Ensuite Sa Majesté nous demanda, si nous avions de l'argent pour faire notre voyage. Nous lui dîmes, que nous n'en avions pas beaucoup, mais que nos frères, nommément M. Bonijoli de Nice, avaient eu la charité de nous défrayer jusqu'à Turin ; et que nos frères de Turin se préparaient à en faire de même jusqu'à Genève. On nous avait avertis de répondre ainsi à cette demande ; sur quoi Sa Majesté nous dit : « Vous pouvez rester dans Turin tout autant qu'il vous plaira pour vous y délasser ; et lorsque vous en voudrez partir, vous pourrez venir à ma secrétairerie, y prendre un passe-port, que je donnerai ordre de tenir prêt. » Nous dîmes à Sa Majesté, que, si elle le trouvait bon, nous partirions dès le lendemain. « Allez donc à la garde de Dieu, nous dit ce prince, et il ordonna sur-le-champ au secrétaire d'État de nous expédier un passe-port favorable ; ce qui fut fait. Ce passe-port contenait, non seulement de nous laisser passer par tous ses États, mais ordonnait même à tous ses sujets, de nous aider et secourir de tout ce dont nous aurions besoin pendant notre route.

Nous ne fûmes pas dans le cas, grâces à Dieu, et à nos frères de Turin, qui pourvurent abondamment à tout, et nous défrayèrent jusqu'à Genève. Il se trouva à Turin, un jeune homme de cette dernière ville, horloger de profession, qui voulant aller à Genève, nous pria de souffrir sa compagnie dans notre route ; ce que lui ayant accordé volontiers, il nous suivit à pied jusqu'à deux journées de Genève, où il prit congé de nous, disant qu'il savait de là une route pour les voyageurs à pied, qui lui abrégerait le chemin d'un jour. Nous lui souhaitâmes bon voyage. Effectivement il arriva à Genève un jour avant nous, et ayant raconté dans la ville que trente-six confesseurs, délivrés des galères de France, devaient arriver le lendemain à Genève, le vénérable magistrat de cette ville le fit appeler, pour qu'il leur confirmât cette nouvelle. Le lendemain, jour de dimanche, nous arrivâmes à un petit village, sur une montagne, à environ une lieue de Genève, d'où nous voyions cette ville avec une joie qui ne peut être comparée qu'à celle des Israélites à la vue de la terre de Canaan. Il était environ midi, lorsque nous arrivâmes à ce village, et nous voulions poursuivre sans nous y arrêter pour dîner; tant notre ardeur était grande, d'être au plus tôt dans une ville que nous regardions comme notre Jérusalem! Mais notre postillon nous dit, que les portes de Genève ne s'ouvraient le dimanche qu'après le service divin, c'est-à-dire, à quatre heures de l'après-midi. Il nous fallut donc rester dans ce village jusqu'à ce temps-là, lequel venu nous montâmes tous à cheval. A mesure que nous approchions de la ville, nous apercevions une grande affluence de peuple qui sortait. Notre postillon en parut surpris, mais bien plus, lorsque arrivant dans la plaine de Plain-Palais à un quart de lieue de la ville, nous aperçûmes venir à notre rencontre trois carrosses entourés d'hallebardiers, et une foule innombrable de peuple de tout sexe et de tout âge, qui suivait les trois carrosses. D'aussi loin qu'on nous vit, un serviteur du magistrat s'avança vers nous, et nous pria de mettre pied à terre pour saluer avec respect et bienséance Leurs Excellences de Genève, qui venaient à notre rencontre pour nous souhaiter la bienvenue. Nous obéîmes. Les trois carrosses s'étant approchés, il sortit de chacun un magistrat et un ministre, qui nous vinrent tous embrasser avec des larmes de joie et avec des expressions si pathétiques de félicitations et de louange sur notre constance et notre résignation, qu'elles surpassaient de beaucoup ce que nous méritions. Nous répondîmes en louant et magnifiant la grâce de Dieu, qui seule nous avait soutenus dans nos grandes tribulations. Après ces embrassements, Leurs Excellences donnèrent permission au peuple d'approcher. On vit alors le spectacle le plus touchant qui se puisse imaginer; car plusieurs habitants de Genève avaient divers de leurs parents aux galères; et ces bons citoyens ignorant si ceux, pour qui ils soupiraient depuis tant d'années, étaient parmi nous, dès que Leurs Excellences eurent permis à ce peuple de nous approcher, on n'entendit qu'un bruit confus : « Mon fils, un tel, mon mari, mon frère, êtes-vous là ? » Jugez des embrassements, dont furent accueillis ceux de notre troupe, qui se trouvèrent dans le cas. En général, tout ce peuple se jeta à nos cous avec des transports de joie inexprimables, louant et magnifiant le Seigneur de la manifestation de sa grâce en notre faveur; et lorsque Leurs Excellences nous ordonnèrent de remonter à cheval pour faire notre entrée dans la ville, nous ne pûmes y parvenir qu'avec peine, ne pouvant nous arracher des bras de ces pieux et zélés frères, qui semblaient avoir encore peur de nous reperdre de vue. Enfin nous remontâmes à cheval, et suivîmes Leurs Excellences, qui nous conduisirent comme en triomphe dans la ville. On avait fait à Genève un magnifique bâtiment pour y alimenter les bourgeois qui tombaient en nécessité. Cette maison venait d'être achevée et meublée, et on n'y avait encore logé personne. Leurs Excellences trouvèrent à propos d'en faire la dédicace en nous y logeant. Ils nous y conduisirent donc, et nous mîmes pied à terre dans une spacieuse cour. Tout le peuple s'y élança en foule. Ceux qui avaient leurs parents dans la troupe, supplièrent Leurs Excellences de leur permettre de les amener chez eux; ce qui leur fut très volontiers accordé. M. Bousquet, l'un de nous, avait à Genève sa mère et deux sœurs, qui l'étaient venu réclamer. Comme il était mon intime ami, il pria Leurs Excellences de lui permettre de m'amener avec lui; ce qu'Elles lui permirent sans aucune difficulté. A cet exemple, tous les bourgeois, hommes et femmes s'écrièrent, demandant à Leurs Excellences d'avoir la même consolation, de loger ces chers frères dans leurs maisons. Leurs Excellences ayant d'abord permis à quelques-uns d'en prendre, une sainte jalousie s'éleva entre les autres, qui murmuraient et se plaignaient, disant qu'on ne les regardait pas comme de bons et fidèles citoyens, si on leur refusait la même grâce; si bien qu'il fallut que Leurs Excellences nous abandonnassent tous à leur empressement, et il n'en resta aucun dans la maison Française (c'est ainsi que se nomme ce magnifique bâtiment). Quant à moi, je ne fis pas grand séjour à Genève, et avec six de notre troupe, trouvant l'occasion d'une berline, qui avait apporté à Genève le résident du Roi de Prusse, et qui s'en retournait à vide, nous fîmes marché avec le cocher pour nous mener jusqu'à Francfort-sur-le-Mein. Messieurs de Genève eurent la bonté de payer notre voiture, et nous donnèrent de l'argent pour notre dépense.

Nous partîmes donc de Genève à nous sept, dans cette berline, et arrivâmes à Francfort en bonne santé. Mais il ne faut pas que j'oublie la générosité chrétienne des seigneurs de Berne. Le grand Avoyer de cette dernière ville, ayant eu avis de Genève, que nous devions passer par Berne, donna ordre à la porte de la ville, qu'une berline avec sept personnes y arrivant, la sentinelle l'arrêterait, et la dénoncerait au capitaine de la garde, à qui ledit seigneur avoyer avait donné se ordres : arrivé à la porte de la ville, notre cocher fut fort surpris de se voir arrêter par la sentinelle, qui ayant appelé le capitaine de la garde, ce capitaine demanda en haut allemand, que nous n'entendions pas, d'où il venait, où il allait, et qui nous étions. A ce dernier article, le cocher ne savait que répondre ; car pour éviter les empressements charitables des protestants, par les villes de qui nous devions passer, nous avions défendu au cocher de dire, que nous venions des galères. Le cocher donc fort étonné de la demande du capitaine, vu que la chose n'était pas d'usage à Berne, et craignant quelque mauvaise affaire, se tourna vers nous tout effaré, et nous dit : « Messieurs, je ne puis éviter de dire qui vous êtes. Nous lui dîmes qu'il n'avait qu'à le dire ; ce qu'ayant fait, le capitaine lui ordonna de suivre une escorte qu'il lui donna de quatre soldats, et un sergent. L'alarme redoubla à notre cocher, qui était un bon Allemand, et qui crut fermement qu'on l'allait arrêter avec sa voiture. Il ne cessait de se justifier à l'escorte, disant qu'il n'avait rien commis, ni contre l'État ni contre personne. Le sergent, pour s'en divertir, lui mettait de plus en plus la puce à l'oreille, jusques à ce que cette escorte nous eût conduits à l'auberge de la ville, nommée *le Coq*. C'est le lieu, où les ambassadeurs et autres seigneurs de distinction sont défrayés par l'État. Étant descendus, nous y trouvâmes le secrétaire d'État, qui nous souhaita la bienvenue d'une manière aussi tendre que si nous eussions été ses propres enfants. Il nous dit, qu'il était le secrétaire d'État. Il fit bien de nous le dire, car nous ne l'aurions jamais connu pour tel, ni à ses habits ni à son équipage ; tant il y a peu de différence dans ce pays-là entre les bourgeois et les seigneurs. Il ajouta qu'il avait ordre de nous tenir compagnie, et de nous défrayer avec distinction tout le temps qu'il nous plairait de rester à Berne. Nous fûmes magnifiquement traités dans cette auberge ; et le secrétaire, qui ne nous quittait que le soir, nous occupa pendant quatre jours à visiter Leurs Excellences de Berne, depuis le grand Avoyer jusques au moindre seigneur de cette régence. Nous fûmes partout reçus et caressés, comme si nous avions été les plus chers de leur famille. On nous pria d'une manière toute pleine de bonté de les honorer (c'était ainsi qu'ils s'exprimaient) de notre présence dans leur ville pendant quelques semaines, et aussi longtemps que nous souhaiterions. Nous y aurions fait en effet un plus long séjour, si ce n'est que notre cocher supplia instamment Leurs Excellences de nous laisser partir, devant se rendre incessamment à Berlin. Notre séjour ne fut donc que de quatre jours, au bout desquels le secrétaire d'État nous fit préparer un bon déjeuner ; et en prenant congé de nous, il nous mit à chacun dans la main, vingt rixdalers de la part de Leurs Excellences. Nous le priâmes de leur en témoigner notre parfaite reconnaissance, et nous partîmes dans notre berline, qui nous porta jusques à Francfort-sur-le-Mein. Il ne se passa rien dans ce voyage de digne d'être mis dans ces mémoires, l'ayant toujours fait incognito, de crainte d'être encore retenus par le favorable accueil, qu'on nous aurait fait dans tous les pays protestants, où nous avions à passer, en Suisse et en Allemagne. Nous arrivâmes donc à Francfort au commencement d'août. Nous y étions recommandés par messieurs de Genève à M. Sarazin, négociant et ancien de l'Église réformée de Bockenheim, à une petite lieue de Francfort : car comme tout le monde sait, il n'y a point d'église réformée dans la ville de Francfort, mais tous ceux qui forment l'assemblée de cette église, tant Allemands que Français, demeurent à Francfort et sont obligés d'aller assister au service divin audit Bockenheim.

Nous arrivâmes à Francfort un samedi, jour de préparation à la sainte Cène. Nous fûmes descendre chez M. Sarazin, qui nous attendait, et nous y vîmes bientôt arriver les membres du consistoire, tant allemand que français. Ils nous reçurent avec des démonstrations de joie et de zèle inexprimables, nous menèrent en carrosse à Bockenheim pour y entendre la prédication de préparation, qui fut prononcée par M. Matthieu, ministre français de cette église. Ces messieurs nous prièrent instamment de communier le lendemain avec eux ; mais nous ne nous y trouvâmes pas assez bien préparés, surtout moi qui n'avais jamais communié, n'en ayant pas eu l'occasion. A l'issue du sermon nous retournâmes à Francfort chez M. Sarazin, qui nous traita magnifiquement dans sa maison. Le lendemain il nous mena à Bockenheim, et au sortir de l'église on nous fit tous entrer dans la chambre du consistoire, où nous prîmes un repas frugal avec tous les membres de ce corps, Allemands et Français. Ces messieurs nous sollicitèrent fortement de rester quelques jours à Francfort, mais nous les priâmes si fort de nous permettre de poursuivre notre voyage pour la Hollande, qu'ils y acquiescèrent ; et le soin de notre départ et de nous défrayer fut commis à M. Sarazin, qui s'en acquitta avec beaucoup de zèle. Il nous acheta un bateau léger, couvert d'une tente, avec deux hommes pour ramer et conduire ledit bateau jusques à Cologne. Il nous y fit mettre les provisions nécessaires, avec ordre aux bateliers de nous descendre tous les soirs à terre dans les endroits commodes et convenables pour y coucher, et nous rafraîchir ; surtout de se tenir, autant qu'ils pourraient, proche de terre du côté de l'empire, où l'armée de cette nation était cantonnée le long de la rivière. L'armée de France, qui assiégeait pour lors Landau, étant de l'autre côté, nous craignions fort de tomber entre ses mains. M. Sarazin, avant de nous faire embarquer, nous mena à la maison de ville pour prier le magistrat de nous donner un passeport. Ces seigneurs (tous luthériens, comme on sait) nous firent beaucoup de caresses et de félicitations sur notre délivrance. Ils portèrent la chose jusqu'à dire, que nous étions le sel de la terre; titre qui nous humilia par le sentiment que nous avions de nos infirmités, qui mettaient une immense distance entre les saints disciples du Seigneur Jésus, à qui ce sacré nom appartenait, et nous, qui nous sentions de si fragiles pécheurs. Aussi le témoignâmes-nous par notre réponse, rendant gloire à Dieu, qui seul, par sa grâce, avait fortifié notre constance et notre résignation à sa sainte volonté. Ces seigneurs parurent si contents de nos discours que j'en vis quelques-uns, qui répandaient des larmes; et après nous avoir exhortés à la persévérance, et nous avoir recommandés aux soins de M. Sarazin, ils nous donnèrent un passe-port extraordinairement ample, et nous le firent expédier gratis. Nous les remerciâmes de notre mieux, et nous nous retirâmes. M. Sarazin nous conduisit au bateau qu'il avait fait préparer pour nous, et nous nous y embarquâmes, en témoignant à ce bon Israélite notre grande reconnaissance pour tant de bontés qu'il avait pour nous.

Notre navigation jusques à Cologne fut assez longue, parce que naviguant toujours, terre à terre, du côté de l'empire, où j'ai dit que l'armée de cette nation était cantonnée, on nous arrêtait à chaque poste, ou corps de garde, pour y présenter et faire viser notre passe-port. Nous fûmes quelquefois escarmouchés par les Français qui étaient à l'autre bord; mais, Dieu merci, sans nous faire aucun autre mal que la peur. Huit jours après notre départ de Francfort, nous arrivâmes à Cologne en bonne santé. Nous y vendîmes notre bateau; et le lendemain, nous partîmes de cette ville par la barque ordinaire pour Dordrecht, après avoir visité quelques messieurs protestants, à qui M. Sarazin nous avait recommandés et qui nous firent un favorable accueil. Nous arrivâmes à Dordrecht, et de là, sans y faire aucun séjour, nous partîmes pour Rotterdam, où étant arrivés, nous y fûmes accueillis avec toute l'amitié possible du nombreux troupeau, tant français que hollandais, de cette ville. Nous y restâmes deux jours, toujours défrayés partout. Enfin nous arrivâmes à Amsterdam, le but de notre voyage. De, vous dire la réception fraternelle, qu'on nous fit dans cette grande ville, si zélée pour les confesseurs de la vérité de notre sainte religion, je n'aurais jamais fini. Aussi me serait-il impossible de la pouvoir dépeindre. Nous fûmes en corps à la vénérable compagnie du consistoire de l'Église wallonne pour leur témoigner notre gratitude de la constante bonté, qu'ils nous avaient témoignée pendant un si grand nombre d'années, en nous secourant si efficacement dans nos grandes tribulations. Cette pieuse compagnie eut la bonté de répondre à nos remerciements par des assurances de la continuation de leur zèle. Ensuite elle nomma deux d'entre ses membres pour aller nous présenter au consistoire hollandais, qui s'assembla exprès pour nous recevoir. Il y eut là des démonstrations de zèle et de charité, qu'il est plus facile de comprendre que d'exprimer. Ces messieurs nous embrassèrent tous, les yeux baignés de larmes de joie, et nous firent une exhortation pathétique de donner des marques de notre sainte foi, en édifiant l'Église par une vie sans reproche, qui répondit à la constante profession de confesseurs de la vérité, que Dieu nous avait fait la grâce de soutenir sur les galères. Ensuite cette vénérable compagnie résolut une libérale bénéficence pour aider à nous procurer le nécessaire, et remercia les députés de l'Église wallonne de la bonté qu'ils avaient eue de nous présenter à leur compagnie, leur témoignant leur en savoir gré.

Nous restâmes ensuite, pour ainsi dire, ambulants pendant trois ou quatre semaines, n'ayant pu songer à nous fixer, à cause des caresses qu'un chacun nous faisait. C'était à qui nous aurait, nommément mes chers compatriotes de Bergerac (chacun de nous avait les siens). La connaissance des familles, les diverses persécutions, la parenté, et surtout l'amitié qui animait nos conversations, nous attachait à eux d'une manière si intime, que nous ne pouvions nous en séparer. Je commençais pourtant à songer tout de bon à m'occuper à quelque chose d'utile, lorsque messieurs du consistoire de l'Église wallonne me prièrent d'être l'un des députés, qu'on avait résolu d'envoyer en Angleterre pour deux fins : l'une pour remercier Sa Majesté Britannique de la délivrance qu'elle nous avait obtenue ; et l'autre pour donner quelque poids aux sollicitations qu'on faisait à Sa Majesté pour faire délivrer ceux qui restaient encore sur les galères, au nombre d'environ deux cents. On juge bien que je ne pouvais qu'acquiescer. Je partis donc pour Londres avec deux de nos frères ; et dans peu nous nous y trouvâmes douze députés, tous, comme on nous appelait, galériens. MM. les marquis de Miremont et de Rochegude nous présentèrent à la Reine, qui nous admit à l'honneur de lui baiser la main. Le marquis de Miremont fit à Sa Majesté une courte mais très pathétique harangue sur le zèle de sa Majesté, et sur sa puissance d'avoir obtenu la délivrance des confesseurs de la vérité, d'entre les mains de ceux qui avaient juré de prolonger leurs souffrances autant que leur vie, etc. Sa Majesté nous assura de sa royale bouche, qu'elle était bien aise de notre délivrance, et qu'elle espérait de faire bientôt délivrer ceux qui étaient restés sur les galères ; après quoi nous nous retirâmes.

M. le marquis de Rochegude ; qui possédait à fond la politique des Cours, jugea à propos de nous présenter au duc d'Aumont, qui était pour lors ambassadeur du Roi de France à la Cour de Londres : et voulant faire naître l'envie à cet ambassadeur lui-même de nous voir, il lui alla faire sa cour, et lui parla de la députation que les galériens protestants que Sa Majesté très chrétienne avait fait délivrer, avaient envoyée à Londres pour remercier la Reine de sa favorable intercession auprès du Roi de France, ajoutant que ces députés, au nombre de douze, seraient déjà venus rendre leurs respects à Son Excellence, s'ils en avaient osé prendre la liberté. Le marquis avait jugé que cette démarche pourrait être utile pour la liberté de ceux qui étaient restés sur les galères. L'ambassadeur paraissant très curieux de nous voir, il fut arrêté que le lendemain le marquis nous introduirait à l'audience de Son Excellence ; ce qui fut fait. Son Excellence nous reçut fort gracieusement, nous touchant à tous dans la main et nous félicitant de notre délivrance ; il nous demanda combien de temps nous avions souffert le supplice des galères et à quelle occasion nous y avions été condamnés. Chacun de nous répondit à cette demande séparément ; ear de temps et l'occasion étaient différents. Nous avions préalablement fait notre compliment à Son Excellence, y remerciant de tout notre cœur Sa Majesté très chrétienne, en la personne de son ambassadeur, de la grâce qu'elle nous avait faite, et la suppliant de faire délivrer ceux qui restaient encore captifs sur les galères. Nous adressâmes ensuite nos supplications à Son Excellence, la priant instamment de faire intervenir ses bons offices à la Cour de France pour faire délivrer ces pauvres gens, qui n'étaient pas plus criminels que nous, et qui avaient obtenu la même faveur de la royale intercession de Sa Majesté Britannique auprès de Sa Majesté très chrétienne ; que le Roi avait consenti que tous les galériens, généralement qui l'étaient pour cause de religion, fussent délivrés ; que cependant on n'en avait délivré que cent trente-six et retenu environ deux cents. Son Excellences parut frappée de cette distinction, et nous dit qu'il n'y comprenait autre chose, sinon que ceux qui étaient restés devaient avoir commis quelque autre crime. Nous protestâmes le contraire, et chacun de nous en alléguant les preuves les plus plausibles ; je pris la liberté de supplier M. l'ambassadeur de vouloir bien me faire la grâce de m'accorder un moment d'attention sur l'exemple que j'allais lui citer, qui prouverait clair comme le jour qu'il n'y avait pas eu de distinction de crimes qui retinssent nos frères sur les galères. J'étais le plus jeune de la troupe, et le moins grave ; et je m'étais fait un effort sur moi-même de m'enhardir à plaider cette cause devant Son Excellence; mais je la priai de me le permettre avec un tel air d'assurance de la convaincre, qu'elle s'attacha avec bonté et patience à m'écouter. Je lui récitai succinctement la cause qui m'avait porté à sortir du royaume; qu'étant lié d'amitié avec un jeune homme de Bergerac, nommé Daniel le Gras, nous étions partis ensemble et avions été tous deux arrêtés à Mariembourg, et là, condamnés tous deux par la même sentence aux galères perpétuelles; que le parlement de Tournai avait confirmé cette sentence, en nous déclarant tous deux convaincus du même cas; qu'en un mot, nous étions tous deux sur la même feuille qui formait notre sentence, sans aucune distinction, soit de crime particulier ou autre contravention aux ordonnances; que cependant j'étais délivré et que mon compagnon était resté; ce qui prouvait bien clairement que la Cour de France n'avait pas fait observer de distinction de crime en en délivrant seulement cent trente-six.

M. l'ambassadeur nous fit la justice de paraître convaincu par cet exemple, et me pria de le lui donner par écrit : ce qui se fit; et il nous dit qu'il fallait donc que le ministre de la marine ou ses secrétaires eussent fait cette bévue. Son Excellence s'adressant ensuite au marquis de Rochegude, le remercia de lui avoir procuré notre vue, ajoutant que les éclaircissements que nous lui avions donnés le satisfaisaient, et qu'il en allait écrire en Cour de France pour faire sentir que cet abus, s'il n'était pas remédié, paraîtrait et serait en effet une injustice. « Et preuve, dit-il encore à M. de Rochegude, que je parle sincèrement, donnez-vous la peine de venir demain, qui est jour de poste pour France, pour prendre vous-même ma lettre que je lirai et cachetterai en votre présence, et que vous ferez mettre ensuite à la poste. Vous y verrez, continua-t-il, de quelle manière je prends cette affaire à cœur pour ces pauvres gens. » Et se tournant vers son secrétaire d'ambassade, nommé l'abbé Nadal : « Voilà, dit-il, Monsieur l'abbé, d'honnêtes gens qui font voir, au milieu de leurs préjugés de religion, leur candeur et leur bonne foi. » Cet abbé ne répondit que par un inclinement de tête, et fil bien voir par la suite que l'approbation et la bienveillance dont son maître nous honorait n'étaient pas de son goût. Car le lendemain le marquis de Rochegude étant allé chez l'ambassadeur pour prendre sa lettre, suivant qu'il était convenu, Son Excellence le reçut bien de la manière la plus gracieuse, et lui dit qu'il lui avait tenu parole et que sa lettre était faite. Mais ayant appelé l'abbé Nadal, et lui demandant où était cette lettre : « Quelle lettre, Monseigneur ? répondit l'abbé. — Cette lettre, repartit l'ambassadeur, en propres termes, au sujet des confesseurs sur les galères. » Ce titre honorable de confesseurs, que Son Excellence nous donnait, fit frémir l'abbé ; et comme son maître insistait encore à lui demander où était cette lettre, il répondit froidement qu'elle était sur le bureau de Son Excellence : « Donnez-la donc, » lui dit l'ambassadeur. Là-dessus l'abbé lui dit qu'il avait un mot à lui dire en particulier ; et lui ayant parlé à l'oreille, l'ambassadeur dit au marquis que son secrétaire le faisait ressouvenir qu'il avait écrit quelques particularités dans sa lettre qui ne regardaient pas l'affaire des galériens, et qu'ainsi il le priait de le dispenser de la lui remettre ; mais qu'il pouvait compter qu'elle serait envoyée le même jour. M. de Rochegude vit bien à quoi il s'en fallait tenir, et que l'abbé Nadal avait détourné son maître d'envoyer cette lettre. Par la suite, l'ambassadeur assura bien M. de Rochegude que la lettre avait été envoyée ; mais ni lui ni nous n'en crûmes rien ; et nos frères ne furent délivrés qu'un an après, par une nouvelle sollicitation de la Reine d'Angleterre. J'ai cru que je devais insérer cette particularité dans ces mémoires, pour faire voir que les honnêtes gens nous plaignaient et étaient portés à nous rendre service ; et qu'il n'y avait que les ecclésiastiques qui nous haïssaient et nous contrecarraient partout. Cet abbé Nadal était ecclésiastique. Il était aumônier et en même temps secrétaire d'ambassade. Il donna pendant sa résidence à Londres avec le duc d'Aumont, plusieurs marques de son animosité contre les protestants. L'ambassadeur était bon et modéré ; et que ce fût, comme on dit, eau bénite de Cour ou politique, il a toujours paru très humain envers les protestants ; mais l'abbé Nadal le gâtait. Cet abbé avait tellement gagné les officiers de la maison de l'ambassadeur et les avait si fort animés contre les Français réfugiés, qu'il ne se passait presque pas de jour que ces honnêtes gens n'en reçussent des affronts.

Ces messieurs s'étaient rendus si hardis qu'ils tourmentaient nos gens jusque dans les églises ; et un dimanche matin que le ministre. Armand du Bordieu prêchait à la grande Savoie (c'est le nom de la principale église française), comme il était à peu près au milieu de son sermon, un des officiers du duc d'Aumont eut l'irrévérence de crier tout haut : « Tu en as menti, » et se sauva au plus tôt : car cette insolence émut tellement le peuple, qu'on l'aurait mis en pièces si on l'avait tenu. Une autre fois, ce que j'ai vu de mes propres yeux, un officier de cet ambassadeur se trouvant au Café Français, proche la Bourse de Londres, disait pis que pendre des réfugiés. Quelqu'un lui ayant représenté qu'il devait être plus circonspect dans ses discours, puisque, par la grâce de Dieu, ils se trouvaient dans un pays de liberté et à l'abri des persécutions de la France ; cet insolent reprit la parole et dit fort brutalement : « Croyez-moi, Messieurs, le Roi de France a les bras assez longs pour vous atteindre au delà des mers, et j'espère que vous le sentirez bientôt. » Mais un négociant de Londres, nommé M. Banal, bon réfugié, se trouvant à portée de faire éclater sa colère contre cet officier, lui appliqua un des plus rudes soufflets que j'aie jamais vu donner, en lui disant : « Ce bras, qui n'est pas si long que celui de ton Roi, t'atteindra de plus près. » Cet officier voulut mettre l'épée à la main ; mais tous les Français qui se trouvaient là se jetèrent sur lui, lui donnèrent plusieurs coups et conclurent unanimement de jeter cet impertinent par les fenêtres d'un second étage ; ce qui serait arrivé certainement, sans la maîtresse du café, qui vint supplier à mains jointes qu'on le laissât sortir par la porte. On le fit en considération de cette femme, non sans l'avoir rossé d'importance et tout moulu de coups. Il courut en porter sa plainte à M. l'ambassadeur, qui, bien loin de le justifier, lui dit qu'il avait ce qu'il méritait de la part de ces réfugiés, et qu'il méritait une seconde punition de la part du Roi; qu'il n'entendait pas que ses officiers d'Ambassade insultassent personne. Cet ambassadeur était bon naturellement et bon politique; mais quoiqu'il en soit, je suis persuadé que Sa Majesté très chrétienne aurait, de son côté, désapprouvé l'action de cet officier, aussi bien que de celui qui commit dans l'église de la Savoie le scandale que j'ai rapporté, et les en aurait fait punir. Mais que ne font pas les Jésuites et ceux qui leur ressemblent? Ils ne cherchent qu'à nous persécuter dans les asiles même les plus sûrs. Qu'on juge par là avec quelle *faveur* ils nous ont traités lorsque nous étions en leur puissance.

Je reprends ce qui me regarde, pour finir ces Mémoires avec l'année 1713, terme auquel j'ai promis au commencement de m'arrêter, n'y ayant rien dans la suite de ma vie qui puisse intéresser mon lecteur, à qui je m'étais uniquement proposé de faire le récit des persécutions qu'on a exercées sur moi pour la religion, tant dans les prisons que sur les galères de France pendant les treize années que j'y ai souffert. Ayant séjourné à Londres environ deux mois et demi, et n'y ayant plus rien qui m'y retînt, j'en partis au mois de décembre avec l'approbation du marquis de Rochegude. Une partie de nos frères y resta pour solliciter auprès de la Reine la délivrance de nos frères restants. J'arrivai, en bonne santé à La Haye, où je fis rapport aux personnes qui s'y intéressaient, de ce qui s'était passé à Londres, sans oublier les louanges que méritaient un nombre infini de bonnes âmes de cette grande ville, tant Anglais de nation que Français réfugiés, qui nous accueillirent tous d'une manière tout à fait chrétienne et charitable. Outre les divers présents des particuliers, le consistoire de l'Église de Savoie nous défraya tous pendant notre séjour à Londres. Je m'arrêtai quelques semaines à La Haye. M. le ministre Basnage m'en pria pour comparaître avec lui chez divers seigneurs qui sollicitaient pour nous obtenir une pension, laquelle Leurs Hautes Puissances nous accordèrent peu de temps après, avec beaucoup de bonté. Nous n'avions mérité ce bienfait par aucun endroit; et ce n'est qu'à leur charité chrétienne que nous le pouvons attribuer. En mon particulier, j'en conserve une reconnaissance au-dessus de toute expression; et en considérant cette générosité de LL. HH, PP., je ne puis qu'admirer leur piété, leur zèle pour la gloire de Dieu et leur amour pour le prochain, qui les porte à se conformer constamment au saint précepte de faire du bien à tous, mais principalement aux domestiques de la foi.

Dieu veuille être lui-même le rémunérateur de leurs vertus, et combler jusqu'à la fin des siècles cette République de ses plus précieuses bénédictions!

DESCRIPTION

d'une

GALÈRE ARMÉE

et sa construction

Comme il y a plusieurs personnes dans ce pays qui ignorent ce que c'est qu'une galère, je crois devoir satisfaire leur curiosité en en faisant la description à la fin de ces Mémoires.

Une galère ordinaire a cent cinquante pieds de long à sa quille ou carène, et quarante pieds de large, pieds de France, de douze pouces au pied (cette mesure sera ici entendue une fois pour toutes). Elle n'a point d'entre-pont, et son pont ou tillac couvre son fond de cale qui est de six pieds de profondeur à sa basse-pente, c'est-à-dire à chaque côté du bord, et sa hauteur, qui est au milieu de la galère, de sept pieds de profondeur : car la couverte ou tillac est rond et règne d'un bout à l'autre de la galère avec un pied de pente depuis son milieu, qui est le haut dudit tillac, jusqu'au bord de la galère de chaque côté ; si bien que ce pont ou tilla est fait à peu près comme ceux de ces bateaux d'Amsterdam qu'on charge d'eau douce et qu'on appelle *wæter schuyten ;* car tout comme ces *wæter schuyten,* lorsqu'ils sont chargés sont tout dans l'eau, qui entre et sort sur leur tillac, à cause de la pente dudit tillac ; il en est de même d'une galère qui, lorsqu'elle est armée et chargée, est toute dans l'eau, et l'eau entre et sort sur son tillac, d'autant plus que le coursier, ou chemin qui règne au milieu de la galère sur le haut du tillac et qui forme une longue caisse d'un épais bordage, arrête l'eau, qui sans cela, dans une grosse mer, entrerait dans le fond de cale par les ouvertures nécessaires qui se trouvent où sont plantés les mâts ; car pour les écoutilles pour descendre dans le fond de cale, elles sont élevées par un épais bordage à la hauteur du coursier. On comprendra peut-être que les rameurs dans leur banc, et le reste de l'équipage ont toujours les pieds dans l'eau. Je dis que non ; car dans chaque banc il y a ce qu'on appelle une banquette, qui est une planche qui s'ôte quand on veut, élevée d'un pied, si bien que l'eau qui entre et sort sur le tillac passe sous cette banquette, et par conséquent ne mouille pas les pieds des rameurs ; et pour les soldats et mariniers il règne une espèce de galerie qu'on nomme la bande, tout le long de la galère, à droite et à gauche. Cette bande ou galerie est élevée au niveau du coursier ; elle est large de deux pieds tout le long au bout des bancs ; les soldats ou mariniers s'y logent et ne peuvent se coucher, mais se tiennent assis sur leur paquet de hardes fort incommodément. Les officiers ne sont pas plus à leur aise lorsque la galère est en mer ; et, en un mot, personne n'a de place pour se coucher, car le fond de cale étant rempli de vivres ou agrès de la galère, personne n'y peut coucher.

Fond de cale d'une galère.

Le fond de cale est divisé en six chambres, savoir :

1. Le *gavon* qui est une petite chambre au-dessous de la poupe. Elle ne contient qu'un petit lit, où le capitaine couche.

2. L'*escandolat,* ou chambre d'office. C'est dans cette chambre que toutes les provisions du capitaine se gardent, de même que son linge, argenterie, batterie de cuisine, etc.

3. La *compagne.* Cette chambre contient les vivres liquides de l'équipage, comme bière, vin, huile, vinaigre, eau douce. On y met aussi lard, viande salée, stockfisch, fromage, etc., jamais de beurre.

4. Le *paillot.* Cette chambre contient les vivres secs de l'équipage, savoir : biscuit, pois, fèves, riz, etc.

5. La *taverne.* Cette chambre est au centre de la galère. Elle contient le vin, que le comite fait vendre, à pot et à pinte, à son profit. De cette chambre on entre dans la *soute à poudre,* dont le maître canonnier seul a la clef, et la direction. Cette chambre sert aussi à serrer les voiles et tentes de la galère.

6. La *chambre de proue* contient les câbles des ancres et autres cordages, et dans cette même chambre est la caisse du chirurgien ; et lorsqu'on est en mer, on y loge les malades, qui y sont couchés fort incommodément sur des rouleaux de cordage. En hiver, et lorsque la galère est désarmée, on loge les malades à l'hôpital en ville.

Bancs à rames.

Une galère a cinquante bancs, savoir vingt-cinq de chaque côté. Ces bancs sont longs de dix pieds, et sont proprement des poutres d'un demi-pied d'épaisseur, posées à la distance de quatre pieds l'une de l'autre. C'est cette distance qui forme les bancs ; et ces poutres sont sur des pivots ou appuis à la hauteur du séant des rameurs. Le bout ou tête des bancs vient aboutir depuis la bande jusqu'au coursier. Ces bancs sont garnis de bourre, ou de vieille serpillière en forme de coussinets, et un cuir de bœuf couvre ce coussinet. Ces bancs ainsi garnis de ces peaux de bœuf, qui pendent jusque sur la banquette, ne ressemblent pas mal à de grandes caisses ou à des tombeaux, où les six rameurs galériens sont enchaînés. Tout le long de la galère, à droite et à gauche, contre la bande, règne une grosse poutre d'un pied d'épaisseur, qui forme le bord de la galère. Cette poutre se nomme l'*aposti*. C'est sur cet *aposti* que les rames sont attachées, la pelle de la rame en dehors, et le gros bout en vient aboutir au coursier ; si bien que ces rames, qui ont cinquante pieds de long, en ont environ treize en dedans, depuis *l'aposti* jusqu'au coursier. Ces treize pieds, formant le bout le plus gros et le plus pesant, pèsent autant que les trente-sept pieds de ladite rame qui sont en dehors ; de sorte que les rames ainsi posées sur *l'aposti* se trouvent en équilibre ; sans quoi on ne pourrait ramer. A ces gros bouts des rames, qui par leur grosseur ne peuvent être empoignées, il y a des *anses* de bois, ou *manilles,* clouées de manière que chacun des six rameurs y a sa place pour empoigner la rame par ces manilles.

Du coursier.

Le coursier de la galère est fait de deux épais et forts bordages de bois de chêne, posés sur le tillac au milieu de la galère depuis la poupe jusqu'à la proue. Ces deux bordages sont à la distance l'un de l'autre de trois pieds et demi, et forment comme une caisse, qui sert à mettre les tentes et les paquets de hardes de la chiourme. Ce coursier est couvert par des planches en travers, dont chaque banc a la sienne pour les nettoyer, et pour ouvrir et fermer le coursier, lorsqu'on en a besoin. Ce coursier, ainsi couvert par ces planches, forme un chemin au milieu de la galère, où l'on a les bancs des rameurs à droite et à gauche. On ne peut aller de l'arrière à l'avant de la galère que sur ce coursier ; et on n'y peut marcher que difficilement deux de front, sans risquer de tomber dans les bancs à droite ou à gauche. J'ai déjà dit, que le coursier arrête et empêche l'eau, qui entre et sort sur le pont ou tillac de la galère, d'entrer dans le fond de cale par une grosse mer.

De la mâture d'une galère armée.

Une galère a deux mâts, un grand et un plus petit. Le *grand mât*, qui est planté au milieu ou centre de la galère, a soixante pieds de long, sans mât de hune, ni hauban ou échelle de corde pour y monter ; et les matelots provençaux sont si habiles à monter au haut du mât par une simple corde pendante, que les chats mêmes ne les peuvent égaler en vitesse pour y grimper. Ce mât ainsi tout nu, n'y ayant que le cordage, qu'on nomme *amarre* pour y attacher la vergue, ou antenne, ressemble à une quille plantée. La *vergue*, qu'on nomme *antenne*, est une fois plus longue que le mât, et a par conséquent cent vingt pieds de longueur. Le *petit mât*, qu'on nomme le *trinquet*, et qui est planté au-devant ou à la proue de la galère, a quarante pieds de long, de la même forme que le grand mât. Son antenne a quatre-vingts pieds de longueur.

On inventa de mon temps à Dunkerque un troisième mât, qu'on appelle l'*artimon*, et qui se plantait, lorsqu'on en avait besoin, au derrière de la galère, contre la *guérite*, ou chambre de poupe, où se tiennent les officiers majors. Ce mât a vingt pieds de long, et son antenne en a quarante. On ne s'en sert guère que pour aider à tourner la galère ; et on ne le plante qu'au besoin, surtout depuis qu'on inventa ensuite à Dunkerque un gouvernail, qu'on mettait au devant de la galère tout à fait au bout de la proue, lorsqu'il en était besoin ; parce que, lorsqu'on est dans un combat, et qu'il faut faire volte-face pour s'en retirer, on a beaucoup de peine à tourner la galère à cause de son immense longueur, ce qui donne prise à l'ennemi pour endommager et tuer beaucoup de monde pendant qu'on tourne la galère, et qu'on lui présente son flanc. Car on est souvent plus d'une demi-heure de temps à la tourner. Mais par le moyen de ce gouvernail de proue et l'invention de changer la vogue des rames pour ramer en arrière et faire ainsi de la poupe la proue, on se retire du combat sans être obligé de virer de bord ; et on présente toujours la proue, où est l'artillerie, à l'ennemi, en se battant en retraite. Cette manœuvre, et ce changement de vogue se font dans un clin d'œil et à un coup de sifflet.

De la vogue d'une galère.

La *vogue* est proprement le maniement des rames. Le maître comite, qui est le maître de la chiourme (c'est l'assemblage ou corps des gens enchaînés, qu'on nomme ainsi) et qui par sa cruauté et sa rudesse fait trembler ces pauvres malheureux, se tient toujours devant la poupe près du capitaine pour recevoir ses ordres. Deux autres sous-comites sont sur le coursier, l'un au milieu de la galère, l'autre sur l'avant. Ces deux sous-comites la corde en main, qu'ils exercent à frapper à force de bras sur le corps nu des galériens, sont toujours attentifs aux ordres du maître comite ; qui n'a pas sitôt reçu ceux du capitaine pour faire voguer, qu'il siffle une certaine note ou ton dans un sifflet d'argent, pendu à son cou par une chaîne du même métal. Ces deux sous-comites répètent ce ton par leur sifflet, et pour lors les rameurs, qui se tiennent tout prêts, la rame en main, rament tous à la fois, et d'une cadence si mesurée, que ces cent cinquante rames tombent et donnent dans la mer toutes ensemble et d'un même coup, comme si ce n'en était qu'une seule. Ils continuent ainsi sans qu'il soit besoin d'autre ordre, jusqu'à ce que par un autre coup de sifflet, qui le désigne, ils s'arrêtent et cessent de ramer. Il faut bien qu'ils rament ainsi tous ensemble ; car si l'une ou l'autre des rames monte ou descend trop tôt ou trop tard, en manquant sa cadence, pour lors les rameurs de devant cette rame qui a manqué, en tombant assis sur le banc, se cassent la tête sur cette rame, qui a pris trop tard son entrée ; et par là encore ces mêmes rameurs qui ont manqué, se heurtent la tête contre la rame qui vogue derrière eux. Ils n'en sont pas quittes pour s'être fait des contusions à la tête. Le comite les rosse encore à grands coups de corde ; si bien qu'il est de l'intérêt de leur peau d'observer juste à prendre bien leur temps et leur mesure.

Le proverbe a bien raison de dire, lorsqu'on se trouve dans quelque rude peine ou travail : Je travaille comme un forçat à la rame. Car c'est en effet le plus rude exercice qu'on puisse s'imaginer. Qu'on se représente, si on peut, six hommes enchaînés, et nus comme la main, assis sur leur banc, tenant la rame à la main, un pied sur la pedagne, qui est une grosse barre de bois, attachée à la banquette ; et de l'autre pied, montant sur le banc de devant eux, et s'allongeant le corps, les bras roides, pour pousser et avancer leur rame jusque sous le corps de ceux de devant, qui sont occupés à faire le même mouvement ; et ayant avancé ainsi leur rame, ils l'élèvent pour la frapper dans la mer ; et du même temps se jettent, ou plutôt se précipitent en arrière, pour tomber assis sur leur banc, qui, à cause de cette rude chute, est garni, comme j'ai dit, d'une espèce, de coussinet. Enfin il faut l'avoir vu pour le croire, que ces misérables rameurs puissent résister à un travail si rude ; et quiconque n'a jamais vu voguer une galère, ne se pourrait jamais imaginer, en le voyant pour la première fois, que ces malheureux pussent y tenir une demi-heure ; ce qui montre bien, qu'on peut, par la force et la cruauté, faire faire, pour ainsi dire, l'impossible. Et il est très vrai qu'une galère ne peut naviguer que par cette voie, et qu'il faut nécessairement une chiourme d'esclaves, sur qui les comites puissent exercer la plus dure autorité, pour les faire voguer, comme on fait, non seulement une heure ou deux, mais même dix à douze heures de suite. Je me suis trouvé avoir ramé à toute force pendant vingt-quatre heures, sans nous reposer un moment. Dans ces occasions, les comites et autres mariniers nous mettaient à la bouche un morceau de biscuit, trempé dans du vin, sans que nous levions les mains de la rame, pour nous empêcher de tomber en défaillance. Pour lors on n'entend que hurlements de ces malheureux, ruisselant de sang par les coups de cordes meurtrières, qu'on leur donne. On n'entend que claquer les cordes sur le dos de ces misérables. On n'entend que les injures et les blasphèmes les plus affreux des comites, qui sont animés et écument de rage, lorsque leur galère ne tient pas son rang, et ne marche pas si bien qu'une autre. On n'entend encore que le capitaine et les officiers majors crier aux comites, déjà las et harassés d'avoir violemment frappé, de redoubler leurs coups. Et lorsque quelqu'un de ces malheureux forçats crève sur la rame, comme il arrive souvent, on frappe sur lui tant qu'on lui voit la moindre vie; et lorsqu'il ne respire plus, on le jette à la mer comme une charogne, sans témoigner la moindre pitié.

J'ai dit plus haut, qu'il est très vrai, qu'on ne peut faire naviguer les galères que par le moyen de ces cruautés envers des esclaves, qu'on estime moins que les bêtes. Une chiourme d'hommes libres des plus robustes, et des mieux dressés au travail de la rame, ne pourraient y tenir. J'en ai vu l'expérience. En l'année 1703, on fit faire à Dunkerque quatre demi-galères, pour les envoyer à Anvers naviguer sur la rivière de l'Escaut. Ces demi-galères étaient parfaitement proportionnées, et de même fabrique que les grandes. Les rames avaient vingt-cinq pieds de long, et trois hommes par banc pour les ramer. On n'y voulait mettre que des mariniers de rame, gens fort expérimentés dans cet exercice, mais tous libres; car on ne voulait pas risquer d'y mettre des gens de chaîne, qui auraient eu la facilité de se sauver à cause de la proximité des frontières de l'ennemi; et par la crainte aussi de quelque révolte dans les occasions des fréquents combats, qu'on se proposait avec ces demi-galères. On les arma donc à Dunkerque pour aller de là à Ostende par mer, et de là, par le canal de Bruges, jusqu'à Gand, où passe l'Escaut. Quand il fut question de mettre en mer, ce ne fut qu'avec beaucoup de peine qu'on put mener ces quatre demi-galères avec ces rameurs libres jusqu'à la rade de Dunkerque, d'où il fallut rentrer dans le port, ne pouvant naviguer plus loin. Le commandant fut d'obligation d'écrire au ministre l'impossibilité qu'il y avait de naviguer sans chiourme esclave ; sur quoi le ministre donna ordre de mettre un vogue-avant esclave dans chaque banc, qui ramerait avec deux hommes libres ; ce qui fut fait, et pour lors on conduisit ces bâtiments à Ostende par mer, quoique avec grande peine par la raison que le comite n'osait pas exercer ses cruautés sur les gens libres ; ce qui confirme ce que je viens de dire, qu'on ne pourrait jamais naviguer les galères sans chiourme d'esclaves, sur lesquels les comites puissent exercer impunément leur impitoyable cruauté. Car il est à remarquer, que lorsqu'il manque un comite sur une galère, et que le capitaine en cherche un, il ne s'informe, par rapport à ceux qui se présentent pour l'être, d'aucune autre capacité que de celle d'être brutal et impitoyable. S'il se trouve avoir ces qualités au suprême degré, c'est alors le meilleur comite de France. Ils ne sont dans le fond estimés que par ces seuls endroits. M. de Langeron, notre capitaine, ne les nommait guère que par le nom de *bourreaux,* et lorsqu'il voulait donner quelques ordres qui les regardaient : « Holà, disait-il, qu'on m'appelle le premier bourreau,) parlant du premier comite, et ainsi du second, et du troisième ; et lorsqu'il trouvait à propos de faire repaître la chiourme, c'était sa coutume de dire au comite : « Holà, bourreau, fais donner l'avoine aux chiens. » C'était pour faire distribuer les fèves à la chiourme. Je ne sais, s'il tirait cette comparaison de ce que les chiens ne peuvent manger l'avoine, de même que les forçats ne peuvent qu'avec grand'faim mâcher ces fèves, qui sont très mal cuites, et dures comme des cailloux, sans autre apprêt que le nom d'un peu d'huile, et quelque peu de sel, dans une grande chaudière, qui contient cinquante petits seaux de cet exécrable bouillon. Pour moi, qui ai essayé cent fois d'en manger, je n'en ai jamais pu avaler ; et dans ma plus grande faim j'aimais mieux tremper mon pain dans l'eau pure avec un peu de vinaigre, que de le manger avec ce bouillon, qui fait boucher le nez par sa mauvaise odeur. C'est pourtant tout l'aliment qu'on donne aux forçats ; du pain, de l'eau et ces fèves indigestes, dont chacun reçoit quatre onces, lorsqu'elles sont bien partagées et que le distributeur n'en vole pas ; mais c'est ce qui arrive rarement. J'ai eu souvent la curiosité de compter la portion de chacun de ceux de mon banc ; lorsqu'il s'y trouvait trente fèves pour chacun, c'était beaucoup. Ce sont de ces petites fèves noires, qu'on donne aux pigeons, et qu'on nomme en hollandais, *fèves de cheval* ou *paerde boonen*.

En parlant de ce rude travail de la rame, il faut pourtant dire que ces occasions de forcer ainsi la chiourme n'arrivent pas fréquemment ; car si cela était, tous crèveraient bientôt. On épargne la chiourme lorsqu'on prévoit qu'on aura besoin de ses forces, tout comme un charretier épargne ses chevaux pour le besoin. Par exemple, lorsqu'on se trouve en mer avec un vent favorable, alors on fait voile et la chiourme se repose ; car la manœuvre des voiles n'est que pour les matelots et gens libres. De même, lorsqu'une galère fait route d'un port à l'autre et que la distance est de vingt-quatre heures ou plus, pour lors on fait ce qu'on appelle quartier, c'est-à-dire que la moitié de la galère rame une heure et demie, et l'autre moitié se repose pendant ce temps-là, et ainsi alternativement. Je m'assure qu'on entend bien que cette moitié qui rame est la moitié des deux côtés de la galère, douze rames de chaque côté, depuis l'arrière jusqu'au milieu ou centre de la galère ; ce qui fait vingt-quatre rames pour le quartier de poupe, et treize rames de chaque côté depuis le centre jusqu'à la proue, ce qui fait vingt-six rames pour le quartier de proue, et d'un seul coup de sifflet ces deux quartiers se relèvent dans un instant.

On ne commande aucune manœuvre soit de voile ou de rame à la voix, et tout s'y fait au son du sifflet, que l'équipage et la chiourme entendent parfaitement. C'est un langage que ce sifflet, qui s'apprend par le long et fréquent usage. Ce sont les comites qui commandent tout par le sifflet, après en avoir reçu l'ordre du capitaine. Toutes les manœuvres et tout le travail qu'il faut faire se nomment par les différents tons du sifflet. Les personnes mêmes caractérisées par leurs offices s'y nomment, et ceux qui entendent ces sifflets et qui n'y comprennent rien, pensent entendre des rossignols ramager. Il me souvient que notre comite élevait une fois une alouette dans une cage : cet animal avait si bien appris à ramager les différents tons du sifflet des comites, qu'il nous faisait souvent faire diverses manœuvres qui n'étaient point commandées; si bien que le capitaine ordonna au comite de se défaire de cet oiseau, ce qu'il fit; car il ne nous laissait pas en repos.

Il n'est pas étonnant de voir les comites des galères si cruels et si impitoyables contre la chiourme; c'est leur métier, à quoi ils sont élevés de jeunesse, et ils ne sauraient, comme je l'ai dit, faire naviguer leur galère autrement. Mais de voir les capitaines et officiers majors, qui sont tous gens de famille et bien élevés, s'acharner à cette cruauté et commander continuellement aux comites de frapper sans miséricorde; c'est ce qui me passe et qui paraîtra inouï à mes lecteurs.

Il n'y a cependant rien de si vrai. Pour en donner un exemple, lorsque nous prîmes devant la Tamise cette frégate anglaise, nommée le *Rossignol,* dont j'ai fait mention plus haut; comme la nuit approchait, et qu'on craignait de n'arriver pas assez tôt à ladite frégate, on fit extraordinairement forcer de rame. Notre lieutenant ordonnant au comite de redoubler les coups de corde sur la chiourme, et le comite lui disant, que, quoiqu'il fît de son mieux, il ne voyait pas le moyen que nous prissions cette frégate à cause de la nuit qui s'avançait; le lieutenant lui répondit, que s'il ne voyait pas cette frégate en notre pouvoir, il se pendrait plutôt lui-même à l'antenne de la galère. « Redouble tes coups, bourreau, dit-il, pour animer et intimider ces chiens-là, parlant de la chiourme. Fais comme j'ai souvent vu faire aux galères de Malte. Coupe le bras d'un de ces chiens pour te servir de bâton, et pour en battre les autres ; » et ce barbare lieutenant voulait forcer le comite à mettre cette cruauté en exécution. Mais le comite plus humain que lui n'en voulut rien faire ; et une demi-heure après, lorsque nous fûmes à bord de la frégate, la première décharge qu'elle nous tira, tua ce cruel lieutenant sur le coursier. Il arriva même, comme si son cadavre ne méritait pas sépulture, que, quoiqu'on prît toutes les précautions possibles pour porter son corps à terre, et que nous ne fussions pas trois jours en mer après sa mort, ce cadavre s'empuantit si fort, qu'il fut impossible de le souffrir plus longtemps ; et il fallut le jeter à la mer à la vue de Dunkerque.

Une autre fois, notre galère fut à Boulogne près de Calais, où était pour lors la résidence de ce même duc d'Aumont, que nous vîmes ensuite ambassadeur à la cour d'Angleterre. M. de Langeron, notre capitaine, le régala sur la galère, et comme la mer était assez calme, et qu'il voulait donner du plaisir à ce seigneur, il lui proposa d'aller faire un tour en mer ; ce qui fut accepté. Nous voguâmes doucement jusques auprès de Douvres ; et comme le duc, en considérant le rude exercice et l'état misérable de la chiourme, eut dit entre autres, qu'il ne comprenait pas, comment ces malheureux pouvaient dormir, étant si serrés, et n'y ayant aucune commodité pour se coucher dans leurs bancs : « Je sais bien, repartit le capitaine, le secret de les faire dormir profondément ; et ce soir je vous en convaincrai par une bonne prise d'opium, que je vais leur préparer. » Là-dessus il appela le comite, et lui donna ses ordres pour virer de bord, et pour retourner à Boulogne. Le vent et la marée étaient contraires, et nous étions à dix lieues de ce port. Ayant viré de bord, le capitaine ordonna un avant tout, et force de rame, et passe-vogue. Ce passe-vogue est la peine la plus terrible, qu'on puisse imaginer ; car il faut doubler le temps ou la cadence de la vogue ; ce qui lasse plus dans une heure, que dans quatre d'une vogue ordinaire ; sans compter, qu'il est comme impossible, dans un tel passe-vogue, de ne pas manquer souvent le coup de rame, et pour lors. les coups de corde tombent comme la grêle. Enfin nous arrivâmes à Boulogne ; mais si fatigués et harassés de coups, que nous ne pouvions remuer ni bras ni jambes. Le capitaine ordonna au comite de faire coucher la chiourme ; ce qui se fait par un coup de sifflet. Pendant ce temps, le duc d'Aumont et les officiers se mirent à table ; et après minuit, qu'ils s'en levèrent, le capitaine dit au duc, qu'il lui voulait faire voir l'effet de son opium, et le conduisit sur le coursier, où ils virent cette pauvre chiourme, dont la plupart dormaient ; d'autres, qui des maux qu'ils souffraient, ne pouvaient fermer l'œil, mais qui faisaient semblant de dormir ; car le capitaine l'avait ordonné ainsi, ne voulant pas que son opium fût sans l'effet qu'il avait promis au duc. Mais quel horrible spectacle il lui présentait à voir ! six malheureux dans chaque banc accroupis et amoncelés, les uns sur les autres, tout nus ; car personne n'avait eu la force de vêtir sa chemise ; la plupart ensanglantés des coups de corde, qu'ils avaient reçus, et tout leur corps écumant de sueur. « Vous voyez, Monsieur, dit le capitaine au duc, si je n'ai pas le secret de faire bien dormir ces gens-là. Je vais vous faire voir, que je sais les éveiller, comme je sais les endormir. Sur cela il donna ses ordres aux comites, qui sifflèrent le réveil. C'était alors la plus grande pitié du monde. Presque personne ne se pouvait lever, tant leurs jambes et tout leur corps étaient roides ; et ce ne fut qu'à grands coups de corde qu'on les fit tous lever, leur faisant faire mille postures ridicules et très douloureuses. Qu'on juge par ces échantillons, si les capitaines et les officiers majors ne sont pas aussi cruels que les comites mêmes.

Des voiles d'une galère.

Chaque mât d'une galère ne porte qu'une voile ; mais on a diverses voiles, plus grandes ou plus petites, pour s'en servir suivant le vent. Il n'y a point de différence à la façon des voiles, soit de celles du grand mât ou du trinquet. Lorsqu'on veut faire voile, on amène l'antenne tout en bas sur les bancs ; et les forçats attachent la voile à l'antenne, et si le vent n'est pas trop fort, on hisse l'antenne jusqu'au haut du mât ; et à mesure que l'antenne se lève, la voile se tend. Et comme cette vergue ou antenne est une fois plus longue que le mât, le gros bout de ladite antenne vient aboutir en bas presqu'au pied du mât ; si bien que le petit bout ou pointe de l'antenne est au haut du mât, et de quarante pieds plus élevée que le bout dudit mât : ce qui fait que cette voile, dont la pointe est attachée au petit bout de l'antenne, quand elle est tendue, a la forme d'une aile de pigeon ; car toutes les voiles des galères sont des voiles qu'on nomme *latines*, qui sont faites en triangle, ou à trois pointes. Lorsque le vent est trop fort, il y aurait du danger à hisser l'antenne, quand la voile y est attachée ; car le vent donnant dans la voile avant que l'antenne fût à sa place au haut du mât, et rangée pour prendre le vent convenable, la voile pourrait faire renverser la galère. C'est à quoi l'on prend bien garde, et pour éviter ce danger, après qu'on a attaché la voile à l'antenne, on la roule, et ainsi roulée on l'attache à l'antenne avec une certaine herbe sèche qu'on appelle *jonc marin*, qui est assez forte pour tenir la voile attachée à l'antenne ; et après avoir guindé ladite antenne, et l'avoir arrangée comme on la veut pour prendre le vent qu'il lui faut, on tire l'écoute de la voile en bas avec force ; ce qui fait que tous ces joncs marins se cassant, la voile se trouve tendue dans un clin d'œil. On fait de même pour tendre la voile du trinquet. Les matelots ne montent jamais sur la vergue pour attacher et détacher la voile ; et à chaque fois qu'il faut la mettre ou l'ôter, on doit amener la vergue. Lorsqu'on va au combat, on prend bien garde d'attacher, par divers cordages, et même par des chaînes de fer les antennes. Car si par malheur un boulet de canon coupait l'amarre, qui est une corde de la grosseur de six pouces, qui attache l'antenne par son milieu, l'antenne tomberait sur la galère. Et comme cette antenne est d'une pesanteur et d'une grosseur considérables, sa chute coulerait la galère à fond, ou du moins écraserait quantité de personnes.

De l'artillerie d'une galère armée.

Une galère porte cinq pièces de canon de bronze, toutes sur l'avant ou proue de la galère. Le principal de ces cinq canons est celui qu'on appelle le *coursier*. Ce nom tire son origine de la situation de ce canon ; car il est enfermé, comme dans une caisse, dans le coursier, qui règne depuis le milieu ou centre de la galère jusqu'à la proue. Ce canon tire trente-six livres de balle. Il est posé sur des anguillères de fortes planches de bois de chêne, clouées en dedans contre le bordage du coursier. Ces anguillères sont en pente ou talus ; leurs hauteurs sont sur le devant et aboutissent en baissant, jusqu'au pied du grand mât. Lorsqu'on veut tirer ce canon, on le charge dans sa caisse, qui est donc le coursier, et par le moyen de deux palans, l'un à droite, l'autre à gauche, on hale ce canon en avant ; et comme il est sur ces anguillères bien graissées, il coule sans beaucoup de peine jusqu'à son embrasure, qui est à la proue ; et par le moyen des coins, qu'on frappe sous sa culasse, on le pointe comme on veut. Lorsque ce canon tire, il recule de lui-même par la force de sa repousse, jusqu'au bas de l'anguille, et se trouve par là replacé dans sa caisse, sans qu'on ait aucune peine pour l'y remettre. Là on le recharge encore, faisant la même manœuvre pour le haler jusqu'à son embrasure ; et cela à chaque fois qu'on le veut tirer. Ce canon est fait en coulevrine, et porte extraordinairement loin, et il peut faire beaucoup de mal à l'ennemi ; parce que la galère étant basse, s'il rencontre le navire sur lequel on le tire, c'est presque toujours à fleur d'eau ; ce qui le peut facilement couler à fond, surtout si la mer est calme ; car pour lors la galère ne faisant que peu ou point de mouvement, le canon porte plus juste à l'horizon où on l'a pointé. Aux côtés de ce canon dit le *coursier*, il y en a quatre autres, deux de chaque côté. Les deux canons du côté droit sont l'un de vingt-quatre livres de balle, et l'autre de dix-huit livres.

Les deux du côté gauche sont de même calibre. Ces quatre canons sont placés sous le gaillard, ou château de devant, qu'on nomme la *rambade*. C'est une élévation ou pont, au bout de la galère, exhaussé de six pieds, et qui règne sur toute la largeur du devant de la galère. Ce pont est long de dix pieds, et sa largeur, qui est celle de la galère, d'environ quarante pieds. C'est sur ce pont ou rambade, comme on l'appelle, que les matelots et mariniers se tiennent pour faire la manœuvre de la voile du petit mât ou trinquet ; et lorsqu'une galère va à l'abordage, c'est sur cette rambade qu'est le poste d'honneur ; car c'est de là qu'on saute sur le vaisseau ennemi ; et c'est toujours le premier officier major, qui y commande les grenadiers et autres qui sont destinés pour l'abordage.

Je reviens à mes quatre canons. Ils sont placés sur de bons affûts, cloués au tillac de la galère ; et ceux-là ne reculent pas, lorsqu'ils tirent, comme fait le coursier. Cette artillerie est toujours très bien servie par d'habiles canonniers.

De la nourriture de l'équipage et chiourme d'une galère armée.

Lorsqu'une galère est armée, les officiers, soldats et mariniers, qui composent l'équipage, au nombre de deux cents, dont je ferai la description ci-après, sont nourris depuis le jour de l'armement jusqu'à celui du désarmement ; et leur ration est suivant leur caractère.

Les officiers principaux au nombre de six ont chacun par jour 22 onces de biscuit, poids de marc[a] ; par semaine :

— 2 livres de lard
— 2 livres de bœuf salé
— 2 livres de morue
— 2 livres de fromage

---

a. Soit environ 670 grammes. (ThéoTEX)

- 1/2 livre d'huile d'olive
- 1 livre de riz
- 2 livres de pois
- 7 pots de vin mesure de Paris (environ 12 litres)

Les officiers mariniers au nombre de vingt-sept, ont 22 onces de pain ou biscuit par jour ; par semaine :

- 1 livre de lard
- 1 livre de bœuf salé
- 1 livre de morue
- 1 livre de fromage
- 4 onces d'huile d'olive
- 1/4 de livre de riz
- 1 livre de pois
- 7 demi-setiers de vin (environ 2 litres)

Les soldats au nombre de cent, 25 mariniers de rame, 26 matelots de rambade, 8 pertuisaniers, 3 mousses ; en tout cent soixante-deux hommes, reçoivent égale ration, savoir 22 onces de biscuit chacun, par jour, et, par semaine :

- 1 livre de lard
- 1 livre de viande salée
- 1 livre de morue
- 1/2 livre de fromage
- 1/4 de livre d'huile
- 1/2 de livre de riz
- 1 livre de pois
- 7 demi-setiers de vin

La chiourme, au nombre de trois cents, a 26 onces de biscuit, et 4 onces de fèves par jour.

Liste des cinq cents hommes, qui forment l'équipage et la chiourme d'une galère, leur fonction et leurs gages.

— 1 Capitaine a douze mille livres par an ; et quand la galère est armée, il a cinq cents livres par mois pour sa table, à laquelle mangent cinq officiers majors et l'aumônier.
— 1 Lieutenant a quatre mille livres par an.
— 1 Sous- lieutenant a deux mille livres par an.
— 1 Enseigne a douze cents livres par an.
— 1 Garde de l'étendard, qui est payé par M. l'amiral des galères, a sept cents livres par an : cela fait cinq officiers majors.

Officiers principaux.

— 1 Aumônier a soixante livres par mois.
— 1 Premier pilote a cinquante livres par mois.
— 1 Écrivain du Roi, ou commissaire, a cinquante livres par mois.
— 1 Maître chirurgien a cinquante livres par mois.
— 1 Comite en chef a trente livres par mois.
— 1 Maître canonnier a trente livres par mois.

Officiers mariniers ou subalternes.

— 4 Timoniers, qui sont ceux qui sont au gouvernail, ont chacun vingt livres par mois.
— 1 Sous-pilote a vingt-cinq livres par mois.
— 2 Sous-comites ont chacun vingt livres par mois.
— 1 Argousin a vingt livres par mois.
— 1 Sous-argousin a quinze livres par mois.
— 1 Barillat, qui est celui qui a soin des futailles, a vingt-cinq livres par mois.

— 1 Remola, qui est celui qui a soin des rames, a vingt livres par mois.
— 1 Maître calfat a vingt livres par mois.
— 4 Caps de garde, qui sont ceux qui commandent aux matelots et dans les chaloupes, ont chacun quinze livres par mois.
— 1 Capitaine des mariniers, qui est celui qui commande les mariniers de rame et qui rame comme un autre dans le besoin, a douze livres par mois.
— 1 Majordome, qui est celui qui a soin de faire arranger les vivres, a douze livres par mois.
— 1 Capitaine d'armes, qui est le premier sergent de la compagnie, a dix-huit livres par mois.
— 4 Sergents, chacun quinze livres par mois.
— 4 Caporaux ont neuf livres par mois.
— 38 Officiers majors, principaux et subalternes.
— 100 Soldats, chacun sept livres et demie par mois.
— 25 Mariniers de rames, qui rament avec les forçats et remplacent ceux de la chiourme qui sont morts ou malades, ont chacun sept livres par mois.
— 26 Matelots de rambade, qui sont pour la manœuvre des voiles, ont chacun neuf livres par mois.
— 8 Pertuisaniers, qui sont ceux qui sont commis à la garde de la chiourme et qui conduisent les galériens le sabre au côté lorsqu'ils sont en ville, ont chacun sept livres par mois.
— 3 Mousses ou jeunes garçons, qu'on instruit au sifflet pour en faire des comites et qu'on élève dans la cruauté et à être sans pitié : ils ont cinq livres chacun par mois.
— 200 Forçats.
— 50 Turcs.

N. B. Les matelots de rambade ne sont entretenus de gages et de vivres, que lorsque la galère est armée ; lorsqu'on la désarme, on les congédie : pour tout le reste des officiers et de l'équipage, leur paie court toujours hiver et été. Il n'y a que leur nourriture qu'ils n'ont pas, lorsque la galère est désarmée. A Dunkerque on leur fournissait leur logement dans les casernes, mais à Marseille chacun se logeait à ses dépens.

Des commodités qu'ont les officiers pour se coucher, lorsque la galère est à l'ancre dans une rade ou dans un port.

Les officiers, non plus que le reste de l'équipage, ne se couchent jamais pour dormir, lorsque la galère navigue, soit à la rame ou à la voile ; n'y ayant aucune place vide ni exempte de manœuvre, pour que quelqu'un s'y puisse reposer. Le fond de cale même est plein de vivres, voiles, cordages, et autres apparaux de la galère, et il n'y a que les mousses de chaque chambre, qui y demeurent jour et nuit. Les soldats sont assis sur leur paquet de hardes à la bande ou galerie, que j'ai décrite à l'article de la construction. Les matelots, mariniers, et les bas-officiers s'asseyent comme ils peuvent sur la rambade, et autres lieux assez incommodes. Les officiers majors s'asseyent sur des chaises ou fauteuils dans la guérite, ou chambre de poupe. Mais lorsque la galère est à l'ancre ou dans un port, on tend la tente, qui est faite d'une forte toile de coton et fil, à bandes bleues et blanches. Cette tente règne d'un bout à l'autre de la galère. On la lève par de grosses barres de bois, qu'on appelle chèvres, mises de distance en distance, et qui sont de longueur différente pour faire faire le dos d'âne à cette tente, qui se trouve élevée à son bout du côté de la poupe, d'environ huit pieds ; au centre ou milieu de la galère, de vingt pieds, et à son bout à la proue, d'environ six pieds. Le bas aboutit à l'aposti, au bord de la galère, de chaque côté. Cette tente bien tendue, et attachée audit aposti, couvre toute la galère ; et par sa forme et tenture est telle, qu'aucune pluie, pour si forte qu'elle soit, ne la peut traverser. Ayant donc ainsi élevé cette tente, tout le monde se repose ; et pendant le jour chacun s'occupe ; soit à prendre son repas, ou à coudre et tricoter des bas de coton, que tous les galériens savent faire. Les matelots et mariniers se divertissent, et dansent au son du tambourin ; en quoi les Provençaux excellent. Un homme a ce tambourin pendu à son cou, fait comme la caisse d'un tambour de guerre, mais plus long. D'une main il frappe avec une baguette sur ce tambourin pour battre la mesure ou cadence. Il a une petite flûte dans l'autre main, dont il joue ; et c'est un vrai plaisir de voir danser et sauter ces mariniers provençaux au son de cet instrument. La nuit venue, et après qu'on a soupé, à chaque banc destiné pour les officiers, les galériens y dressent une table, de la longueur de six pieds, et de trois de large. Cette table se met sur deux traverses ou gros bâtons, les uns de bois, d'autres de fer. Ces traverses sont soutenues par quatre pivots, deux fichés dans un banc, et deux dans le banc prochain. Cette table, ainsi posée sur ces deux traverses, se trouve élevée au-dessus des bancs d'environ trois pieds. Les officiers ont de bons matelas de laine et de crin, qu'on serre le jour dans le fond de cale. On dresse ces matelas sur ces tables, chacun à sa place ; on y met un coussin ou traversin, qui est appuyé par une têtière de bois, ensuite les draps et couvertures du lit ; puis on l'entoure d'un pavillon de toile de coton très forte, la pointe duquel s'attache au haut de la tente à une corde et poulie destinée à cet usage. Ce pavillon ainsi élevé, sa pointe en haut, et son bas, qui est fort ample, entoure le lit à l'égal du meilleur lit d'ange ; et tous ces lits, avec leurs pavillons à bandes bleues et blanches, et ainsi dressés de chaque côté du coursier, qui forme comme la rue ou le chemin, sont une assez belle perspective d'un bout à l'autre de la galère, qui est toujours bien illuminée par divers falots, qui pendent à la tente depuis la poupe jusqu'à la proue. Tout ce dressement de lits se fait en un instant ; après quoi l'on ordonne la couchée à la chiourme par un coup de sifflet. Les officiers et équipages se couchent quand ils veulent ; mais dès qu'on a ordonné à la chiourme de se coucher, pas un ne peut se tenir debout, ni parler, ni remuer le moins du monde; et si quelqu'un de ladite chiourme est obligé d'aller à l'aposti, au bord de la galère, pour y faire les nécessités naturelles, il est obligé de crier à la bande; et il n'y peut aller que l'argousin ou pertuisanier, préposé à la garde de la chiourme, ne lui en ait donné la permission par un cri de : Va; si bien que toute la nuit un silence profond règne sur la galère, comme s'il n'y avait personne. Les mariniers dressent un pavillon de chaque côté de la rambade, ou château de devant, qui se trouve au dehors de la grande tente, et ils couchent tous sous ces pavillons à l'abri de la pluie et de la fraîcheur de la nuit. Les soldats s'accroupissent le mieux qu'ils peuvent sur la bande; et les galériens dans leur banc, assis sur la pédagne, et la tête appuyée contre le banc. Voilà de quelle manière chacun se place pour dormir, lorsque la galère est armée. Mais en hiver, que la galère est désarmée, et que les officiers et équipages sont logés à terre, à la réserve des comites, argousins et pertuisaniers, qui ne bougent ni nuit ni jour de la galère, pour lors les galériens, ayant plus de place, s'accommodent de quelque bout de planches, ou autrement, et se couchent plus commodément, quoique sur la dure, se couvrant de leurs capotes.

De la distinction ou différence d'une galère ordinaire d'avec celles qu'on nomme la Grande Réale et la Patronne.

La galère, dite *la Grande Réale,* n'est point différente en construction d'une galère ordinaire, sinon qu'elle est plus grande, et a cent quatre-vingts pieds de long et quarante-huit de large. Elle a soixante bancs à rame, et sept rameurs esclaves à chaque rame. Les officiers principaux et bas-officiers sont du même nombre que ceux d'une galère ordinaire mais il y a plus d'officiers majors. C'est celle que monte le général des galères, lorsqu'il va en mer; ce qui arrive rarement. Mais cette galère a toujours pour capitaine un chef d'escadre, et porte le pavillon carré au grand mât. Les autres chefs d'escadre ne le portent qu'au mât de trinquet.

La galère *la Patronne* est de la même construction que la Grande Réale, et de la même grandeur. Les équipages aussi sont en même nombre, excepté quelques officiers majors de moins. Lorsque le lieutenant général va en mer, il monte la Patronne. Elle a pourtant son capitaine qui est un chef d'escadre, et elle porte le pavillon carré au grand mât, lorsque la Grande Réale n'est pas en mer.

Les casaques des chiourmes et leurs bonnets dans ces deux galères sont de couleur bleue, au lieu que les chiourmes des autres galères sont en rouge.

Grades des officiers majors des galères.

— Un capitaine a rang de colonel.
— Un lieutenant celui de lieutenant-colonel.
— Un sous-lieutenant celui de capitaine.
— Un enseigne celui de lieutenant.
— Un chef d'escadre a rang de lieutenant-général.
— Un lieutenant-général celui de général.

Des chaloupes d'une galère armée.

Une galère armée a toujours deux chaloupes, une grande, et l'autre plus petite. La grande, qu'on nomme *le Caïque,* a dix hommes libres, qui rament chacun avec une rame, et un timonier qui la gouverne. Cette chaloupe sert à lever l'ancre, lorsqu'on veut partir d'un ancrage. Elle sert aussi pour porter l'eau douce à la galère, et autres fardeaux. La petite chaloupe, qu'on nomme *le Canot,* a huit hommes libres qui la rament, avec son timonier. Elle est uniquement pour l'usage des officiers majors.

Lorsqu'on part d'un port ou d'une rade, on embarque ces deux chaloupes sur la galère, l'une à la droite, l'autre à la gauche avec des palans à poulie. Elles sont placées sur deux potences, qu'on nomme chevalets, élevées de six pieds au-dessus des bancs qu'elles couvrent ; si bien qu'elles ne prennent aucune place, et n'empêchent aucune manœuvre : car les rameurs rament aussi facilement sous ces chaloupes ainsi posées, que s'il n'y en avait pas. Lorsqu'en mer on veut aller parlementer avec quelque navire qu'on rencontre, on débarque dans un moment ce canot avec beaucoup de facilité, et le caïque de même si on en a besoin ; et l'on les rembarque fort aisément lorsqu'on s'en est servi ; et aussitôt qu'on mouille l'ancre, on les débarque toutes les deux, les attachant au derrière de la galère, toujours avec bonne garde, de peur que les esclaves, principalement les Turcs, qui sont toujours déchaînés, et n'ont qu'un anneau de fer à la jambe, nuit et jour, ne se sauvent par le moyen de ces chaloupes. On leur permet pourtant, de même qu'à ceux de l'équipage, d'y aller fumer ; car dans les galères il est défendu à qui que ce soit d'y fumer sous peine d'avoir le nez et les oreilles coupés. Les officiers majors eux-mêmes, ni le capitaine n'y oserait fumer ; tant la défense en est rigoureuse de la part du Roi ; et cela à cause qu'une galère de France, il y a longues années, sauta en l'air, le feu s'étant mis à sa poudre ; et on crut, que cet accident avait été causé par un turc, qui fumait auprès de la soute à poudre.

Des habillements de la chiourme.

Chaque galérien reçoit tous les ans deux chemises de toile, un peu moins grosse que celle dont on se sert dans ce pays pour nettoyer les maisons et qu'on nomme *dweyldoeck* ; deux caleçons de la même toile, qu'on coud sans canons, et comme une jupe de femme, parce qu'il faut les mettre par-dessus la tête à cause de la chaîne. Ce caleçon, ainsi fait en jupe, descend jusqu'aux genoux. Plus une paire de bas ou chausses, faits de grosse étoffe rouge ; et point de souliers. Mais lorsqu'on emploie les galériens pour aller à terre y travailler pour le service de la galère, comme il arrive souvent en hiver ; pour lors l'argousin leur fournit des souliers, qu'il reprend lorsque ces galériens rentrent dans la galère. Tous les deux ans, une casaque d'une grosse étoffe rouge.

Il ne faut pas être habile tailleur pour tailler une telle casaque. C'est un morceau de cette étoffe, doublée en deux ; une moitié pour le devant, et l'autre pour le derrière ; et au haut une fente pour y passer la tête ; et ainsi cousue de chaque côté, avec deux petites manches, qui viennent sans taillures ni façon jusqu'au coude. Cette casaque a la forme de ce qu'on nomme en Hollande un *kiel,* que les charretiers portent ordinairement par-dessus leurs habits ; mais pas si long, car ceux des galériens ne leur viennent sur le devant qu'un peu au-dessus des genoux, et le derrière en pend un demi-pied plus bas. De plus on leur donne tous les ans un bonnet de laine rouge fort court ; car il ne faut pas qu'il couvre les oreilles.

On leur donne aussi tous les deux ans une capote de gros bourras, fait de poil de bœuf, dont la chaîne est de grosse laine. Cette capote est faite comme une robe de chambre, et pend jusqu'au talon. Il y a une têtière, faite comme le capuchon d'un capucin. C'est, de tout l'habillement d'un galérien, ce qu'il a de meilleur ; car cette capote lui sert de matelas et de couvertes pour se reposer le nuit ; et l'hiver il s'en enveloppe pendant le jour.

De l'occupation des galériens en hiver, lorsque la galère est désarmée.

L'ordre de la Cour pour désarmer les galères étant venu, ce qui est ordinairement vers la fin d'octobre, les galères, avant d'entrer dans le port, débarquent leur poudre à canon ; car on n'entre jamais dans un port avec la poudre. Ensuite on entre les galères, et on les range le long du quai, selon le rang d'ancienneté des capitaines, le derrière de la galère contre le quai. On dresse un pont, qu'on nomme *la planche*, pour aller de la galère sur le quai. On met bas les mâts qu'on enferme dans le coursier, et leurs antennes tout du long sur les bancs. On décharge ensuite l'artillerie, et les munitions de guerre et de bouche, voiles, cordages, ancres, etc. On congédie les matelots de rambade, qui ne sont pas entretenus, et les pilotes côtiers. Le reste de l'équipage à Dunkerque logeait dans les casernes de la ville. Les officiers majors y avaient leurs pavillons ; mais ils n'y logeaient que rarement ; la plupart allant passer leur quartier d'hiver à Paris, ou chez eux. Ceux qui restaient, pour se distinguer, louaient les plus belles maisons de la ville ; car ces messieurs sont presque tous des premières maisons du royaume, la plus grande partie cadets de leur famille, lesquels, comme on sait, n'héritent de leur patrimoine que l'éducation, et ne vivent que des bienfaits du Roi. C'est pourquoi ils sont presque tous chevaliers de Malte qui, faisant entre autres le vœu de chasteté, ne se peuvent marier. Et comme, après leur mort, tout ce qu'ils laissent va à la religion de Malte, ils ne s'attachent pas à laisser du bien après eux, mais vivent fort splendidement ; ce qu'ils peuvent bien faire ; car leurs appointements sont gros.

Enfin la galère étant entièrement vide, la chiourme s'y trouve assez au large pour que chacun des galériens y établisse son pauvre et chétif quartier d'hiver. Chaque banc se procure quelques bouts de planche qu'ils mettent en travers sur les bancs, et où ils font leur lit ; mettant pour tout matelas dessous leur corps une vieille serpillière de capote, et se couvrant ou plutôt s'enveloppant dans leur capote. Les vogue-avant, qui sont les premiers de la rame, et par conséquent les chefs du banc, se couchent mieux ; ayant la banquette pour eux, qui est le marchepied du banc, de la largeur de deux pieds, et assez longue pour s'y coucher de son long. Son second se couche aussi assez bien tout de son long dans le ramier, qui est l'endroit du banc sur le tillac, où la rame aboutit ; et comme en hiver les rames en sont ôtées, cette place sert de lit au second rameur de la rame. Les autres quatre s'accommodent avec leurs bouts de planche, comme je l'ai dit ci-dessus, ou à la bande.

Dès que le temps se met au froid, au lieu d'une tente, on en met deux l'une sur l'autre. Celle de dessous est ordinairement de gros bourras, de la même étoffe que les capotes ; ce qui tient la galère assez chaude, au moins pour empêcher d'y mourir de froid : car ceux qui n'y sont pas accoutumés, et qui se chauffent dans leur maison auprès d'un bon feu, n'y sauraient résister vingt-quatre heures sans périr, lorsqu'il gèle un peu fort. Si ces misérables galériens pouvaient avoir un peu de feu pour se chauffer, et de la paille pour se coucher, ils s'estimeraient très heureux ; mais il n'en entre jamais sur les galères. Dès la pointe du jour les comites, qui couchent toujours dans la galère, de même que les argousins et pertuisaniers, pour la garde de la chiourme, font entendre leurs sifflets pour réveiller et faire lever la chiourme. Cela ne manque jamais à la même heure ; car la commandante des galères tire le soir après soleil couché, et le matin au point du jour, un coup de canon, qui est l'ordre pour le coucher et le lever des chiourmes, et si le matin quelqu'un est assez paresseux pour n'être pas d'abord sur pied au coup de sifflet du comite, les coups de corde ne lui manquent pas. La chiourme étant levée, leur premier soin est de plier leur lit, et de mettre le banc en ordre, le balayer, et y jeter plusieurs seaux d'eau pour le rafraîchir et le nettoyer. On élève la tente avec de gros bâtons, longs de vingt pieds, qu'on appelle *boute-fort,* et qu'on met de chaque côté de la galère pour donner l'air et la clarté. Mais quand il fait froid, on n'ouvre la tente que du côté qui est à l'abri du vent. Cela étant fait, chacun s'assied dans le banc, travaillant de ses mains à son profit.

La galère désarmée.

Il faut savoir, que personne de la chiourme ne peut être sans rien faire. Les comites, qui sont tout le jour à observer la chiourme, s'ils en voient quelqu'un qui soit à rien faire, ils lui demandent la corde à la main, d'où vient qu'il ne travaille pas. S'il dit, qu'il ne sait point de métier, il lui fait donner du coton filé, pour qu'il en broche des bas ; et s'il ne sait pas brocher, il ordonne à un galérien de son banc de le lui enseigner. Ce métier est bientôt appris ; mais comme il s'en trouve toujours, qui outre qu'ils sont fainéants, n'apprennent pas facilement, ou s'opiniâtrent à ne pas apprendre, les comites ne manquent pas de le remarquer, et ils les rossent d'importance. Que s'ils voient qu'un tel paresseux ou entêté n'apprenne pas du tout ce qu'on lui enseigne, alors ils lui donnent un boulet de canon à éclaircir, en le menaçant, que s'il ne l'a pas rendu clair comme de l'argent du matin au soir, il sera roué de coups. C'est une chose impossible que d'éclaircir un boulet de canon ; et quand ce misérable y travaillerait toute sa vie, il aurait beau y employer tout le sable qu'il pourrait trouver, et tout le tripoli de l'univers, il n'en viendrait pas à bout. Ainsi il est toujours immanquable qu'il sera rossé ;

et tous les jours c'est à recommencer, jusqu'à ce que ce malheureux se résolve enfin à apprendre à tricoter ; car un comite n'en démord jamais. Il y en a plusieurs, parmi la chiourme, qui savent des métiers, et qui les apprennent à d'autres ; comme tailleur, cordonnier, perruquier, graveur, horloger, etc. Ceux-là sont heureux en comparaison de ceux qui ne savent que brocher ; car dans l'hiver, lorsque les galères sont désarmées, on leur permet de dresser de petites baraques de planches sur le quai du port, chacun vis-à-vis de sa galère. L'argousin les y enchaîne tous les matins, et au soir il les renchaîne dans la galère. Cet argousin pour sa peine, et pour celle de veiller sur eux, à un sol par jour, que chacun d'eux paie exactement.

Les turcs pour la plupart n'ont point de métier, et on ne les oblige pas à tricoter ; car, comme ils sont assez intrigants d'eux-mêmes, et qu'ils ne sont jamais enchaînés, en payant un sol par jour à l'argousin, ils vont rôder par la ville, et travaillent chez les bourgeois, qui les veulent occuper, soit à fendre du bois, ou autres ouvrages pénibles ; et tous les soirs ils reviennent à la galère, n'y ayant presque pas d'exemple, qu'aucun tâche à se sauver. Aussi n'en ont-ils pas la facilité, tout libres qu'ils soient ; car ils sont si reconnaissables par leur teint d'ordinaire brûlé, et par leur langue franque, qui est un véritable baragouin, qu'ils ne seraient pas à demi-lieue de la ville, qu'on les ramènerait en galère ; car il y a vingt écus de prime pour ceux de la ville ou de dehors, qui ramènent un turc ou un forçat, qui s'est évadé ; et lorsqu'il arrive que quelqu'un de la chiourme s'évade, les galères ont la précaution de tirer un coup de canon de distance à autre, pour avertir de cette évasion. Alors tous les paysans, principalement à Marseille, courent après cette curée avec leur fusil et leur chien de chasse ; et il est comme impossible, que ce pauvre fugitif ne tombe dans leurs mains. J'en ai vu divers exemples à Marseille. Pour ce qui est de Dunkerque, les Flamands avaient cette chasse en horreur ; mais la soldatesque, dont tout était rempli à Dunkerque et aux environs, n'y regardait pas de si près pour gagner vingt écus. Par parenthèse, il est arrivé à Marseille (ce que je ne sais pourtant que par tradition, mais la chose n'en est pas moins certaine), qu'un fils ramena son propre père aux galères, d'où il s'était sauvé. Il est vrai que l'intendant en eut tant d'horreur, qu'après avoir fait compter les vingt écus au fils pour son exécrable salaire, il le fit mettre à la chaîne comme forçat, sans dire pourquoi, et sans sentence ; si bien qu'il y resta toute sa vie, aussi bien que son malheureux père, tant il est vrai, que la nation provençale est généralement perfide, cruelle et inhumaine ! Il me souvient, qu'en traversant la Provence pour aller à Marseille, étant enchaînés à la grande chaîne, nous tendions nos écuelles de bois à ceux qui se trouvaient sur notre passage dans les villages, pour les supplier de nous y mettre un peu d'eau pour nous désaltérer. Mais ils avaient tous la cruauté de n'en vouloir rien faire. Les femmes mêmes, auxquelles nous nous adressions plutôt, comme au sexe ordinairement le plus susceptible de compassion, nous disaient des injures en leur langage provençal. « Marche, marche, nous disaient-elles, là où tu vas, ne te manqueras pas d'eau. »

Je reprends mon sujet de l'occupation des chiourmes en hiver. On voit donc le long du quai, où sont les galères, une longue rangée de ces baraques avec deux, trois ou quatre galériens dans chacune, exerçant chacun leur métier ou leur industrie pour gagner quelques sols. Je dis, industrie : car il y en a, qui ne s'occupent qu'à dire ce qu'on appelle *la bonne aventure*, ou à tirer l'horoscope. D'autres vont plus loin, et contrefont les magiciens pour faire trouver les choses perdues ou volées ; et toute leur magie consiste dans leur industrie. J'en dirai ici un exemple, arrivé de mon temps à Marseille.

Il y avait sur la Grande Réale, où j'étais pour lors, un vieux galérien, nommé père Laviné. Cet homme avait le renom de ne jamais manquer à faire retrouver les choses perdues ou volées. Un jour un marchand de Marseille avait oublié de serrer dans sa caisse vingt louis d'or, qui étaient restés dans son comptoir sur son pupitre, et qui furent éclipsés. Ce marchand ayant fait toutes les recherches possibles pour trouver ses vingt louis, et n'y pouvant réussir, s'adresse à mon rusé magicien Laviné, qui l'assura, que quand ses louis seraient en enfer, il les lui ferait retrouver. Il accorde à un louis pour lui, et prie le marchand de lui donner une liste de toutes les personnes, qui composaient sa famille et son domestique ; ce que le marchand fit. Il ordonna de plus, que toutes ces personnes se trouveraient le lendemain matin dans la maison du marchand, sans qu'il en manquât une seule ; ce qui fut fait. Ce même matin Laviné fut chez le marchand, portant dans ses mains un coq tout noir, et un vieux bouquin tout graisseux, qu'il disait être son grimoire. D'entrée il demanda au marchand, si tous ceux de sa maison étaient là. Celui-ci répondant que oui, Laviné les fit tous assembler dans une chambre. Il y en avait une autre à l'opposite ; il pria le marchand de faire bien fermer ces deux chambres pour qu'elles fussent entièrement obscures ; ce qui étant fait, Laviné récita tout haut, en un langage barbare et incompréhensible, quelques passages de son grimoire. Ensuite il avertit tout haut le marchand, qu'il savait, que le voleur de ses louis était dans la chambre ; qu'il l'allait bientôt connaître par le chant de son coq, qui ne manquait jamais ; mais il le pria de ne pas s'étonner, si le diable emportait le voleur ; car, dit-il, c'est son dû, et le diable ne fait rien pour rien. Il disait cela d'un air à en imposer aux plus incrédules. Après quoi, dans l'obscurité, sans que personne le vît, il remplit le dessus du dos de son coq de noir de fumée ; et se tenant à la porte à l'opposite de celle, où étaient tous ceux de la maison, il les appela tous par leur nom, l'un après l'autre, leur ordonnant qu'en passant auprès de lui chacun mît la main sur son coq, qu'il tenait par les pattes, en les assurant par son grimoire infaillible, que le coq ne sentirait pas plutôt la main du voleur sur son dos, qu'il chanterait ; et gare, disait-il, la griffe du diable, qui l'emportera comme une mouche. Or il arriva, qu'une servante, qui avait fait le vol, se sentant coupable, et cependant voulant passer par l'épreuve plutôt que d'avouer le fait, s'avisa d'une ruse pour empêcher, que, si le coq chantait sous sa main, le diable ne l'emportât. Elle résolut, à la faveur de l'obscurité, de passer sans toucher le coq. Laviné donc appelle tout le monde de cette chambre, et en passant leur disait de passer la main sur le coq. Chacun le fit hardiment à la réserve de la servante coupable, qui passa la main à côté sans toucher le coq ; si bien que cette revue ne produisit aucun chant du coq. Mais Laviné, ayant fait ouvrir tous les volets de cette chambre, ordonna à un chacun de présenter sa main ouverte ; et il ne se trouva que celle de la servante, qui fut blanche, celle des autres étant toute noircie par le noir de fumée, qui était sur le dos du coq. Laviné s'écria d'abord : « Voici la voleuse des louis ; je m'en vais appeler le diable pour l'emporter. » Cette servante eut tant de frayeur, qu'elle demanda grâce à genoux, avoua le vol, et rendit les louis. Ce Laviné était si fertile en inventions, qu'à chaque occasion, il en exerçait une nouvelle. J'en sais plusieurs, que lui-même m'a racontées, mais qui grossiraient trop ces mémoires, qui ne sont pas destinés à de pareilles fadaises. Je n'ai raconté celle-ci que pour donner un exemple de l'industrie des galériens pour attraper l'argent des bonnes gens. Il y a aussi dans ces baraques des joueurs de gibecière, de faux joueurs à la jarretière, des escamoteurs qui, priant les passants de leur changer un écu, en touchant leur petite monnaie, la leur enlèvent ou escamotent sans qu'ils s'en aperçoivent le moins du monde ; et quand ils ont fait leur coup, ils changent d'avis sous quelque prétexte pour ne pas changer leur écu. Il y a aussi des écrivains, les meilleurs notaires du monde pour faire de faux testaments, de fausses attestations, de fausses lettres de mariage, de faux congés pour les soldats ; mais ce dernier leur est trop dangereux ; car si cela vient à se découvrir, ils sont pendus sans rémission. Ces écrivains savent contrefaire toute sorte d'écritures. Ils ont des sceaux et cachets de toutes les sortes ; sceaux de villes, sceaux d'évêques, archevêques, cardinaux, etc. Ils ont aussi bonne provision de toutes sortes de caractères pour les contrefaire dans les occasions; toutes sortes de papier de différentes marques, et sont très habiles pour effacer et enlever plusieurs lignes d'écriture d'un acte authentique, et pour y en écrire d'autres du même caractère sans qu'il y paraisse. Enfin ce sont de très habiles fripons, et qui travaillent à très bon marché pour attirer des chalands.

Les gens de métier, qui travaillent dans ces baraques, ne sont pas moins fripons. Le tailleur vole l'étoffe; le cordonnier fait des souliers, dont la semelle, au lieu de cuir, est une petite planchette de bois, qu'il couvre d'une peau de stockfisch, collée par-dessus, et où il fait des points artificiels, qui ressemblent parfaitement à la couture d'une semelle; et cette peau ainsi collée paraît de couleur et de force comme le meilleur cuir du monde. Le bon marché qu'ils font, fait que quantité de lourdauds s'y attrapent. Si je voulais décrire tous leurs tours de friponnerie, je n'aurais jamais fait. Il y a aussi beaucoup de turcs dans ces baraques, mais qui n'y travaillent pas, ils n'y font que négocier. Les uns font les fripiers, les autres vendent du café, de l'eau-de-vie, et semblables choses. Mais tous en général sont grands receleurs de toutes sortes de vols; et s'ils y sont découverts, ils en sont quittes pour rendre. Il n'en alla pourtant pas ainsi d'un turc de la galère, où j'étais à Dunkerque. Ce qui lui arriva, mérite par sa singularité d'être rapporté. Voici le fait : Deux voleurs volèrent un jour dans la grande église de Dunkerque divers ornements, entre autres la boîte d'argent des saintes huiles destinées à l'administration du sacrement de l'extrême onction. Ils portèrent cette boîte à un turc de notre galère, nommé Galafas, qui était dans sa baraque, et la lui vendirent. Galafas, après l'avoir achetée, demanda à ces voleurs, si cela n'était pas *robe santa*, c'est-à-dire, chose sacrée. Les voleurs le lui avouèrent; ce qui intrigua un peu Galafas, qui crut devoir faire changer de forme à cette boîte. Pour cet effet, il sort l'huile avec le coton imbibé qui y était, en graisse ses souliers pour mettre tout à profit, et avec un marteau aplatit la boîte pour en changer la forme. Ensuite il fait un trou dans la terre au dedans de sa baraque, et y enfouit cette boîte ainsi aplatie. Mais par malheur l'un de ces voleurs fut pris, et convaincu du vol. On lui demanda ce qu'il avait fait de cette boîte aux saintes huiles. Il confessa l'avoir vendue au turc Galafas. On mène ce voleur à la baraque de Galafas, qui avoua le fait ingénument. On lui demanda où était la boite. Il montra l'endroit, où il l'avait enfouie. On en avertit d'abord le curé de la ville, afin qu'il vînt lui-même lever cette précieuse et sainte relique, qu'aucun autre qu'un prêtre n'avait droit de toucher. Le curé avec ses prêtres y accourt en surplis, et avec la croix, comme à une procession. On fouille dans la terre à l'endroit que le turc leur disait. On y trouve la boîte écrasée à coups de marteau : et comme on ne voyait point d'huile répandue, on demande au turc ce qu'il avait fait de l'huile, qui était dans la boîte. « J'en ai graissé mes souliers, dit-il. Si j'avais eu de la salade, je l'en aurais garnie ; car j'ai goûté cette huile, qui était très bonne. » Alors tous ces prêtres à crier : à l'impiété ! au sacrilège ! et au turc à rire, et à se moquer d'eux. Cependant on fit déchausser au turc ses souliers. Ce fut le curé lui-même qui le déchaussa ; car quel autre que lui aurait osé porter ses mains profanes sur ces souliers sanctifiés par ces saintes huiles ? Ce fut enfin avec de grandes cérémonies, et des battements de poitrine, qu'on mit les souliers de Galafas, la boîte aplatie, et toute la terre, qu'on jugea qui avait touché cette boîte, dans une nappe de l'autel, que quatre prêtres portaient, tenant chacun un coin de la nappe, et chantant des hymnes d'affliction jusqu'à la grande église, où le tout fut enterré sous l'autel. Il ne manqua pas de se faire des miracles à la baraque de Galafas. Toutes les nuits on y voyait des visions célestes, tantôt deux anges assis sur le toit de la baraque, tantôt la sainte Vierge pleurant, d'autres fois une troupe d'anges faisant la procession autour de la baraque ; et que sais-je, combien d'autres apparitions ? Mais quoique cette baraque fût tout proche et vis-à-vis de notre galère, d'où je pouvais la voir la nuit comme le jour, je n'y vis ni entendis jamais rien. Et comme je m'en expliquais un jour avec notre aumônier, dont j'étais ami, il me répondit, que mon incrédulité me bandait les yeux, et qu'*efficace d'erreur* m'était donnée. Je lui répondis, *pour croire au mensonge*. Il me donna un petit coup sur la joue, en souriant, et s'en alla. Je m'assure qu'on s'impatiente de savoir ce qu'on fit au turc. J'y vais satisfaire.

La baraque de Galafas fut fermée, ensuite démolie, et on en rendit la place hors d'aucun usage, en y amoncelant des pierres et des débris, comme un monument du sacrilège commis. On mit Galafas dans la galère, enchaîné de doubles chaînes, et les menottes aux mains. Mais personne ne travaillait à son procès, à cause d'un conflit de juridiction. Le conseil de guerre des galères prétendait l'office, et le clergé se le voulait approprier. Il y avait une autre raison, pour laquelle le commandant ne pouvait livrer Galafas au pouvoir du clergé, qui est que la Cour avait réglé depuis maintes années, qu'aucun tribunal de justice du royaume ne pourrait se saisir d'aucun forçat, ou esclave des galères du Roi, que préalablement un tel forçat ou esclave ne fût délivré, par une grâce du Roi, du supplice des galères, et que le forçat ou esclave n'eût de sa bonne et pure volonté, accepté cette grâce, lui étant permis de l'accepter ou de la refuser ; et en ce dernier cas, il devait rester toute sa vie aux galères. Le clergé de Dunkerque, bien informé de ceci, sollicita la Cour pour obtenir cette grâce ; à quoi ils réussirent facilement. Cependant Galafas était enchaîné à double chaîne, et s'attendait à passer fort mal son temps ; lorsqu'un jour le major des galères lui vint annoncer sa liberté, le félicitant de ce qu'au lieu de périr entre les mains de la justice, le Roi au contraire lui faisait grâce. Galafas, qui ignorait le piège qu'on lui tendait, accepta sa grâce avec joie. Sur-le-champ le major le fit déchaîner ; et lui mettant sa lettre de grâce ou passe-port dans la main, lui dit qu'il était libre. Galafas ne fit qu'un saut pour sortir de la galère : mais le clergé, qui avait machiné cette affaire, et qui n'avait d'autre crainte que Galafas refusât sa grâce, avait si bien aposté les suppôts de la justice sur le quai aux avenues de la galère, que le pauvre turc n'en fut pas plutôt descendu, qu'il se vit arrêter et conduire aux prisons de la ville. Il eut beau crier, que le Roi lui avait fait grâce de tout le passé. On lui répondit que Sa Majesté ne lui avait fait grâce que de sa détention comme esclave, et non du crime qu'il venait de commettre. Enfin il en fallut passer par là. La justice, à la requête du clergé, lui fit son procès dans les formes, et que ayant atteint et convaincu ledit Galafas de sacrilège au premier chef, le condamna à être brûlé vif, et ses cendres jetées au vent. Galafas en appela au parlement de Douai. On l'y transféra pour faire confirmer sa sentence. Mais comme il se passa beaucoup de temps depuis sa détention et pendant qu'il était à Douai, les turcs des galères de Dunkerque trouvèrent le moyen de faire venir une lettre à Constantinople, qui fut remise entre les mains du Grand Seigneur, lequel aussitôt fit appeler l'ambassadeur de France, et lui déclara, que si on faisait mourir Galafas pour un fait de cette nature, que les Turcs ignorent être un crime, lui Grand Seigneur ferait mourir du même supplice cinq cents chrétiens esclaves français. Sur cette déclaration, l'ambassadeur de France dépêcha un exprès à sa Cour, qui donna ses ordres au Parlement de Douai, en vertu desquels Galafas en fut quitte pour avoir le fouet le long du quai de Dunkerque, et au lieu d'esclave qu'il était, il fut condamné aux galères perpétuelles ; ce qui fut ensuite son bonheur ; car peu de temps après il fut délivré à plein, soit par politique envers le Grand Seigneur, ou en vertu de quatre cents livres, qu'il donna pour sa délivrance. J'ai abrégé autant qu'il m'a été possible cette narration, pour ne pas ennuyer mon lecteur.

Je reprends l'occupation des chiourmes. Pendant qu'une partie s'occupe sur le quai dans leurs baraques, le reste, qui fait le plus grand nombre, est à la chaîne dans leurs bancs, à la réserve de quelques-uns, qui se font déchaîner pendant le jour, moyennant un sol. Ceux-là peuvent se promener par toute la galère, et y faire leur négoce. La plupart de ces déferrés font les vivandiers; ils vendent du tabac (car l'hiver on peut fumer), de l'eau-de-vie, etc. D'autres ont dans leur banc une petite boutique de beurre, fromage, poivre, vinaigre, du foie de bœuf, et des tripes cuites, qu'ils vendent à la chiourme pour peu d'argent, car pour cinq ou six deniers, qui font un demi-sol, on s'y pourvoit pour faire son repas avec le pain que le Roi donne. A l'exception donc de ceux qui sont déchaînés, en payant un sol par jour, tous les autres sont assis dans leur banc, tricotant des bas. On me demandera, où ces galériens prennent le coton pour travailler. Le voici : Plusieurs turcs, du moins ceux qui ont de l'argent, font ce négoce, où ils ont un profit visible et clair, principalement à Marseille, où il y a quantité de marchands, qui font un gros négoce de ces bas de coton. Ces marchands livrent à ces turcs autant de coton qu'ils en veulent; et les turcs leur payent le coton en bas de coton; l'un et l'autre à un prix que chacun trouve son compte. Ces turcs livrent tant de livres de coton filé aux forçats pour le brocher, et en faire des bas de toute grandeur, leur étant indifférent de brocher de grands ou de petits bas, parce que le prix du brochage se fait par livre pesant; si bien que le forçat, qui a reçu, par exemple, dix livres de coton filé, rend le même poids de coton broché, en bas de la grandeur qu'on lui a ordonnée; et le turc lui paye pour la façon des bas tant par livre, selon qu'ils en sont convenus; mais c'est ordinairement un prix fixe. Il faut que le forçat prenne bien garde de ne pas friponner le coton, qu'on lui a confié; car s'il en manque la moindre chose, ou que le forçat ait mis le coton dans un lieu humide pour lui faire reprendre le poids qu'il en a détourné, on lui donne une cruelle bastonnade. Cela arrive fréquemment; car les forçats sont si adonnés à boire, qu'un grand nombre parmi eux, pour se satisfaire à cet égard, s'exposent à ce cruel supplice, dont rien ne les peut garantir. Ils n'ont pas même l'espérance de cacher leur friponnerie. Un voleur, un meurtrier, tous les autres criminels, se flattent toujours que leur crime ne viendra pas au jour, mais ceux-ci n'en peuvent concevoir la moindre espérance. Cependant il arrive très souvent, que lorsqu'ils ont reçu le coton de leur maître (ainsi les appellent-ils), ils le vendent au premier turc d'une autre galère, qui pour ce sujet vont d'une galère à l'autre. Ayant reçu l'argent, ils se mettent trois ou quatre de compagnie pour boire tant que cet argent dure ; et souvent, quand il est fini, les associés buveurs vendent aussi le coton, qu'ils ont de leur maître ; et n'ayant plus rien, ils attendent patiemment, et en gaussant de leur future bastonnade, que leur maître vienne demander leur travail. J'oubliais de dire, que la façon se paye si bien d'avance ; ce qui occasionne qu'ils vendent leur coton. Car ils s'enivrent de l'argent de la façon, et dans cet état ils bravent le péril inévitable. Lorsque le turc vient demander l'ouvrage, ils lui disent effrontément : « Voilà de quoi te payer, » en frappant sur leur dos. Le turc s'en plaint au comite ; et le matin à neuf heures, que le Major vient régulièrement à l'ordre, tous les comites s'assemblent autour de lui, et chacun lui rapporte ce qui se passe sur sa galère ; et sans autre forme de procès, on fait dépouiller ces vendeurs de coton, et on leur donne la bastonnade telle que je l'ai dépeinte plus haut, vingt-cinq, trente coups, ou, si c'est une récidive, cinquante. Ces derniers n'en reviennent guère.

J'en ai vu un sur notre galère, qui ayant reçu le travail de son maître, et ayant bu l'argent de la façon avec un de ses camarades, nommé Saint-Maur, et se trouvant encore altéré, Saint-Maur lui conseilla de vendre la laine ; car c'étaient des bas de laine. L'autre en faisait quelque difficulté, alléguant la bastonnade ; mais Saint-Maur l'encouragea, en lui disant : « Camarade, si tu reçois la bastonnade, je te ferai voir, que je suis honnête homme, et que je veux la recevoir aussi bien que toi ; » comme si les coups de l'un adoucissaient ceux de l'autre ! Enfin l'accord fut fait à cette condition. Ils burent à tire larigo, en chantant et se divertissant, tant que l'argent de la laine dura ; et lorsqu'il fallut rendre le travail au maître, ils montrèrent leur dos pour tout paiement. Le Major vint faire donner la bastonnade au délinquant. Saint-Maur, pendant qu'on frappait son camarade, se dépouillait et se préparait à danser à son tour. Ses camarades de son banc avaient beau le vouloir dissuader de se faire donner la bastonnade de gaieté de cœur. « Je suis honnête homme, disait-il ; j'ai bu ma part de l'argent de la laine ; il est juste que je paye mon écot. » Après que le Major eut fait bastonner le vendeur de la laine, il allait sortir de la galère ; car il n'avait rien à faire avec Saint-Maur. Mais celui-ci l'appelant, le Major vint voir ce qu'il avait à lui dire. « C'est, Monsieur, dit-il, que je vous supplie de me faire donner autant de coups de bastonnade, que mon bon ami vient d'en recevoir, » lui alléguant son honneur et sa parole donnée. Le Major, indigné de la bravade de ce coquin, lui fit donner une telle bastonnade, qu'il en mourut peu de jours après. Concluons de là que le vice suit toujours ces misérables, qui souffrent pour leurs crimes ; et qu'au lieu de s'amender par un châtiment si rigoureux, ils regimbent contre l'aiguillon, le bravent, et même s'y endurcissent à un point, qu'il semble qu'ils ont quitté tout sentiment d'hommes pour prendre toute la méchanceté du démon. On ne peut, en un mot, rien imaginer d'horrible en méchanceté, que ces misérables ne possèdent au suprême degré. Les blasphèmes les plus exécrables, dont ils s'étudient à inventer de nouveaux formulaires, les crimes les plus affreux, qu'ils se vantent d'avoir commis, et qu'ils désirent de pouvoir encore commettre, font hérisser les cheveux d'horreur. Cependant les aumôniers leur font faire de gré ou de force leur devoir de religion, tout au moins une fois l'an. Ils vont tous à confesse à Pâques, et reçoivent l'hostie consacrée, ou la communion. Mais bon Dieu ! en quel état ces malheureux s'en approchent-ils ? Forcenés de rage, maudissant les aumôniers et comites, qui les y forcent, ils reçoivent enfin ce sacrement, que les prêtres et les dévots de la religion romaine regardent comme la chose la plus auguste et la plus sainte de toute leur religion, ils le reçoivent, dis-je, avec aussi peu d'apparence de contrition, et aussi peu de dévotion, que s'ils étaient dans un cabaret, à boire bouteille. Les aumôniers n'y prennent pas autrement garde. Pourvu qu'ils les obligent à faire cet acte de catholicité, ils ne s'informent pas du reste.

Il faut pourtant avouer, que tous les galériens de la chiourme, condamnés pour leurs crimes, ne sont pas également méchants et scélérats. J'en ai connu de très honnêtes gens, et qui vivaient moralement bien. Il y en avait, qui étaient condamnés pour désertion, parmi lesquels se trouvaient de bons paysans et artisans, qu'on avait enrôlés de force ou par surprise ; d'autres, pour avoir fait la contrebande ; d'autres, qui, quoique condamnés pour meurtre, n'avaient tué qu'à leur corps défendant ; quelques-uns aussi (et j'en ai connu de tels), qui étaient innocents du crime, pour lequel on les avait condamnés, et qui ont vérifié leur innocence dans la suite. Tous ces gens-là, du moins la plus grande partie, se distinguaient par leur manière de vivre, et se montraient tout autres que ces infâmes scélérats, nourris et accoutumés à exercer les crimes les plus terribles. Cependant, comme je crois l'avoir fait remarquer dans le cours de ces mémoires, tous ces scélérats, quelque méchants qu'ils fussent, témoignaient toujours beaucoup d'égards et de respect pour nous autres réformés. Ils ne nous appelaient jamais que Monsieur, et n'auraient jamais passé devant nous sans nous saluer. J'en avais cinq dans mon banc à Dunkerque, un condamné pour meurtre et assassinat ; un autre, pour viol et meurtre ; le troisième pour vol de grand chemin ; le quatrième aussi pour vol ; pour le cinquième, c'était un turc esclave ; mais je puis dire en bonne vérité, que ces gens-là, tout vicieux qu'ils étaient, me portaient une vraie révérence ; et c'était à qui serait le premier à me rendre de petits services. Lorsque les plus méchants parlaient de nous, balançaient pas à dire : « Ces messieurs sont respectables en ce qu'ils n'ont point fait de mal, qui mérite ce qu'ils souffrent, et qu'ils vivent comme d'honnêtes gens qu'ils sont. » Les officiers mêmes, du moins la plupart, aussi bien que l'équipage, nous considéraient ; et s'il se trouvait, qu'il y eût dispute ou quelque différend entre les autres galériens, et qu'un réformé se trouvât à portée d'en décider, ou de rendre témoignage de la vérité du fait, on en passait toujours par sa décision. Tant il est vrai, que la vertu, lors même qu'elle se trouve confondue parmi les vicieux, n'en reluit que davantage. Je prie le lecteur de ne pas porter ici ses réflexions jusqu'à concevoir, que nous nous encensions nous-mêmes. En mon particulier, j'ai toujours senti en moi les infirmités d'un homme faible et pécheur devant Dieu ; et ce n'est qu'à sa grâce opérante en nous, que j'attribue la constance d'avoir confessé son saint nom. Mais je crois devoir rendre la justice qui est due à mes chers frères et compagnons de souffrance, qui ont, par cette même grâce divine, non seulement constamment persévéré dans leur rude et longue épreuve ; mais même vécu religieusement et mené sur les galères une vie sans reproche.

Je reviens à l'occupation de la chiourme en hiver. J'ai dit, que la chiourme y était toujours occupée, tant dans les baraques que sur les galères, à gagner quelques sols pour s'aider à vivre. Les comites y donnent de grands soins ; et c'est leur intérêt ; car faisant vendre le vin à leur taverne à leur profit, tout le gain de la chiourme, du moins la majeure partie, entre par ce moyen dans leur bourse. Une autre raison, c'est qu'il paraît impossible, que la chiourme puisse vivre avec le pain et l'eau, que le Roi lui donne. Ajoutez à cela, que l'occupation de ces malheureux pour gagner leur vie, les empêche de porter toutes leurs pensées à se sauver de la galère.

Outre l'occupation des galériens pour travailler à gagner quelque chose, ils ont celle du service de la galère au dehors et au dedans. Le service de dehors consiste en ceci : c'est que tous les jours, vingt ou vingt-quatre galériens par galère sont commandés pour aller ce qu'on nomme à la fatigue. C'est ordinairement à l'arsenal de la marine, qu'on les fait travailler à visiter les agrès, apparaux et ustensiles des galères et navires du Roi ; changer de place, souvent sans nécessité, les mâtures, ancres, artillerie, etc. ; ce qui est un rude travail. Voici comme on y conduit ces galériens.

On les enchaîne deux à deux à la jambe, et chacun a une ceinture, autour des reins, où pend un croc de fer, auquel chacun des deux accroche sa chaîne, qui leur vient ainsi jusqu'aux genoux ; si bien que ce sont leurs reins, qui supportent la pesanteur de la chaîne, laquelle, sans l'aide de ce croc, les empêcherait de marcher et d'agir. Ces deux hommes, ainsi enchaînés, se nomment un couple. Les dix ou douze couples par galère s'assemblent tous devant la galère la commandante. Chaque galère fait conduire ses couples par un seul pertuisanier, et un comite ou sous-comite, qu'on commande chacun à son tour, les accompagne de là à l'arsenal, et fait travailler ces galériens aux ouvrages qui leur sont ordonnés, ayant le gourdin ou la corde à la main ; et le soir tous ces couples sont ramenés chacun à sa galère. Les turcs n'en sont pas exempts. Pour moi, je n'ai jamais été à cette fatigue ; en donnant trois ou quatre sols à un galérien, qui y allait pour moi, j'en étais quitte ; chacun a la liberté d'en faire de même.

Le service du dedans de la galère n'est pas moins pénible. On y fait la bourrasque, au moins deux fois par semaine ; et certaines galères, dont les comites sont plus exacts, ou, pour mieux dire, plus méchants, la font faire tous les jours. Cette bourrasque ou veresque est le nettoiement de la galère. Quand on veut le faire, le premier comite donne un coup de sifflet qui le désigne ; les deux sous-comites s'arment de leur gourdin sur le coursier, courant de banc en banc, pour dégourdir les paresseux. Chaque banc se démonte, pièce à pièce. Il faut racler avec une racle de fer, dont chaque banc en a une, toutes les pièces du banc, qui sont le banc, la banquette, la pedagne, contre-pedagne et les quartiers ou planches. Cela étant fait, les comites examinent de banc en banc, si le tout est bien blanc et bien raclé. Pendant cet examen, le gourdin tombe sur les dos nus des galériens, comme la pluie. Le raclement étant fini, on leur fait laver le tillac à force de seaux d'eau, qu'on puise à la mer ; ce qui étant fait, et le tout au son du sifflet, et le corps nu comme la main, de la ceinture en haut, on remet chaque chose à sa place, et on range le banc. Cet exercice dure trois bonnes heures.

Outre cet exercice et les occupations journalières pendant tout l'hiver, il en arrive très souvent d'extraordinaires. C'est lorsqu'il se trouve en ville des étrangers de distinction. Quelquefois le gouverneur leur donne le plaisir de monter sur les galères pour y voir faire l'exercice, dont je viens de parler. D'autres fois c'est l'intendant, ou le commissaire de la marine ; mais très souvent ce sont les capitaines et lieutenants des galères, qui donnent ces fêtes à leurs amis, en les régalant de collations, et même de repas splendides sur leur galères. Nous étions sur la nôtre, qui était la commandante, presque toujours chargés de cette fatigue extraordinaire, à cause que notre commandant, qui était très magnifique, y entretenait une belle symphonie de douze joueurs de divers instruments, tous galériens, distingués par des habits rouges, et des bonnets de velours à la polaque, galonnés d'or, et leurs habits galonnés de jaune, qui était sa livrée. Le chef de cette symphonie, et qui l'avait formée, était un nommé Gondi, un des vingt-quatre symphonistes du Roi, qui par débauche et libertinage avait été chassé de la cour ; et s'étant enrôlé dans les troupes, en avait déserté. Ayant été repris, il fut condamné aux galères, et mené sur la commandante de celles de Dunkerque. C'était un des plus habiles musiciens de France, et il jouait de toutes sortes d'instruments.

Sa symphonie nous attirait donc souvent beaucoup de visites fatigantes ; et voici en quoi cette fatigue consistait. On avertissait le comite de faire tout préparer pour recevoir la visite. On commençait par faire d'extraordinaire une bourrasque, ou nettoiement de la galère. On faisait raser tête et barbe à la chiourme, changer de linge et revêtir leur casaque rouge, et bonnet de la même couleur. Cela étant fait, qu'on se représente toute la chiourme, qui s'assied dans leurs bancs sur la pedagne, de sorte qu'il ne paraît d'un bout de la galère à l'autre que des têtes d'hommes en bonnet rouge. Dans cette attitude, on attend les seigneurs et dames, qui entrant un à un dans la galère, reçoivent le salut de la chiourme, par un cri rauque et lugubre de *hau*. Ce cri se fait par tous les galériens ensemble sur un coup de sifflet ; de sorte qu'on n'entend qu'une voix. Chaque seigneur et dame reçoit un *hau* pour salut ; à moins que leur qualité ou leur caractère ne demande une distinction. Alors on crie deux fois, *hau, hau*. Si c'est un général, ou un duc et pair de France, on crie trois fois, *hau, hau, hau* ; mais c'est le plus, le Roi même n'en aurait pas davantage. Aussi nomme-t-on ce dernier salut, le salut du Roi. Pendant ce salut, les tambours appellent, ou battent au champ, suivant le salut ; et les soldats fort propres sont arrangés à la bande des deux côtés de la galère, le fusil sur l'épaule. Et comme dans ces occasions on dresse les mâts, et souvent on met les rames, les pavillons de toutes couleurs, et les banderolles, et que les grandes flammes rouges, et à fleurs de lis jaunes sans nombre, y sont pendues et déployées au vent ; le tout ensemble fait un très beau coup d'œil. La guérite, ou chambre de poupe, qui est faite en berceau, sans autre couverture qu'une forte toile cirée pour être garantie de la pluie, est aussi, dans ces occasions de visites de distinction, couverte d'une tenderole de velours cramoisi, où pend une riche frange d'or tout à l'entour. Joignez à cette magnificence les ornements en sculpture de la poupe, tous dorés jusqu'à fleur d'eau ; les rames abaissées dans les bancs, et élevées en dehors en forme d'ailes, toutes peintes de diverses couleurs. Une galère, ainsi parée de tous ses ornements, offre à la vue un spectacle, qui frappe d'admiration ceux qui n'en voient que l'extérieur. Mais ceux qui portent leur imagination sur la misère de trois cents galériens qui composent la chiourme, rongés de vermine, le dos labouré de coups de corde, maigres et basanés par la rigueur des éléments et le manque de nourriture, enchaînés jour et nuit, et remis à la direction de trois cruels comites, qui les traitent plus mal que les bêtes les plus viles : ceux, dis-je, qui font ces considérations, diminuent infiniment leur admiration pour ce superbe extérieur.

Les seigneurs et dames, ayant parcouru la galère d'un bout à l'autre sur le coursier, reviennent à la poupe, s'asseyent sur des fauteuils ; et le comite, ayant reçu l'ordre du capitaine, commande l'exercice à la chiourme au son du sifflet. Au premier temps, ou coup de sifflet, chacun ôte son bonnet de dessus la tête ; au second, la casaque ; au troisième, la chemise. On ne voit alors que des corps nus. Ensuite on leur fait faire ce qu'on appelle en provençal la monine ou les singes. On les fait coucher tout à coup dans leurs bancs. Alors tous ces hommes se perdent à la vue. Après on leur fait lever le doigt indice ; on ne voit que des doigts ; puis le bras ; puis la tête ; puis une jambe ; puis les deux jambes ; ensuite tout droits sur leurs pieds : puis on leur fait à tous ouvrir la bouche ; puis tousser tous ensemble, s'embrasser, se jeter l'un l'autre à bas, et encore diverses postures indécentes et ridicules, et qui, au lieu de divertir les spectateurs, font concevoir aux honnêtes gens de l'horreur pour cet exercice, où l'on traite des hommes, et qui plus est, des hommes chrétiens, comme s'ils étaient des bêtes brutes. Ces sortes d'exercices, comme j'ai dit, arrivent très fréquemment dans l'hiver comme dans l'été.

Voilà donc l'occupation de la chiourme pendant le cours de l'hiver. Lorsque le mois de mars vient, ces occupations se multiplient chaque jour, par de nouvelles fatigues. On ôte du fonds de cale toute la *saure* ; c'est le lest ou ballast de la galère, qui est tout de petits cailloux gros comme des œufs de pigeon. Tous ces cailloux se montent du fond de cale en haut par les écoutilles, dans des mannequins d'osier, lesquels on passe de main en main remplis de ces cailloux jusque sur le quai devant la galère, où deux hommes sont commandés par banc, avec des seaux pour puiser de l'eau de la mer à force, pour laver cet affreux monceau de cailloux, et les rendre nets comme des perles. Quand ils sont secs, on les rentre dans la galère. Cette fatigue dure sept à huit jours, y compris le temps qu'on emploie, pendant que la saure est à terre, à caréner la galère, pour la radouber et calfater; ce qui occasionne aussi une grande fatigue aux galériens. La galère étant redressée, chaque jour jusques à ce qu'on l'arme, produit nouvelle occupation. Premièrement, on visite les câbles des ancres dans la galère; ensuite tout le cordage neuf s'approprie, et on le passe ou tiraille autour de la galère à force de bras pour le rendre souple et plus maniable. Cette occupation dure plusieurs jours. Vient ensuite la visite des voiles; et, s'il en faut faire de neuves, c'est le maître comite qui les coupe, et les forçats les cousent; car il n'y a point de voilier sur les galères. Il faut aussi coudre les tentes neuves, raccommoder les vieilles, de même que les pavillons de rambade, et ceux qui servent aux lits des officiers, et enfin tant d'autres ouvrages, qu'il m'est impossible de les tous particulariser. Cela dure jusqu'au commencement d'avril, qui est d'ordinaire le temps, où la cour envoie ses ordres pour armer les galères.

Cet armement commence par espalmer les galères. Pour cet effet on renverse une galère sur une autre qui la soutient, tant que la quille ou carène de cette galère renversée se découvre hors de l'eau. Alors on frotte tout ce côté de la galère depuis la quille jusqu'en haut, de suif fondu; après quoi on la renverse de l'autre côté, et on la frotte de même. Voilà ce qu'on appelle l'espalmage, qui est la plus rude de toutes les fatigues à la vogue près. Ensuite on arme la galère de son artillerie, mâts, ancres, cordages, vivres et munitions; et tout ce rude ouvrage se fait par la chiourme, qui s'en trouve si harassée, qu'on est obligé souvent d'attendre quelques jours pour mettre en mer, afin de lui donner le temps de se refaire.

De quelle utilité sont les galères pour un État par opposition aux navires de guerre.

Il est avéré que les galères sont d'une grande charge à un État, soit républicain ou monarchique, par l'excessive dépense requise à leur entretien. Il est facile de le comprendre, si l'on se rappelle que les galères sont toujours entretenues soit en paix soit en guerre, en hiver désarmées comme en été armées. Leurs nombreux équipages, tant officiers, soldats que mariniers, reçoivent toujours la même paye, qui est beaucoup plus forte que celle des équipages des navires de guerre ; au lieu que ces derniers, en temps de paix, ou lorsqu'ils sont désarmés, ne demandent d'autre entretien, que celui des officiers majors. Je reconnais, que les galères des républiques d'Italie ne coûtent pas à beaucoup près autant que les galères de France, par le ménagement que ces républiques y apportent. Tout le monde sait, que diverses galères de ces républiques appartiennent à de puissants particuliers, sous la protection de leurs États ; et que, lorsque ces mêmes États en ont besoin, ils payent un subside à ces particuliers ; ce qui occasionne un grand ménagement. D'ailleurs ces États d'Italie retirent de l'utilité des galères, soit en ce qu'elles gardent leurs côtes des irruptions des barbares, à quoi elles sont toujours exposées, soit en ce qu'elles vont en course continuellement contre ces barbares, dont elles retirent même du profit par les esclaves qu'elles font ; ce qui compense en quelque manière les dépenses qu'elles coûtent. Il n'en est pas ainsi des galères de France. Elles ne sont point occupées à garder les côtes de l'irruption des infidèles. Ces côtes y sont beaucoup moins exposées par leur situation ; et la France par sa puissance, sait bien réprimer l'insolence et la piraterie des écumeurs de mer, sans être obligée de mettre ses galères à leurs trousses. De quelle utilité sont donc les galères de France par rapport à l'État ? Je réponds suivant mes petites lumières, et par l'expérience que j'en ai eue, pendant douze ans que j'ai été sur ces bâtiments dans la mer Océane. Les galères y ont eu plus de succès dans ce temps-là, qu'elles n'en ont eu durant un siècle dans la Méditerranée; et tous ces succès pourtant aboutissent à deux ou trois vaisseaux de guerre ennemis, qu'elles y ont pris, et pas un navire marchand, quoique la mer en fût couverte. Je ne parle pas ici des alarmes continuelles qu'elles donnaient aux côtes d'Angleterre, mais dans un bien petit espace dans la Manche, et sans aucun autre effet que de tirer des volées de canons dans le sable des dunes, sans jamais y avoir fait ni tenté aucune descente, excepté celle de Harwich, qui fut manquée.

On me demandera, quelle vue pouvait donc avoir la France, d'entretenir sous le règne de Louis XIV quarante galères, avec des dépenses si immenses? Je n'y en vois que celles-ci. Premièrement, pour faire voir sa grande puissance; en second lieu, pour entretenir un grand nombre de gentilshommes, la plupart cadets de famille, qui n'ont guère tiré de leur patrimoine que l'éducation. La plus grande partie étant chevaliers de Malte, ce qui ne leur procure que peu ou point de revenu, sont réduits, pour soutenir leur état et leur noblesse, aux bienfaits du Roi, qui les avance suivant leur mérite et leur naissance : et l'entretien d'un si grand nombre de galères en fournit l'occasion; car presque tous les officiers majors des galères sont chevaliers de Malte. Troisième raison : Le royaume de France étant fort grand et fort peuplé, il ne se peut qu'il ne s'y trouve beaucoup de malfaiteurs de toute espèce; et pour les réprimer et punir leurs crimes, un si grand nombre de galères étaient nécessaires. Outre que dans ce temps là on condamnait aux galères les déserteurs des troupes, ce qui peuplait abondamment les chiourmes.

Pour ce qui regarde l'utilité, que l'État en retire, elle est de peu de conséquence. En temps de paix, les galères ne servent qu'à transporter quelquefois, des personnes de distinction à Rome ou autres États de l'Italie, comme cardinaux, ambassadeurs, et autres, par ordre du Roi.

En ce cas, une ou deux galères sont commandées. Hors de là, les galères restent dans le port de Marseille sans rien faire ; ou si on en arme une escadre de cinq ou six, ce n'est que pour aller sur les côtes d'Italie pour se faire voir et faire respecter le pavillon, ou pour exercer les chiourmes et les équipages.

Reste donc à demander, à quoi les galères sont utiles en temps de guerre ? Je réponds comme ci-dessus, qu'elles sont de très peu d'utilité, principalement dans la mer Océane, où les galères ne peuvent naviguer qu'avec beaucoup de peine, à cause du flux et du reflux, qui se fait sentir plus violemment aux côtes qu'en pleine mer. Or la construction des galères ne leur permet pas de s'y engouffrer, ni d'abandonner la côte de vue ; et lorsqu'elles se trouvent dans la nécessité de le faire, pour faire route d'un port à un autre un peu éloigné, elles prennent de grandes précautions, et observent de prendre pour cela un temps fort calme, et où la mer soit fort unie ; ce qui arrivant peu souvent dans l'Océan, elles se morfondent des temps infinis dans le port pour attendre quelque occasion pareille. Par les mêmes raisons, les galères ne sont pas propres à aller en course contre l'ennemi ; et il leur est très rare de trouver l'occasion de le combattre ; puisqu'elles ne peuvent s'éloigner que de fort peu de distance de la côte pour aller chercher les vaisseaux ennemis soit de guerre ou marchands, qui ne naviguent jamais mieux qu'en haute mer. D'ailleurs elles ont une autre très grande difficulté pour le combat ; c'est que les galères ne peuvent absolument en livrer aucun, qu'en temps calme. C'est là leur fort ; car pour lors elles ont le choix d'attaquer les plus formidables navires, ou de les éviter ; et elles peuvent se retirer impunément, après avoir attaqué et maltraité de tels navires ; mais s'il fait assez de vent pour que les navires puissent faire servir leur voiles, dix galères n'oseraient attaquer la moindre frégate : mais elles se retirent incessamment dans leur port ; car si le vent est assez fort, une telle frégate, faisant force de voile sur les galères, leur passerait facilement sur le corps, et les coulerait à fond, à cause de la construction basse et légère de cette sorte de bâtiments.

Il reste à voir, si les galères sont utiles à seconder une armée navale dans un combat ? Elles le seraient effectivement, si le temps et le lieu du combat se trouvaient leur être favorables ? En ce cas, les galères peuvent servir très utilement pour remorquer et retirer hors du combat les navires démâtés et endommagés, et en remorquer quelque autre à la place. Mais pour cela il leur faut un temps calme, et tout à fait sans vent, pour les raisons dites ci-dessus. Mais la grande difficulté pour les galères, c'est de se trouver en pareil combat naval ; parce qu'une armée, qui cherche l'ennemi, n'a pas le choix du lieu pour l'attaquer, et qu'il faut presque toujours le chercher en haute mer ; et les galères n'osent pas se trouver vingt-quatre heures hors de la vue de terre. Outre cela les vaisseaux de guerre ne peuvent naviguer qu'avec un vent assez fort, pour chercher à combattre l'ennemi, et les galères ne peuvent supporter un tel vent ; si bien qu'il est comme impossible, que les galères se trouvent à un combat naval. Tout ce que les galères peuvent faire de plus utile, ce serait de faire quelque descente en terre d'ennemi, pour piller et brûler quelque village ; et ces descentes ne peuvent être que de peu de conséquence, parce que les galères ne peuvent prendre à leur bord que fort peu de troupes de renfort, n'y ayant pas de place ; car les cinq-cents hommes, qui forment l'équipage et la chiourme d'une galère, la remplissent totalement : et de ces cinq cents hommes on ne peut mettre à terre qu'environ cinquante ou soixante hommes par galère ; le reste devant n'en pas bouger pour y garder trois cents hommes de chiourme, qui sont plus à craindre pour eux que l'ennemi de dehors. Aussi les galères de Dunkerque, pendant douze ans qu'elles y furent, n'entreprirent jamais de descentes, soit à la côte de Hollande, ou à celles d'Angleterre. De tout ceci on peut aisément conclure, que les galères dans la mer Océane ne sont que de peu d'utilité.

Dans la mer Méditerranée, les galères y naviguent avec plus de facilité, tant à cause que dans cette mer là, il n'y a point de flux et reflux, que parce que la bonace ou calme y règne incomparablement plus que dans l'Océan. Mais les mêmes difficultés se trouvent pour que les galères puissent s'y joindre à une armée navale, qui cherche l'ennemi pour le combattre ; car les navires de guerre ont besoin d'un vent fort, pour naviguer ; et les galères, par leur construction, ne peuvent y tenir sans s'exposer à périr. Tout l'avantage donc qu'on peut espérer des galères dans la Méditerranée, c'est que, comme le calme y règne souvent, il peut s'y trouver des navires ennemis, soit de guerre ou marchands, qui soient surpris par la bonace. Pour lors les galères, qui rencontrent quelque navire dans cet état, l'ont belle pour s'en rendre maîtres, ou le couler à fond, s'il est trop fort pour le pouvoir prendre à l'abordage. C'est presque l'unique utilité qu'on peut se proposer des galères dans la Méditerranée ; car pour des descentes à la côte, soit de l'Italie ou de Catalogne, qui se trouvent dans ces mers là, elles ne l'entreprennent jamais par la raison que j'ai dite plus haut. Il peut aussi arriver un combat d'une escadre de galères contre une autre des ennemis. Mais ces rencontres ont rarement lieu ; parce que de tels combats ne décident de rien de conséquence, et qu'en un mot il n'y a que des coups à gagner : car quand l'ennemi s'est engagé au combat, s'il voit qu'il a du dessous, il a le même avantage pour fuir que son ennemi trouve à le poursuivre. Comme il ne s'agit que de ramer, et non de faire voile, que des galères ayant le dessus ou le dessous du vent, cela leur est tout un. Et ce que je dis est tellement vrai, qu'on n'a jamais vu prendre des galères sur l'ennemi par d'autres galères. On n'a même de mémoire de tels combats donnés de galère contre galère, que dans la guerre, qui précéda la paix des Pyrénées. Alors une escadre des galères de France en rencontra une des galères d'Espagne dans la mer Méditerranée ; et l'action fut fort sanglante. J'ai connu un vieux turc, esclave sur notre galère, qui s'était trouvé à ce combat. Il disait, que les galères d'Espagne s'accrochèrent aux galères de France à l'abordage, et que ces dernières auraient eu du dessous, n'eût été qu'on s'avisa de donner dans chaque banc aux galériens une corbeille pleine de cailloux pour repousser les Espagnols, promettant auxdits galériens leur liberté, si les Espagnols étaient repoussés ; à quoi ils réussirent ; car par cette grêle de cailloux les Espagnols furent dans l'obligation de lâcher prise ; mais pas une galère de part et d'autre n'y périt. Cependant on ne tint pas parole aux galériens français, et ce fut comme dit le proverbe italien : *passata la festa, gabato il santo ;* qui veut dire, *la fête passée on trompe le saint.* Depuis ce temps-là, on n'a plus vu de tel combat ; car comme il est facile au parti le plus faible d'éviter d'en venir aux mains, cela ne manque jamais d'arriver dans les occasions.

Les galères ont une autre grande incommodité, lorsqu'il se présente quelque occasion de se battre contre les navires de guerre. Car trois cents hommes, qui composent la chiourme, sont autant d'ennemis, qui veillent continuellement à se procurer leur liberté, soit à force ouverte, ou autrement ; et pour empêcher leur révolte, on est obligé de prendre contre eux autant et plus de précautions que contre l'ennemi même qu'on va attaquer. Aussi l'on met les menottes aux mains des forçats ; on braque deux pièces de canon à la poupe, chargées à mitraille, l'une pointée sur la droite, et l'autre sur la gauche de la galère, pour les décharger sur la chiourme en cas du moindre mouvement. Outre cela, de cent soldats qu'il y a sur une galère, cinquante sont ordonnés pour la garde de la chiourme, et ont toujours sur elle le fusil bandé et couché en joue en cas de révolte. Et malgré toutes ces précautions, les officiers ne sont pas peu intrigués, et ont toujours plus de peur des chiourmes que de l'ennemi : car s'il arrivait, que les chiourmes fissent le moindre mouvement, il en faudrait venir au remède extrême, qui est d'en tuer la plus grande partie ; ce qui serait pire que le mal ; car la chiourme étant les jambes de la galère, sa perte par là se trouverait inévitable.

Voilà ce que j'ai pu remarquer des galères en général, par rapport à leur fort et à leur faible, par opposition aux navires de guerre, qui n'ont pas à beaucoup près tant de difficultés ni d'incommodités pour combattre les galères, comme ces dernières en ont pour combattre les navires. De tout ceci on peut conclure, que la dépense pour l'entretien des galères est très grande, et leur utilité très petite. Aussi la France en a-t-elle bien connu la conséquence, par la réforme des trois quarts de ses galères, qu'elle fit pendant la régence et la minorité de Louis XV, qui règne si glorieusement aujourd'hui.

Après avoir fini ces mémoires, je me suis aperçu, que j'avais oublié de marquer à sa place, à la suite de l'histoire du combat et de la prise de la frégate anglaise, *le Rossignol,* la destinée du capitaine Smit de détestable mémoire. Il reçut peu de temps après le digne loyer de sa trahison par l'événement que voici.

On a vu plus haut, que la Reine Anne d'Angleterre avait confié en l'année 1708 le commandement d'un navire de haut-bord, garde-côte, au capitaine Smit, bon soldat et bon homme de mer ; mais papiste caché, et qui nourrissait dans son cœur une haine implacable contre sa patrie, comme il le fit bientôt paraître. Car ayant, comme je l'ai dit, vendu son navire à Gothenburg en Suède, et congédié l'équipage, il fut présenter ses services militaires au Roi de France contre l'Angleterre sa patrie. J'ai dit aussi, que ce monarque le reçut bien, et qu'il lui promit de lui donner la première place vacante de capitaine de haut-bord, et qu'en attendant il fut servir comme volontaire sur la galère du chevalier de Langeron, à Dunkerque. On n'a jamais vu un homme si animé contre les Anglais, que cet infâme traître l'était. Sitôt que quelque corsaire de Dunkerque faisait quelque prise sur les Anglais, comme il arrivait souvent, cet ennemi irréconciliable de ses compatriotes ne manquait jamais d'aller aux prisons, où on tenait les équipages de ces prises : il les injuriait, et leur aurait arraché les yeux, s'il lui eût été permis. Il donnait de l'argent au geôlier, et aux sentinelles, qui gardaient ces pauvres prisonniers, afin qu'ils les empêchassent de recevoir les charités des bonnes âmes ; et si nous autres cinq protestants, qui étions sur la galère du chevalier de Langeron, où il était aussi, n'avions pas eu ce chevalier pour ami, il n'aurait pas manqué chaque jour de nous faire rosser à coups de corde, comme il le conseillait à tout moment à ce commandant, parce que nous étions de la religion des Anglais ses ennemis. Ce traître était si acharné contre sa patrie, qu'il ne faisait que former projet sur projet pour nuire à l'Angleterre. Et comme il en connaissait parfaitement toutes les côtes, et qu'outre cela il avait de l'esprit et de l'expérience dans la guerre, ces projets plaisaient beaucoup aux bons Français, qui n'estimaient cependant guère sa personne. Enfin il fit celui d'aller piller et brûler la petite ville d'Harwich, sur les côtes de la Tamise ; projet qu'il envoya en cour de France, et qui fut approuvé, comme je l'ai dit ; et manqué, comme on l'a vu, par le combat que nous eûmes à l'embouchure de cette rivière.

De retour de cette expédition dans le port de Dunkerque, Smit voulait à cor et à cri, que nous allassions avec les six galères recommencer la même entreprise. Mais notre commandant n'y voulait pas consentir, alléguant qu'outre la saison, qui n'était plus propre pour la navigation des galères, elles se trouvaient par ce dernier combat hors d'état de mettre en mer, non seulement par la ruine des équipages, dont une grande partie avait été tuée ou blessée ; mais aussi par la perte et la destruction des mâtures et des agrès, dont les magasins du Roi étaient alors fort dépourvus. Tout cela n'empêchait pas le capitaine Smit de blâmer la nonchalance du commandant et des officiers des galères. Il en écrivit en cour. Notre commandant y envoya de son côté un procès-verbal, où il alléguait les raisons susdites, qui le mettaient hors d'état de rien entreprendre. Tout cela attira la jalousie ou plutôt la haine de nos officiers au susdit Smit, et lui causa sa perte, comme on le va voir.

Le capitaine Smit ne se rebutant pas du refus que la cour lui faisait de lui confier les six galères pour son expédition, fit un autre projet, et demanda qu'on lui accordât deux navires de guerre à ses ordres. Ces deux navires étaient armés, et dans le port de Dunkerque; l'un de quarante pièces de canon, et l'autre, une petite frégate, fabrique anglaise, de vingt-quatre pièces. Il prétendait, qu'avec ces deux navires il brûlerait Harwich, comme il aurait pu faire avec les six galères. La cour accepta son projet avec ordre de l'exécuter incessamment; mais ne lui laissa que le commandement de l'entreprise, et non celui des deux navires. Un capitaine de galère monta le plus gros comme amiral, et un lieutenant, aussi des galères, comme capitaine de la frégate; et Smit comme commandant à la descente de Harwich. Les deux navires mirent en mer au mois d'octobre 1708 et firent route pour la Tamise. Mais à la vue de cette côte, ils aperçurent un navire de guerre anglais, garde-côte, de septante pièces de canon. Cette vue les intrigua, et l'amiral ayant tenu conseil avec le capitaine Smit, il fut conclu d'aller croiser quelques jours au Nord pour distraire le garde-côte de leur dessein, et de revenir lorsqu'il n'y serait plus; ce qu'ils firent en effet. Mais au bout de deux ou trois jours, étant revenus, ils aperçurent soit le même garde-côte, ou un autre de la même force. Inquiets de ce contre-temps, ils tinrent de nouveau conseil de guerre. Smit soutenait fort et ferme que leurs deux navires étant extraordinairement bien armés, ils étaient capables d'aborder et de prendre le garde-côte, tout formidable qu'il était. L'amiral et le capitaine de la frégate n'étaient pas de ce sentiment; mais Smit s'opiniâtra si fort à tenter cette fortune, qu'il fit pencher la balance de son côté. On stipula seulement qu'il monterait sur la petite frégate, comme étant un navire léger, et qu'il irait reconnaître le garde-côte; qu'après en avoir examiné le fort et le faible, il ferait signal au navire amiral pour se joindre à lui et tenter l'entreprise; mais qu'il ne s'approcherait pas trop près du garde-côte et qu'il éviterait sa bordée, de peur d'être coulé à fond.

Suivant cette résolution, l'amiral se tint en panne, et Smit à force de voile fut, avec sa petite frégate, reconnaître le navire anglais qui, par mépris d'un objet si peu capable de l'émouvoir, se tenait en panne. Smit, contre l'avis des officiers de sa frégate, avança si proche du garde-côte, et eut l'imprudence de se mettre si fort à portée de recevoir sa bordée, que l'Anglais, en effet, la lui lâcha toute de la manière la plus furieuse. Cette bordée fit l'effet de démâter la frégate de tous ses mâts et la mit hors d'état de se sauver du péril inévitable d'être prise ou coulée à fond. L'amiral français voyant ce désastre, bien loin de venir secourir sa conserve, comme il l'avait promis, en cas d'accident, fit force de voile vers Dunkerque, où il arriva pour porter la nouvelle de la perte du capitaine Smit et de la frégate. D'abord que le garde-côte vit le vaisseau ennemi démâté et hors d'état de lui échapper, il lui cria de son bord d'amener le pavillon et de se rendre ; sans quoi il l'allait couler à fond. Smit n'en voulait rien faire, aimant mieux périr les armes à la main que par celles du bourreau de Londres. Mais il n'était pas le plus fort sur son bord : car officiers, soldats et matelots le menacèrent de le jeter à la mer, s'il ne consentait à se rendre. Il fut donc obligé à y consentir : mais il imagina un moyen de se soustraire à la main du bourreau. Il prend une mèche allumée, qu'il cachait dans sa manche, et voulut descendre à la soute à poudre pour y mettre le feu et faire par là sauter la frégate en l'air. La sentinelle de la soute à poudre l'arrêta, et ayant crié à ses camarades que Smit voulait mettre le feu à la frégate, on se jeta sur ce misérable ; et l'ayant attaché bras et jambes au tronçon du grand mât, ils amenèrent le pavillon et crièrent au garde-côte qu'ils se rendaient à discrétion. L'Anglais envoya ses chaloupes bien armées et commandées par un officier de son bord, pour prendre possession de sa prise. Y étant entrés sans la moindre opposition, car tout l'équipage criait : *quartier* ; les Anglais aperçurent d'abord le capitaine Smit lié et garrotté au pied du mât. Il fut aussitôt reconnu et conduit à bord du garde-côte, qui fit une décharge de tous ses canons en réjouissance, bien plutôt de ce qu'ils tenaient cet insigne traître, que du gain de la prime de mille livres sterling, qui était sur sa tête. Il fut d'abord conduit à Londres, où son procès lui fut bientôt fait : et quoiqu'il offrît lâchement de se faire protestant pour obtenir sa grâce, il fut condamné à être écartelé tout vif, ce qui s'exécuta de la manière qu'on fait aux traîtres en Angleterre, en leur frappant le visage de leur cœur palpitant. Et j'ai vu l'année 1713, que je fus à Londres, les quartiers de son corps exposés le long de la Tamise. Grande leçon pour ceux qui, comme lui, s'abandonnent à leur passion jusqu'à cet excès, que de trahir leur propre patrie !

ÉPILOGUE

LES GALÉRIENS PROTESTANTS

Nos filles dans les monastères,
Nos prisonniers dans les cachots,
Nos martyrs dont le sang se répand à grands flots,
Nos confesseurs sur les galères,
Nos malades persécutés,
Nos mourants exposés à plus d'une furie,
Nos morts traînés à la voirie,
Te disent, ô Dieu ! nos calamités.

Ton courroux veut-il nous éteindre,
Nous nous retirons dans ton sein,
De nous exterminer formes-tu le dessein,
Nous formons celui de te craindre,
Malgré nos maux, malgré la mort,
Nous bénirons les traits, que ta main nous apprête,
Ce sont les coups d'une tempête,
Mais ils ramènent dans le port.

Ces vers admirables de profondeur héroïque et de conviction chrétienne, que M. le pasteur Melon a retrouvés dans une vieille bible de famille, et qui datent de 1698, résument en quelques traits éloquents et l'inébranlable constance de nos martyrs, et la rage aveugle de leurs persécuteurs. Les livres d'écrou des galères du roi très chrétien renferment les plus beaux titres de noblesse de nos églises, l'immortel et glorieux héritage, que nous devons transmettre avec un soin religieux à nos enfants comme un modèle et un exemple. Élie Benoît a résumé en une phrase éloquente le caractère de la piété de nos ancêtres ! La simplicité même des moins éclairés, nous dit-il, avait quelque chose de noble, et comme la plupart n'avaient rien appris que dans l'école de la piété, il était aisé de voir qu'elle l'emporte sur tous les maîtres de l'éloquence.

Quel tableau douloureux nous présente l'Église sous la croix pendant ces années de deuil et d'opprobre, qui resteront comme une flétrissure ineffaçable sur le blason du grand roi. Les assemblées surprises et dispersées, la parole inspirée de Dieu foulée aux pieds, les confesseurs de la foi exposés aux plus affreux supplices, les femmes victimes des outrages d'une soldatesque effrénée, les tendres vierges enfermées dans les couvents, ou ensevelies toutes vivantes dans les affreux cachots de la tour de Constance, les ministres du Seigneur chargés de fers et livrés aux flammes des bûchers, les vieillards, les enfants, les nobles, les humbles confesseurs de la vérité confondus et attachés sur le banc d'infamie des galères, tout ce sang innocent répandu au nom de Dieu, s'élève aujourd'hui encore en témoignage contre une église dégradée et avilie, un souverain voluptueux et adultère qui cachaient sous les plus belles apparences tant de corruptions et d'ignominies. Les troupes exilées de la patrie, dont leur cœur conserva un si vivant et si profond souvenir, accueillies avec amour par les cités évangéliques de la Suisse et de la Hollande, pleurant au souvenir de leur Église désolée, se plaisaient à répéter avec le prophète : Si je t'oublie, Jérusalem, que ma droite s'oublie, et s'appliquaient ces beaux vers de l'*Esther* de Racine :

> Sacrés monts, fertiles vallées,
> Par nos ancêtres habitées,
> Du doux pays de nos aïeux
> Serons-nous toujours exilées !

Mais, tout en conservant au fond du cœur un sentiment généreux et instructif de dégoût et de mépris pour une église, pour un monarque capables d'aussi grands forfaits, inspirons-nous des pieux sentiments de nos martyrs, qui avaient placé en Dieu leur espoir et leur consolation, qui ne voyaient dans les épreuves que Dieu jugeait bon de leur envoyer qu'une nouvelle marque de son amour, et répétaient à l'exemple du Sauveur du monde, aussi longtemps que la rage des bourreaux leur laissait un souffle de vie : Mon Père, pardonne-leur, car ils ne savent ce qu'ils font. (Lettre de Baptiste Blanchard, galérien, du 10 décembre 1700.) Qu'il nous suffise, pour résumer l'esprit du système, et les sentiments d'une époque réputée la plus civilisée de notre histoire, de reproduire cette lettre de Seignelay au directeur général des galères en date du 18 avril 1668 : « Comme rien ne peut tant contribuer à rendre traitables les forçats qui sont encore huguenots, et n'ont pas voulu se *faire instruire*, que la fatigue qu'ils auraient pendant une campagne, ne manquez pas de les mettre sur les galères, qui iront à Alger ! »

Des amis dévoués de la vérité [a] ont dressé le glorieux martyrologe de nos églises. Les chiffres sont éloquents, et ces pages muettes justifient la pensée du psalmiste que la mémoire de l'homme de bien est immortelle. Nous voyons dans l'espace de soixante années (1686-1746) plus de trois cents assemblées du désert dispersées et surprises par les armées du roi, quarante-huit ministres de Jésus-Christ livrés au dernier supplice, de 1685 à 1752, 7370 protestants envoyés aux galères. L'année de la révocation de l'édit de Nantes, les dernières et sinistres années du vieux roi frappé de la main de Dieu, les plus déplorables années du règne honteux

---

a. *Bulletin de la Société de l'histoire du protestantisme français*, 1858, p. 81 et suiv.

de Louis XV sont par la logique même des faits les plus fécondes en martyrs. Tous les rangs, toutes les conditions, tous les âges sont confondus devant le supplice comme ils sont égaux devant Dieu. Le vieillard, qui a blanchi au service de Dieu, le fidèle ministre arrêté au moment où il annonçait à des âmes altérées de sainteté et de justice la bonne nouvelle du salut, voient assis à leurs côtés, et attachés à la même chaîne d'infamie de pauvres paysans, de jeunes hommes dans la fleur de l'âge, qui n'ont commis d'autre crime, comme le déclarait avec une constance héroïque une jeune femme déportée en Amérique, que de ne point avoir voulu adorer la beste, et se prosterner devant les images. Sur les registres des galères, que la générosité du pieux amiral Baudin a légués à la Société de l'histoire du protestantisme français, nous trouvons parmi les galériens à vie quatre jeunes gens de quinze, seize, dix-huit et dix-neuf ans. (Sur l'une des colonnes, on lit cette remarque à la marge : Galérien condamné pour avoir, étant âgé de plus de douze ans, accompagné son père et sa mère au prêche.) L'imagination recule épouvantée à la seule pensée de ces héros de la foi associés aux plus vils criminels, exposés sans défense aux intempéries des saisons, aux fatigues d'une rude traversée, au feu des flottes ennemies, privés de nourriture, de sommeil, meurtris par le fouet des bourreaux, accablés d'injures, expirant de douleur et d'angoisse. Et quelle céleste résignation, quelle inébranlable assurance, quelle douceur divine dans ces âmes, qui ont tout quitté pour le service de Dieu, et qui veulent lui demeurer fidèles jusqu'à la mort. « M. René Barraud (sieur de la Cantonière, natif de Talmond en Bas-Poitou, condamné en 1686 aux galères), écrit un témoin oculaire, a supporté tous ses maux, avec une patience et une douceur, qui a frappé tous ses ennemis, et qui sert d'exemple à ceux qui sont appelés à suivre le chemin étroit, qu'il a tenu. Sa maladie fut pressante et le troubla, (mais) ces vives élévations qu'il fit à Dieu son protecteur et son Sauveur faisaient bien voir que l'esprit de vie était en lui. Le 13 juin 1693 son esprit fut mis en la liberté des enfants de Dieu. Dans une lettre collective que les malheureux galériens de Marseille adressèrent dans leur détresse le 10 décembre 1700 à l'église de Bâle, qui leur envoya ses généreux secours et ses ferventes prières en leur faveur, nous les voyons parler avec joie de la fermeté que leurs compagnons de martyre, qui les ont précédés dans la gloire, ont déployée jusqu'à la fin. « Ils ont été fermes et constants, écrivent-ils, de sorte que la douceur ni la rigueur n'ont pas été capables de les ébranler dans la résolution qu'ils avaient prise d'être fidèles à leur Dieu et de mourir pour son service. Il y a des motifs de joye et de consolation dans leur magnanimité chrétienne. » Les femmes de la Réforme se montraient les dignes compagnes de ces héroïques témoins de la vérité, et justifiaient cette belle pensée du livre des Proverbes : La grâce trompe, et la beauté s'évanouit, mais la femme, qui craint l'Éternel sera celle qui recevra la louange. Un des proscrits, victimes des fureurs de Louis XIV, rencontra sur un navire, qui les transportait en Amérique, des femmes déportées pour avoir confessé Jésus-Christ. Plus de quatre-vingts femmes étaient là couchées sur des grabats infects, en proie aux horreurs de la maladie et de la misère. « Au lieu de les consoler, écrit-il à sa mère, elles me consolaient, et ne pouvant parler, elles me disaient d'une commune voix : Nous mettons le doigt sur nos lèvres, et nous disons que toutes choses viennent de celui qui est le Roi des rois ; c'est en celui-là que nous mettons notre espérance. »

Ces glorieux disciples de Jésus-Christ, parmi lesquels on comptait les hommes les plus distingués du royaume, un Isaac Lefèvre, avocat de Chastelchinon, un Louis de Marolles, avocat de Saint-Ménehould, et dont les souffrances nous ont été racontées dans un récit touchant, ne se contentaient pas de prêcher l'Évangile par leur exemple, leur constance, leur héroïsme, ils fortifiaient et consolaient ceux qui n'avaient pas encore passé par l'épreuve. « N'oubliez jamais, leur répétaient-ils (lettre datée de la tour de Constance, 12 février 1687), n'oubliez jamais de si grands bienfaits, si vous voulez que Dieu continue ses bénédictions et ses grâces sur vous et sur les vôtres. Priez continuellement pour la liberté de Sion, pour les prisonniers de Jésus-Christ. Vous avez glorieusement commencé, *mais tout cela n'est rien, si vous ne persévérez jusqu'à la fin.* »

Ainsi parlaient et agissaient au sein de l'affliction nos pères en la foi, justifiant la belle pensée de Tertullien que le sang des martyrs est une semence féconde de chrétiens. Nous voyons se succéder sur les bancs des galères plusieurs générations de la même famille : en 1687 Pierre Albert, en 1688 Louis Albert, en 1689 Jacob Albert, âgé de vingt-neuf ans. En 1745 quatre Bérard de Chateaudouble. Si le Languedoc, le Dauphiné et la Provence occupent une place d'honneur dans ce triste et glorieux tableau, la Normandie, la Champagne, la Picardie, le Poitou, la Bretagne elle-même comptent de nombreux représentants.

Telle est la puissance de la vérité et du dévouement sur les âmes les moins bien disposées que nous voyons les galériens huguenots faire des prosélytes jusque sur les bancs des galères. « Nicolas Daubigny, écrit un martyr, un papiste, a embrassé notre religion en *galère*, et l'évêque de Marseille, répétant, par un élan irrésistible de conviction, la parole du centurion : « Assurément cet homme était « juste, » ému, touché, en présence de tant de courage, d'héroïsme, disait, par une impulsion soudaine de son cœur, à un galérien, M. Ducros : « Monsieur, si votre religion est bonne, il faut que j'avoue que vous êtes un saint. »

Le 4 août 1775, il y a quatre-vingt-neuf ans, et quelques-uns de ceux qui vivent au milieu de nous auraient pu en être les témoins, il y a quatre-vingt-neuf ans, la seconde année du règne réparateur de Louis XVI, gémissaient sur les pontons de Marseille deux galériens, derniers et glorieux témoins de l'Église sous la croix, Antoine Riaille et Paul Achard, tous les deux du diocèse de Die, condamnés, les 9 et

26 février 1745, par le parlement de Grenoble, aux galères à vie. Court de Gebelin ne put obtenir leur grâce qu'après une année de démarches infructueuses, et bientôt il ne resta plus des iniquités d'un autre âge que le souvenir.

Parmi ces martyrs ont figuré bien des ancêtres de nos familles protestantes ; à ceux qui nous demanderaient : « Vos pères, où sont-ils ? » rappelons, en ce siècle de tiédeur et d'engourdissement moral, le souvenir de leurs mâles vertus ; retrempons dans ces glorieuses annales, trop longtemps restées dans l'oubli, notre foi, qu'une longue sécurité et le dangereux contact du siècle ont alanguie, notre mémoire trop ingrate, notre piété vacillante ; ne craignons pas surtout de rappeler, dans un siècle de tolérance, quel esprit animait, il y a quatre-vingt-neuf ans à peine, une Église redoutable, qui nous supporte par impuissance bien moins qu'elle ne nous accueille comme des frères, et conservons fidèlement un dépôt scellé d'un sang si précieux, et que nous devons transmettre à nos enfants pur, sans souillure et sans tache ; à nos concitoyens, comme la source intarissable, à laquelle seule ils pourront puiser la conscience du devoir, le respect des lois, l'intelligence de la liberté, le sens exquis des grandes choses.

ALBERT PAUMIER.

Octobre 1864.

Table des matières

Préface de 1864 — I

Préface de 1880 — 3

Histoire de messieurs Sorbier et Rivasson — 30

Histoire de la détention des sieurs Dupuy, Mouret, La Venue, et des demoiselles Madras, Conceil — 51

Description d'une galère armée, et sa construction — 235

Épilogue : les galériens protestants — 292